中国哲学简史

(彩图精装本)

冯友兰 著

涂又光 译

图书在版编目（CIP）数据

中国哲学简史（彩图精装本）/ 冯友兰著；涂又光译. - 北京：北京大学出版社，2023.1

ISBN 978-7-301-32586-5

Ⅰ.①中… Ⅱ.①冯… ②涂… Ⅲ.①哲学史 - 中国 Ⅳ.① B2

中国版本图书馆CIP数据核字（2021）第 197401 号

书　　　名	中国哲学简史（彩图精装本） ZHONGGUO ZHEXUE JIANSHI (CAITU JINGZHUANGBEN)
著作责任者	冯友兰 著　涂又光 译
策 划 编 辑	王炜烨
责 任 编 辑	王炜烨　魏冬峰
标 准 书 号	ISBN 978-7-301-32586-5
出 版 发 行	北京大学出版社
地　　　址	北京市海淀区成府路 205 号　100871
网　　　址	http://www.pup.cn
电 子 信 箱	zpup@pup.pku.edu.cn
电　　　话	邮购部 62752015　发行部 62750672　编辑部 62750673 出版部 62754962
印 刷 者	北京九天鸿程印刷有限责任公司
经 销 者	新华书店
	720 毫米 ×1020 毫米　16 开本　28 印张　358 千字 2023 年 1 月第 1 版　2023 年 1 月第 1 次印刷
定　　　价	143.00 元

未经许可，不得以任何方式复制或抄袭本书之部分或全部内容。
版权所有，侵权必究
举报电话：010-62752024　电子信箱：fd@pup.pku.edu.cn
图书如有印装质量问题，请与出版部联系，电话：010-62756370

目 录

001　自序

001　第一章
　　　中国哲学的精神

021　第二章
　　　中国哲学的背景

041　第三章
　　　各家的起源

053　第四章
　　　孔子：第一位教师

071　第五章
　　　墨子：孔子的第一个反对者

085　第六章
　　　道家第一阶段：杨朱

097　第七章
　　　儒家的理想主义派：孟子

111	第八章
	名家
129	第九章
	道家第二阶段：老子
145	第十章
	道家第三阶段：庄子
163	第十一章
	后期墨家
175	第十二章
	阴阳家和先秦的宇宙发生论
189	第十三章
	儒家的现实主义派：荀子
203	第十四章
	韩非和法家
215	第十五章
	儒家的形上学
229	第十六章
	世界政治和世界哲学
243	第十七章
	将汉帝国理论化的哲学家：董仲舒
259	第十八章
	儒家的独尊和道家的复兴

273	第十九章
	新道家：主理派
287	第二十章
	新道家：主情派
299	第二十一章
	中国佛学的建立
315	第二十二章
	禅宗：静默的哲学
329	第二十三章
	新儒家：宇宙发生论者
347	第二十四章
	新儒家：两个学派的开端
361	第二十五章
	新儒家：理学
377	第二十六章
	新儒家：心学
393	第二十七章
	西方哲学的传入
413	第二十八章
	中国哲学在现代世界

自序

冯文荣

小史（本书英文原本出版时，中文名为《中国哲学小史》，但 1933 年商务印书馆曾出版著者另一本《中国哲学小史》，因此著者将本书中文本定名为《中国哲学简史》）者，非徒巨著之节略，姓名、学派之清单也。譬犹画图，小景之中，形神自足。非全史在胸，曷克臻此。唯其如是，读其书者，乃觉择焉虽精而语焉犹详也。

历稽载籍，良史必有三长：才、学、识。学者，史料精熟也；识者，选材精当也；才者，文笔精妙也。著小史者，意在通俗，不易展其学，而其识其才，较之学术巨著尤为需要。

余著此书，于史料选材，亦既勉竭绵薄矣，复得借重布德博士（Derk Bodde）之文才，何幸如之。西方读者，倘觉此书易晓，娓娓可读，博士与有力焉；选材编排，博士亦每有建议。

本书小史耳，研究中国哲学，以为导引可也。欲知其详，尚有拙著大《中国哲学史》（《中国哲学史》上卷，布德译，书名 *A History of Chinese Philosophy, the Period of Philosophers*〈*from the beginning to circa 100 B.C.*〉，由 Henry Vetch, Peiping: Allen and Unwin, London 于 1937 年出版；布德继续译出下卷后，上下两卷均由 Princeton University Press 于 1952 年出版），亦承布德博士英译；又有近作《新原道》（《新原道》一名《中国哲学之精神》，休士译，书名 *The Spirit of Chinese Philosophy*，由 London：Routlege Kegan Paul 于 1947 年出版），已承牛

津大学休士先生（E. R. Hughes）英译；可供参阅。本书所引中国原著，每亦借用二君之英译文，书此志谢。

1946年至1947年，余于宾夕法尼亚大学任访问教授，因著此书。此行承洛克菲勒基金会资助，乘此书出版之际，致以谢意。该校东方学系师生诸君之合作、鼓励，亦所感谢；该系中文副教授布德博士，尤所感谢。国会图书馆亚洲部主任恒慕义先生（A. W. Hummel）为此书安排出版，亦致谢意。

1947年6月于宾夕法尼亚大学

第一章

中国哲学的精神

哲学在中国文化中所占的地位，历来可以与宗教在其他文化中的地位相比。在中国，哲学与知识分子人人有关。在旧时，一个人只要受教育，就是用哲学发蒙。儿童入学，首先教他们读"四书"，即《论语》《孟子》《大学》《中庸》。"四书"是新儒家哲学最重要的课本。有时候，儿童刚刚开始识字，就读一种课本，名叫《三字经》，每句三个字，偶句押韵，朗诵起来便于记忆。这本书实际上是识字课本，就是它，开头两句也是"人之初，性本善"。这是孟子哲学的基本观念之一。

哲学在中国文化中的地位

西方人看到儒家思想渗透中国人的生活,就觉得儒家是宗教。可是实事求是地说,儒家并不比柏拉图或亚里士多德的学说更像宗教。"四书"诚然曾经是中国人的"圣经",但是"四书"里没有创世纪,也没有讲天堂、地狱。

当然,哲学、宗教都是多义的名词。对于不同的人,哲学、宗教可能有完全不同的含义。人们谈到哲学或宗教时,心中所想的与之相关的观念,可能大不相同。至于我,我所说的哲学,就是对于人生的有系统的反思的思想。每一个人,只要他没有死,他都在人生中。但是对于人生有反思的思想的人并不多,其反思的思想有系统的人就更少。哲学家必须进行哲学化;这就是说,他必须对于人生反思的思想,然后有系统地表达他的思想。

这种思想,所以谓之反思的,因为它以人生为对象。人生论、宇宙论、知识论都是从这个类型的思想产生的。宇宙论的产生,是因为宇宙是人生的背景,是人生戏剧演出的舞台。知识论的出现,是因为思想本身就是知识。按西方某些哲学家所说,为了思想,我们必须首先明了我们能够思想什么;这就是说,在我们对人生开始思想之前,我们必须首先"思想我们的思想"。

凡此种种"论",都是反思的思想的产物。就连人生的概念本身、宇宙的概念本身、知识的概念本身,也都是反思的思想的产物。无论我们是否思人生,是否谈人生,我们都是在人生之中。也无论我们是否思宇宙,是否谈宇宙,我们都是宇宙的一部分。不过哲学家说宇宙,物理学家也说宇宙,他们心中所指的并不相同。哲学家所说的宇宙是一切存在之全,相当于古代中国哲学家惠施所说的"大一",其定义是"至大无外"。所以每个人、每个事物都应当看作宇宙的部分。当一个人思想宇宙的时候,他是在反思地思想。

当我们思知识或谈知识的时候,这个思、谈的本身就是知识。用亚里士多德的话说,它是"思想思想";"思想思想"的思想是反思的思想。哲学家若要坚持在我们思想之前必须首先思想我们的思想,他就在这里陷入邪恶的循环;就好像我们竟有另一种能力可以用它来思想我们的思想!实际上,我们用来"思想思想"的能力,也就是我们用来思想的能力,都是同一种能力。如果我们怀疑我们思想人生、宇宙的能力,我们也有同样的理由怀疑我们"思想思想"的能力。

宗教也和人生有关系。每种大宗教的核心都有一种哲学。事实上,每种大宗教就是一种哲学加上一定的上层建筑,包括迷信、教条、仪式和组织。这就是我所说的宗教。

这样来规定"宗教"一词的含义,实际上与普通的用法并无不同,若照这种含义来理解,就可以看出,不能认为儒家是宗教。人们习惯于说中国有三教:儒教、道教、佛教。我们已经看出,儒家不是宗教。至于道家,它是一个哲学的学派;而道教才是宗教,二者有其区别。道家与道教的教义不仅不同,甚至相反。道家教人顺乎自然,而道教教人反乎自然。举例来说,按老子、庄子讲,生而有死是自然过程,人应当平静地顺着这个自然过程。但是道教的主要教义则是如何避免死亡的原理和方术,显然是反乎自然而行的。道教有征服自然的科学精神。对中国

>>> 人们习惯于说中国有三教：儒教、道教、佛教。儒家不是宗教。至于道家，它是一个哲学的学派；而道教才是宗教，二者有其区别。道家与道教的教义不仅不同，甚至相反。图为清代上睿《三教图》。

科学史有兴趣的人,可以从道士的著作中找到许多资料。

作为哲学的佛学与作为宗教的佛教,也有区别。受过教育的中国人,对佛学比对佛教感兴趣得多。中国的丧祭,和尚和道士一起参加,这是很常见的。中国人即使信奉宗教,也是有哲学意味的。

现在许多西方人都知道,与别国人相比,中国人一向是最不关心宗教的。例如,德克·布德教授(Derk Bodde)有篇文章《中国文化形成中的主导观念》(*Dominant Ideas in the Formation of Chinese Culture*)(载《美国东方学会杂志》第64卷,第4号,第293—294页;收入 H. F. Mac Nair 编:《中国》,美国洛杉矶:加利福尼亚大学出版社,1946年第1版,第18—28页),其中说:"中国人不以宗教观念和宗教活动为生活中最重要、最迷人的部分。……中国文化的精神基础是伦理(特别是儒家伦理)不是宗教(至少不是正规的、有组织的那一类宗教)。……这一切自然标志出中国文化与其他主要文化的大多数,有根本的重要的不同,后者是寺院、僧侣起主导作用的。"

在一定意义上,这个说法完全正确。但是有人会问:为什么会这样?对于超乎现世的追求,如果不是人类先天的欲望之一,为什么事实上大多数民族以宗教的观念和活动为生活中最重要、最迷人的部分?这种追求如果是人类基本欲望之一,为什么中国人竟是一个例外?若说中国文化的精神基础是伦理,不是宗教,这是否意味着中国人对于高于道德价值的价值,毫无觉解?

高于道德价值的价值,可以叫做"超道德的"价值。爱人,是道德价值;爱上帝,是超道德价值。有人会倾向于把超道德价值叫做宗教价值。但是依我看来,这种价值并不限于宗教,除非此处宗教的含义与前面所说的不同。例如,爱上帝,在基督教里是宗教价值,但是在斯宾诺莎哲学里就不是宗教价值,因为斯宾诺莎所说的上帝实际上是宇宙。严格地讲,基督教的爱上帝,实际上不是超道德的。这是因为,基督教的上帝有人格,从而人爱上帝可以与子爱父相比,后者是道德价值。所以,说基督教的爱上帝是超道德价值，是很成问题的。它是准超道德价值。而斯宾诺莎哲学里的爱上帝才是真超道德价值。

对以上的问题，我要回答说，对超乎现世的追求是人类先天的欲望之一，中国人并不是这条规律的例外。他们不大关心宗教，是因为他们极其关心哲学。他们不是宗教的，因为他们都是哲学的。他们在哲学里满足了他们对超乎现世的追求。他们也在哲学里表达了、欣赏了超道德价值，而按照哲学去生活，也就体验了这些超道德价值。

按照中国哲学的传统，它的功用不在于增加积极的知识（积极的知识，我是指关于实际的信息），而在于提高心灵的境界——达到超乎现世的境界，获得高于道德价值的价值。《老子》说："为学日益，为道日损。"（第四十八章）这种损益的不同暂且不论，《老子》这个说法我也不完全同意。现在引用它，只是要表明，中国哲学传统里有为学、为道的区别。为学的目的就是我所说的增加积极的知识，为道的目的就是我所说的提高心灵的境界。哲学属于为道的范畴。

哲学的功用，尤其是形上学的功用，不是增加积极的知识，这个看法，当代西方哲学的维也纳学派也做了发挥，不过是从不同的角度，为了不同的目的。我不同意这个学派所说的：哲学的功用只是弄清观念；形上学的性质只是概念的诗。不仅如此，从他们的辩论中还可以清楚地看出，哲学，尤其是形上学，若是试图给予实际的信息，就会变成废话。

宗教倒是给予实际的信息。不过宗教给予的信息，与科学给予的信息，不相调和。所以在西方，宗教与科学向来有冲突。科学前进一步，宗教就后退一步；在科学进展的面前，宗教的权威降低了。维护传统的人们为此事悲伤，为变得不信宗教的人们惋惜，认为他们已经堕落。如果除了宗教，别无获得更高价值的途径，的确应当惋惜他们。放弃了宗教的人，若没有代替宗教的东西，也就丧失了更高的价值。他们只好把自己限于尘世事务，而与精神事务绝缘。不过幸好除了宗教还有哲学，为人类提供了获得更高价值的途径——一条比宗教提供的途径更为直接的途径,因为在哲学里,为了熟悉更高的价值,无须采取祈祷、礼拜之类的迂回的道路。通过哲学而熟悉的更高价值,比通过宗教而获得的更高价值,甚至要纯粹得多,因为后者混杂着想象和迷信。在未来的世界,人类将要以哲学代宗教。这是与中国传统相合的。人不一定应当是宗教的,但是他一定应当是哲学的。他一旦是哲学的,他也就有了正是宗教的洪福。

中国哲学的问题和精神

以上是对哲学的性质和功用的一般性讨论。以下就专讲中国哲学。中国哲学的历史中有个主流,可以叫做中国哲学的精神。为了了解这个精神,必须首先弄清楚绝大多数中国哲学家试图解决的问题。

有各种的人。对于每一种人,都有那一种人所可能有的最高的成就。例如从事于实际政治的人,所可能有的最高成就是成为大政治家。从事于艺术的人,所可能有的最高成就是成为大艺术家。人虽有各种,但各种的人都是人。专就一个人是人说,所可能有的最高成就是成为什么呢?照中国哲学家们说,那就是成为圣人,而圣人的最高成就是个人与宇宙的同一。问题就在于,人如欲得到这个"同一",是不是必须离开社会,或甚至必须否定"生"?

照某些哲学家说,这是必需的。佛家就说,生就是人生苦痛的根源。柏拉图也说,肉体是灵魂的监狱。有些道家的人"以生为附赘悬疣,以死为决溃痈"。这都是以为，欲得到最高的成就，必须脱离尘罗世网，必须脱离社会，甚至脱离"生"。只有这样，才可以得到最后的解脱。这种哲学，即普通所谓"出世的哲学"。

另有一种哲学，注重社会中的人伦和世务。这种哲学只讲道德价值，不会讲或不愿讲超道德价值。这种哲学，即普通所谓"入世的哲学"。从入世的哲学观点看，出世的哲学是太理想主义的、无实用的、消极的。从出世的哲学观点看，入世的哲学太现实主义了、太肤浅了。它也许是积极的，但是就像走错了路的人的快跑：越跑得快，越错得很。

有许多人说，中国哲学是入世的哲学。很难说这些人说的完全对了，或完全错了。从表面上看中国哲学，不能说这些人说错了，因为从表面上看中国哲学，无论哪一家思想，都是或直接或间接地讲政治、说道德。在表面上，中国哲学所注重的是社会，不是宇宙；是人伦日用，不是地狱天堂；是人的今生，不是人的来世。孔子有个学生问死的意义，孔子回答说："未知生，焉知死？"（《论语·先进》）孟子说："圣人，人伦之至也。"（《孟子·离娄上》）照字面讲，这句话是说，圣人是社会中的道德完全的人。从表面上看，中国哲学的理想人格，也是入世的。中国哲学中所谓"圣人"，与佛教中所谓"佛"，以及耶教中所谓"圣者"，是不在一个范畴中的。从表面上看，儒家所谓"圣人"似乎尤其是如此。在古代，孔子以及儒家的人，被道家的人大加嘲笑，原因就在此。

不过这只是从表面上看而已，中国哲学不是可以如此简单地了解的。专就中国哲学中主要传统说，我们若了解它，我们不能说它是入世的，固然也不能说它是出世的。它既入世而又出世。有位哲学家讲到宋代的新儒家，这样地描写他："不离日用常行内，直到先天未画前。"这正是中国哲学要努力做到的。有了这种精神，它就是最理想主义的，同时又是最现实主义的；它是很实用的，但是并不肤浅。

入世与出世是对立的，正如现实主义与理想主义也是对立的一样。中国哲学的任务，就是把这些反命题统一成一个合命题。这并不是说，

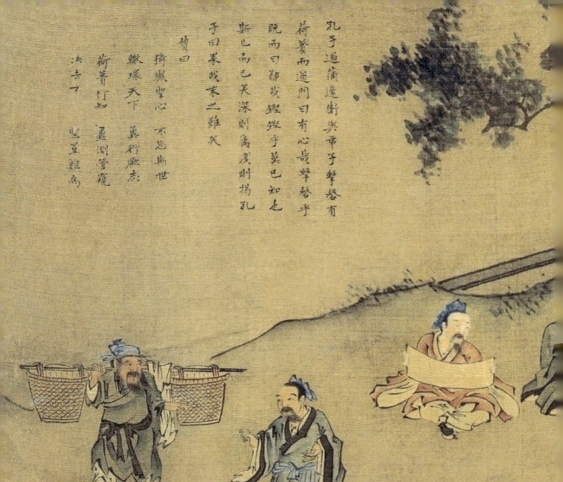

>>> 在表面上,中国哲学所注重的是社会,不是宇宙;是人伦日用,不是地狱天堂;是人的今生,不是人的来世。孔子有个学生问死的意义,孔子回答说:"未知生,焉知死?"图为清代焦秉贞《孔子圣迹图》。

这些反命题都被取消了。它们还在那里，但是已经被统一起来，成为一个合命题的整体。如何统一起来？这是中国哲学所求解决的问题。求解决这个问题，是中国哲学的精神。

中国哲学以为，一个人不仅在理论上而且在行动上完成这个统一，就是圣人。他是既入世而又出世的。中国圣人的精神成就，相当于佛教的佛、西方宗教的圣者的精神成就。但是中国的圣人不是不问世务的人。他的人格是所谓"内圣外王"的人格。"内圣"，是就其修养的成就说；"外王"，是就其在社会上的功用说。圣人不一定有机会成为实际政治的领袖。就实际的政治说，他大概一定是没有机会的。所谓"内圣外王"，只是说，有最高的精神成就的人，按道理说可以为王，而且最宜于为王。至于实际上他有机会为王与否，那是另外一回事，亦是无关宏旨的。

照中国的传统，圣人的人格既是"内圣外王"的人格，那么哲学的任务，就是使人有这种人格。所以哲学所讲的就是中国哲学家所谓"内圣外王"之道。

这个说法很像柏拉图所说的"哲学家——王"。照柏拉图所说，在理想国中，哲学家应当为王，或者王应当是哲学家；一个人为了成为哲学家，必须经过长期的哲学训练，使他的心灵能够由变化的事物世界"转"入永恒的理世界。柏拉图说的和中国哲学家说的，都是认为哲学的任务是使人有"内圣外王"的人格。但是照柏拉图所说，哲学家一旦为王，这是违反他的意志的。换言之，这是被迫的，他为此做出了重大牺牲。古代道家的人也是这样说的。据说有个圣人，被某国人请求为王，他逃到一个山洞里躲起来。某国人找到这个洞，用烟把他熏出来，强迫他担任这个苦差事。（见《吕氏春秋·贵生》）这是柏拉图和古代道家的人相似的一点，也显示出道家哲学的出世品格。到了公元3世纪，新道家郭象，遵循中国哲学的主要传统，修正了这一点。

儒家认为，处理日常的人伦世务，不是圣人分外的事。处理世务，正是他的人格完全发展的实质所在。他不仅作为社会的公民，而且作为

"宇宙的公民",即孟子所说的"天民",来执行这个任务。他一定要自觉他是宇宙的公民,否则他的行为就不会有超道德的价值。他若当真有机会为王,他也会乐于为人民服务,既作为社会的公民,又作为宇宙的公民,履行职责。

由于哲学讲的是"内圣外王"之道,所以哲学必定与政治思想不能分开。尽管中国哲学各家不同,各家哲学无不同时提出了它的政治思想。这不是说,各家哲学中没有形上学,没有伦理学,没有逻辑学。这只是说,所有这些哲学都以这种或那种方式与政治思想联系着,就像柏拉图的《理想国》既代表他的整个哲学,同时又是他的政治思想。

举例来说,名家以沉溺于"白马非马"之辩而闻名,似乎与政治没有什么联系。可是名家领袖公孙龙"欲推是辩以正名实而化天下焉"(《公孙龙子·迹府》)。我们常常看到,今天世界上每个政治家都说他的国家如何希望和平,但是实际上,他讲和平的时候往往就在准备战争。在这里,也就存在着名实关系不正的问题。公孙龙以为,这种不正关系必须纠正。这确实是"化天下"的第一步。

由于哲学的主题是"内圣外王"之道,所以学哲学不单是要获得这种知识,而且是要养成这种人格。哲学不单是要知道它,而且是要体验它。它不单是一种智力游戏,而是比这严肃得多的东西。正如我的同事金岳霖教授在一篇未刊的手稿中指出的:

> 中国哲学家都是不同程度的苏格拉底。其所以如此,因为道德、政治、反思的思想、知识都统一于一个哲学家之身;知识和德性在他身上统一而不可分。他的哲学需要他生活于其中;他自己以身载道,遵守他的哲学信念而生活,这是他的哲学组成部分。他要做的事就是修养自己,连续地、一贯地保持无私无我的纯粹经验,使他能够与宇宙合一。显然这个修养过程不能中断,因为一中断就意味着自我复萌,丧失他的宇宙。因此在认识上他永远摸索着,在实践

上他永远行动着,或尝试着行动。这些都不能分开,所以在他身上存在着哲学家的合命题,这正是"合命题"一词的本义。他像苏格拉底,他的哲学不是用于打官腔的。他更不是尘封的陈腐的哲学家,关在书房里,坐在靠椅中,处于人生之外。对于他,哲学从来就不只是为人类认识摆设的观念模式,而是内在于他的行动的箴言体系;在极端的情况下,他的哲学简直可以说是他的传记。

中国哲学家表达自己思想的方式

初学中国哲学的西方学生经常遇到两个困难:一个当然是语言障碍;另一个是中国哲学家表达他们的思想的特殊方式。我先讲后一个困难。

人们开始读中国哲学著作时,第一个印象也许是,这些言论和文章都很简短,没有联系。打开《论语》,你会看到每章只有寥寥数语,而且上下章几乎没有任何联系。打开《老子》,你会看到全书只约有五千字,不长于杂志上的一篇文章;可是从中却能见到老子哲学的全体。习惯于精密推理和详细论证的学生,要了解这些中国哲学到底在说什么,简直感到茫然。他会倾向于认为,这些思想本身就是没有内部联系吧。如果当真如此,那还有什么中国哲学。因为没有联系的思想是不值得名为哲学的。

可以这么说:中国哲学家的言论、文章没有表面上的联系,是由于这些言论、文章都不是正式的哲学著作。照中国的传统,研究哲学不是一种职业。每个人都要学哲学，正像西方人都要进教堂。学哲学的目的，是使人作为人能够成为人，而不是成为某种人。其他的学习（不是学哲学）是使人能够成为某种人，即有一定职业的人。所以过去没有职业哲学家；非职业哲学家也就不必有正式的哲学著作。在中国，没有正式的哲学著作的哲学家，比有正式的哲学著作的哲学家多得多。若想研究这些人的哲学，只有看他们的语录或写给学生、朋友的信。这些信写于他一生的各个时期，语录也不只是一人所记。所以它们不相联系，甚至互相矛盾，这是可以预料的。

以上所说可以解释为什么有些哲学家的言论、文章没有联系，还不能解释它们为什么简短。有些哲学著作，像孟子的和荀子的，还是有系统的推理和论证。但是与西方哲学著作相比，它们还是不够明晰。这是由于中国哲学家惯于用名言隽语、比喻例证的形式表达自己的思想。《老子》全书都是名言隽语，《庄子》各篇大都充满比喻例证。这是很明显的。但是，甚至在上面提到的孟子、荀子著作，与西方哲学著作相比，还是有过多的名言隽语、比喻例证。名言隽语一定很简短；比喻例证一定无联系。

因而名言隽语、比喻例证就不够明晰。它们明晰不足而暗示有余，前者从后者得到补偿。当然，明晰与暗示是不可得兼的。一种表达，越是明晰，就越少暗示；正如一种表达，越是散文化，就越少诗意。正因为中国哲学家的言论、文章不很明晰，所以它们所暗示的几乎是无穷的。

富于暗示，而不是明晰得一览无遗，是一切中国艺术的理想，诗歌、绘画以及其他无不如此。拿诗来说，诗人想要传达的往往不是诗中直接说了的，而是诗中没有说的。照中国的传统，好诗"言有尽而意无穷"。所以聪明的读者能读出诗的言外之意，能读出书的行间之意。中国艺术这样的理想，也反映在中国哲学家表达自己思想的方式里。

中国艺术的理想，不是没有它的哲学背景的。《庄子》的《外物》说："筌者所以在鱼，得鱼而忘筌。蹄者所以在兔，得兔而忘蹄。言者

>>> 中国古代有些哲学著作,像孟子的和荀子的,还是有系统的推理和论证。但是与西方哲学著作相比,它们还是不够明晰。这是由于中国哲学家惯于用名言隽语、比喻例证的形式表达自己的思想。《老子》全书都是名言隽语,《庄子》各篇大都充满比喻例证。图为宋代佚名《老子出关图》。

所以在意，得意而忘言。吾安得夫忘言之人而与之言哉！"与忘言之人言，是不言之言。《庄子》中谈到两位圣人相见而不言，因为"目击而道存矣"（《田子方》）。

照道家说，道不可道，只可暗示。言透露道，是靠言的暗示，不是靠言的固定的外延和内涵。言一旦达到了目的，就该忘掉。既然再不需要了，何必用言来自寻烦恼呢？诗的文字和音韵是如此，画的线条和颜色也是如此。

公元3世纪、4世纪，中国最有影响的哲学是新道家，史称玄学。那时候有部书名叫《世说新语》，记载汉晋以来名士们的佳话和韵事。说的话大都很简短，有的只有几个字。这部书《文学》中说，有位大官向一个哲学家（这位大官本人也是哲学家）问老庄与孔子的异同。哲学家回答说："将无同？"意思是：莫不是同吗？大官非常喜欢这个回答，马上任命这个哲学家为他的秘书，当时称为"掾"，由于这个回答只有三个字，世称"三语掾"。他不能说老庄与孔子毫不相同，也不能说他们一切相同。所以他以问为答，的确是很妙的回答。

《论语》《老子》中简短的言论，都不单纯是一些结论，而推出这些结论的前提都给丢掉了。它们都是富于暗示的名言隽语。暗示才耐人寻味。你可以把你从《老子》中发现的思想全部收集起来，写成一部五万字甚至五十万字的新书。不管写得多么好，它也不过是一部新书。它可以与《老子》原书对照着读，也可以对人们理解原书大有帮助，但是它永远不能取代原书。

我已经提到过郭象，他是《庄子》的大注释家之一。他的注，本身就是道家文献的经典。他把《庄子》的比喻、隐喻变成推理和论证，把《庄子》诗的语言翻成他自己的散文语言。他的文章比庄子的文章明晰多了。但是，庄子原文的暗示，郭象注的明晰，二者之中，哪个好些？人们仍然会这样问。后来有一位禅宗和尚说："曾见郭象注庄子，识者云，却是庄子注郭象。"（《大慧普觉禅师语录》卷二十二）

语言障碍

　　一个人若不能读哲学著作原文,要想对它们完全理解、充分欣赏,是很困难的,对于一切哲学著作来说都是如此。这是由于语言的障碍。加以中国哲学著作富于暗示的特点,使语言障碍更加令人望而生畏了。中国哲学家的言论、著作富于暗示之处,简直是无法翻译的。只读译文的人,就丢掉了它的暗示;这就意味着丢掉了许多。

　　一种翻译,终究不过是一种解释。比方说,有人翻译一句《老子》,他就是对此句的意义做出自己的解释。但是这句译文只能传达一个意思,而在实际上,除了译者传达的这个意思,原文还可能含有许多别的意思。原文是富于暗示的,而译文则不是,也不可能是。所以译文把原文固有的丰富内容丢掉了许多。

　　《老子》《论语》现在已经有多种译本。每个译者都觉得别人的翻译不能令人满意。但是无论译得多好,译本也一定比原本贫乏。需要把一切译本,包括已经译出的和其他尚未译出的,都结合起来,才能把《老子》《论语》原本的丰富内容显示出来。

　　公元 5 世纪的鸠摩罗什,是把佛经译为汉文的最大翻译家之一,他说,翻译工作恰如嚼饭喂人。一个人若不能自己嚼饭,就只好吃别人嚼过的饭。不过经过这么一嚼,饭的滋味、香味肯定比原来乏味多了。

第二章

中国哲学的背景

在前一章我说过，哲学是对于人生的有系统的反思的思想。在思想的时候，人们常常受到生活环境的限制。在特定的环境，他就以特定的方式感受生活，因而他的哲学也就有特定的强调之处和省略之处，这些就构成这个哲学的特色。

就个人说是如此，就民族说也是如此。这一章将要讲一讲中华民族的地理、经济背景，以便说明，一般地说中国文化，特殊地说中国哲学，如何成为现在这样，为什么成为现在这样。

中华民族的地理背景

《论语》说:"子曰:知者乐水,仁者乐山;知者动,仁者静;知者乐,仁者寿。"(《雍也》)读这段话,我悟出其中的一些道理,暗示着古代中国人和古代希腊人的不同。

中国是大陆国家。古代中国人以为,他们的国土就是世界。汉语中有两个词语都可以译成"世界":一个是"天下",另一个是"四海之内"。海洋国家的人,如希腊人,也许不能理解这几个词语竟然是同义的。但是这种事就发生在汉语里,而且是不无道理的。

从孔子的时代到19世纪末,中国思想家没有一个人有过到公海冒险的经历。如果我们用现代标准看距离,孔子、孟子住的地方离海都不远,可是《论语》中孔子只有一次提到海。他的话是:"道不行,乘桴浮于海。从我者其由与。"(《公冶长》)仲由是孔子的弟子,以有勇闻名。据说仲由听了这句话很高兴。只是他的过分热心并没有博得孔子喜欢,孔子却说:"由也好勇过我,无所取材。"(《公冶长》)

孟子提到海的话,同样也简短。他说:"观于海者难为水,游于圣人之门者难为言。"(《孟子·尽心上》)孟子一点也不比孔子强,孔子也只仅仅想到"浮于海"。生活在海洋国家而周游各岛的苏格拉底、柏拉图、亚里士多德该是多么不同！

中华民族的经济背景

　　古代中国和希腊的哲学家不仅生活于不同的地理条件，也生活于不同的经济条件。由于中国是大陆国家，中华民族只有以农业为生。甚至今天，中国人口中从事农业的估计占百分之七十至八十。在农业国，土地是财富的根本基础。所以贯穿在中国历史中，社会、经济的思想和政策的中心总是围绕着土地的利用和分配。

　　在这样一种经济中，农业不仅在和平时期重要，在战争时期也一样重要。战国时期（公元前475—前221），许多方面和我们这个时代相似，当时中国分成许多封建王国，每个国家都高度重视当时所谓的"耕战之术"。最后，"七雄"之一的秦国在耕、战两方面都获得优势，结果胜利地征服了其他各国，从而在中国历史上第一次实现了统一。

　　中国哲学家的社会、经济思想中，有他们所谓的"本""末"之别。"本"指农业，"末"指商业。区别本末的理由是，农业关系到生产，而商业只关系到交换。在能有交换之前，必须先有生产。在农业国家里，农业是生产的主要形式，所以贯穿在中国历史中，社会、经济的理论、政策都是企图"重本轻末"。

　　从事末作的人，即商人，因此都受到轻视。社会有四个传统的阶级，即士、农、工、商，"商"是其中最后最下的一个。"士"通常就是地

>>> 由于中国是大陆国家,中华民族只有以农业为生,甚至今天中国人口中从事农业的估计占百分之七十至八十。在农业国,土地是财富的根本基础,所以贯穿在中国历史中,社会、经济的思想和政策的中心意是围绕着土地的利用和分配。图为宋代佚名《耕织图》。

主,"农"就是实际耕种土地的农民。在中国,这是两种光荣的职业。一个家庭若能"耕读传家",那是值得自豪的。

"士"虽然本身并不实际耕种土地,可是由于他们通常是地主,他们的命运也系于农业。收成的好坏意味着他们命运的好坏,所以他们对宇宙的反应、对生活的看法,在本质上就是"农"的反应和看法。加上他们所受的教育,他们就有表达能力,把实际耕种的"农"所感受而自己不会表达的东西表达出来。这种表达采取了中国的哲学、文学、艺术的形式。

"上农"

公元前3世纪有一部各家哲学的撮要汇编《吕氏春秋》,其中一篇题为《上农》。在这一篇里,对比了两种人的生活方式:从事本业的人即"农"的生活方式,和从事末作的人即"商"的生活方式。"农"很朴实,所以容易使唤。他们孩子似的天真,所以不自私。他们的财物很复杂,很难搬动,所以一旦国家有难,他们也不弃家而逃。另一方面,"商"的心肠坏,所以不听话。他们诡计多,所以很自私。他们的财产很简单,容易转运,所以一旦国家有难,他们总是逃往国外。这一篇由此断言,不仅在经济上农业比商业重要,而且在生活方式上"农"也比"商"高尚。"上农"的道理也就在此。这一篇的作者看出,人们的生活方式受其经济背景的限制;他对农业的评价,则又表明他本人受到他自己时代经济背景的限制。

从《吕氏春秋》的这种观察，我们看出中国思想的两个主要趋势：道家和儒家的根源。它们是彼此不同的两极，但又是同一轴杆的两极。两者都表达了农的渴望和灵感，在方式上各有不同而已。

"反者道之动"

在考虑这两家的不同之前，我们先且举出一个这两家都支持的理论。这个理论说，在自然界和人类社会的任何事物，发展到了一个极端，就反向另一个极端；这就是说，借用黑格尔的说法，一切事物都包含着它自己的否定。这是老子哲学的主要论点之一，也是儒家所解释的《易经》的主要论点之一。这无疑是受到日月运行、四时相继的启发，"农"为了进行他们自己的工作对这些变化必须特别注意。《易传》说："寒往则暑来，暑往则寒来。"（《系辞传》下）又说："日盈则昃，月盈则食。"（《丰卦·彖辞》）这样的运动叫做"复"。《复卦·彖辞》说："复，其见天地之心乎！"《老子》也有相似的话："反者道之动。"（第四十章）

这个理论对于中华民族影响很大，对于中华民族在其悠久历史中胜利地克服所遭遇的许多困难，贡献很大。由于相信这个理论，他们即使在繁荣昌盛时也保持谨慎，即使在极其危险时也满怀希望。在前不久的战争中，这个思想为中华民族提供了一种心理武器，所以哪怕是最黑暗的日子,绝大多数人还是怀着希望度过来了,这种希望表现在这句话里:"黎明即将到来。"正是这种"信仰的意志"帮助中国人民度过了这场战争。

这个理论还为中庸之道提供了主要论据。中庸之道,儒家的人赞成,道家的人也一样赞成。"毋太过"历来是两家的格言。因为照两家所说,不及比太过好,不做比做得过多好。因为太过和做得过多,就有适得其反的危险。

自然的理想化

道家和儒家不同,是因为它们所理性化地或理论地表现小农的生活的方面不同。小农的生活简朴,思想天真。从这个方面看问题,道家的人就把原始社会的简朴加以理想化,而谴责文化。他们还把儿童的天真加以理想化,而鄙弃知识。《老子》说:"小国寡民……使人复结绳而用之,甘其食,美其服,安其居,乐其俗。邻国相望,鸡犬之声相闻,民至老死不相往来。"(第八十章)这不正是小农国家的一幅田园画吗?

农时时跟自然打交道,所以他们赞美自然、热爱自然。这种赞美和热爱都被道家的人发挥到极致。什么属于天,什么属于人,这两者之间,自然的、人为的这两者之间,他们做出了鲜明的区别。照他们说,属于天者是人类幸福的源泉,属于人者是人类痛苦的根子。他们正如儒家的荀子所说,"蔽于天而不知人"(《荀子·解蔽》)。道家的人主张,圣人的精神修养，最高的成就在于将他自己跟整个自然即宇宙同一起来，这个主张正是这个思想趋势的最后发展。

家族制度

"农"只有靠土地为生，土地是不能移动的，作为"士"的地主也是如此。除非他有特殊的才能，或是特别地走运，他只有生活在他祖祖辈辈生活的地方，那也是他的子子孙孙续继生活的地方。这就是说，由于经济的原因，一家几代人都要生活在一起。这样就发展起来了中国的家族制度，它无疑是世界上最复杂的、组织得很好的制度之一。

家族制度过去是中国的社会制度。传统的五种社会关系：君臣、父子、兄弟、夫妇、朋友，其中有三种是家族关系。其余两种，虽然不是家族关系，也可以按照家族来理解。君臣关系可以按照父子关系来理解，朋友关系可以按照兄弟关系来理解。在通常人们也真的是这样来理解的。但是这几种不过是主要的家族关系，另外还有许许多多。公元前有一部最早的汉语词典《尔雅》，其中表示各种家族关系的名词有一百多个，大多数在英语里没有相当的词。

由于同样的原因，祖先崇拜也发展起来了。居住在某地的一个家族，所崇拜的祖先通常就是这个家族中第一个将全家定居此地的人。这样他就成了这个家族团结的象征，这样的一个象征是一个又大又复杂的组织必不可少的。

儒家学说大部分是论证这种社会制度合理，或者是这种制度的理论说明。经济条件打下了它的基础，儒家学说说明了它的伦理意义。由于这种社会制度是一定的经济条件的产物，而这些条件又是其地理环境的产物，所以对于中华民族来说，这种制度及其理论说明，都是很自然的。因此，儒家学说自然而然成为正统哲学。这种局面一直保持到现代欧美的工业化侵入，改变了中国生活的经济基础为止。

入世和出世

儒家学说是社会组织的哲学，所以也是日常生活的哲学。儒家强调人的社会责任，但是道家强调人的内部的自然自发的东西。《庄子》中说，儒家游方之内，道家游方之外。方，指社会。公元3世纪、4世纪，道家学说再度盛行，人们常说孔子重"名教"，老庄重"自然"。中国哲学的这两种趋势，约略相当于西方思想中的古典主义和浪漫主义这两种传统。读杜甫和李白的诗，可以从中看出儒家和道家的不同。这两位伟大的诗人，生活在同一时期（公元8世纪），在他们的诗里同时表现出中国思想的这两个主要传统。

因为儒家"游方之内"，显得比道家入世一些；因为道家"游方之外"，显得比儒家出世一些。这两种趋势彼此对立，但是也互相补充。两者演习着一种力的平衡。这使得中国人对于入世和出世具有良好的平衡感。

在公元 3 世纪、4 世纪有些道家的人试图使道家更加接近儒家；在 11 世纪、12 世纪也有些儒家的人试图使儒家更加接近道家。我们把这些道家的人称为新道家，把这些儒家的人称为新儒家。正是这些运动使中国哲学既入世而又出世，在第一章我已经指出了这一点。

中国的艺术和诗歌

儒家以艺术为道德教育的工具。道家虽没有论艺术的专著，但是他们对于精神自由运动的赞美，对于自然的理想化，使中国的艺术大师们受到深刻的启示。正因为如此，难怪中国的艺术大师们大都以自然为主题。中国画的杰作大都画的是山水、翎毛、花卉、树木、竹子。一幅山水画里，在山脚下，或是在河岸边，总可以看到有个人坐在那里欣赏自然美，参悟超越天人的妙道。

同样在中国诗歌里我们可以读到像陶潜（372—427）写的这样的诗篇：

> 结庐在人境，而无车马喧。
> 问君何能尔，心远地自偏。
> 采菊东篱下，悠然见南山。
> 山气日夕佳，飞鸟相与还。
> 此中有真意，欲辩已忘言。

>>> 道家虽没有论艺术的专著，但是他们对于精神自由运动的赞美，对于自然的理想化，使中国的艺术大师们受到深刻的启示。正因为如此，难怪中国的艺术大师们大都以自然为主题。图为明代仇英《独乐园图》。

道家的精髓就在这里。

中国哲学的方法论

"农"的眼界不仅限制着中国哲学的内容,例如"反者道之动",而且更为重要的是,还限制着中国哲学的方法论。诺思罗普(Northrop)教授说过,概念的主要类型有两种:一种是用直觉得到的,一种是用假设得到的。他说:"用直觉得到的概念,是这样一种概念,它表示某种直接领悟的东西,它的全部意义是某种直接领悟的东西给予的。'蓝',作为感觉到的颜色,就是一个用直觉得到的概念。……用假设得到的概念,是这样一种概念,它出现在某个演绎理论中,它的全部意义是由这个演绎理论的各个假设所指定的。……'蓝',在电磁理论中波长数目的意义上,就是一个用假设得到的概念。"(Filmer S. C. Northrop:《东方直觉的哲学和西方科学的哲学互补的重点》〈The Complementary Emphases of Eastern Intuition Philosophy and Western Scientific Philosophy〉,载《东方和西方的哲学》〈Philosophy, East and west〉,C. A. Moore 编,美国普林斯顿:普林斯顿大学出版社,1646 年第 1 版,第 187 页)

诺思罗普还说,用直觉得到的概念又有三种可能的类型:"已区分的审美连续体的概念不定或未区分的审美连续体的概念区分的概念。"(同上书,第 187 页)照他说,"儒家学说可以定义为一种心灵状态,在其中，不定的直觉到的多方面的概念移入思想背景了，而具体区分其相对的、人道的、短暂的'来来往往'则构成了哲学内容"。但是在道家学说中，"则是不定的或未区分的审美连续体的概念构成了哲学内容"（同上书，第205页）。

诺思罗普在他这篇论文中所说的，我并不全部十分同意，但是我认为他在这里已经抓住了中国哲学和西方哲学之间的根本区别。学中国哲学的学生开始学西方哲学的时候，看到希腊哲学家们也区别有和无、有限和无限，他很高兴。但是他感到很吃惊的是，希腊哲学家们却认为无和无限低于有和有限。在中国哲学里，情况则刚刚相反。为什么有这种不同，就因为有和有限是有区别的，无和无限是无区别的。从假设的概念出发的哲学家就偏爱有区别的，从直觉的价值出发的哲学家则偏爱无区别的。

我们若把诺思罗普在这里指出的和我在本章开头提到的联系起来，就可以看出，已区分的审美连续体的概念，由此而来的未区分的审美连续体的概念以及区分的概念（同上书，第187页），基本上是"农"的概念。"农"所要对付的，例如田地和庄稼，一切都是他们直接领悟的。他们淳朴而天真，珍贵他们如此直接领悟的东西。这就难怪他们的哲学家也一样，以对于事物的直接领悟作为他们哲学的出发点了。

这一点也可以解释，为什么在中国哲学里，知识论从来没有发展起来。我看见我面前的桌子，它是真实的还是虚幻的，它是仅仅在我心中的一个观念还是占有客观的空间，中国哲学家们从来没有认真考虑。这样的知识论问题在中国哲学（除开佛学，它来自印度）里是找不到的，因为知识论问题的提出，只有在强调区别主观和客观的时候。而在审美连续体中没有这样的区别。在审美连续体中认识者和被认识的是一个整体。

这一点也可以解释，为什么中国哲学所用的语言，富于暗示而不很明晰。它不很明晰，因为它并不表示任何演绎推理中的概念。哲学家不过是把他所见到的告诉我们。正因为如此，他所说的也就文约义丰。正因为如此，他的话才富于暗示，不必明确。

海洋国家和大陆国家

　　希腊人生活在海洋国家，靠商业维持其繁荣。他们根本上是商人。商人要打交道的首先是用于商业账目的抽象数字，然后才是具体东西，只有通过这些数字才能直接掌握这些具体东西。这样的数字，就是诺思罗普所谓的用假设得到的概念。于是希腊哲学家也照样以这种用假设得到的概念为其出发点，他们发展了数学和数理推理。为什么他们有知识论问题，为什么他们的语言如此明晰，原因就在此。

　　但是商人也就是城里人，他们的活动需要他们在城里住在一起。所以他们的社会组织形式，不是以家族共同利益为基础，而是以城市共同利益为基础。由于这个缘故，希腊人就围绕着城邦而组织其社会，与中国社会制度形成对照，中国社会制度可以叫做家邦，因为在这种制度之下，邦是用家来理解的。在一个城邦里，社会组织不是独裁的，因为在同一个市民阶级之内，没有任何道德上的理由认为某个人应当比别人重要，或高于别人。但是在一个家邦里，社会组织就是独裁的、分等级的，因为在一家之内，父的权威天然地高于子的权威。

　　中国人过去是"农"，这个事实还可以解释为什么中国没有发生工业革命。以工业革命为手段，才能进入现代世界。《列子》里有一个故事，说是宋国国君有一次叫一个巧匠把一片玉石雕成树叶。三年以后雕成了，把这片雕成的叶子放在树上，谁也分辨不出哪是真叶子，哪是雕成的叶子。因此国君非常高兴。但是列子听说这件事以后，说："使天地之生物，三年而成一叶，则物之有叶者寡矣！"（《列子·说符》）这是赞美自然、谴责人为的人的观点。"农"的生活方式是顺乎自然的。他们赞美自然、谴责人为，于其淳朴天真之中，很容易满足。他们不想变化，也无从想象变化。中国曾经有不少著名的创造发明，但是我们常常看到，它们不是受到鼓励，而是受到阻挠。

海洋国家的商人，情况就是另一个样子。他们有较多的机会见到不同民族的人，风俗不同，语言也不同；他们惯于变化，不怕新奇。相反，为了畅销其货物，他们必须鼓励制造货物的工艺创新。在西方，工业革命最初发生在英国，它也是一个靠商业维持繁荣的海洋国家，这不是偶然的。

本章在前面提到《吕氏春秋》关于商人的那些话，对于海洋国家的人也可以那样说，不过要把说他们心肠坏、诡计多，换成说他们很精细、很聪明。我们还可以套用孔子的话，说海洋国家的人是"知者"，大陆国家的人是"仁者"，然后照孔子的话说："知者乐水，仁者乐山；知者动，仁者静；知者乐，仁者寿。"

以希腊、英国的地理和经济条件为一方，以西方的科学思想和民主制度的发展为另一方，这两方面之间的关系，若要举出证据，加以证明，那就超出了本章范围。但是希腊、英国的地理和经济条件都与中国的完全不同，这个事实就足以构成一个反证，从反面证明我在本章内关于中国历史的论点。

中国哲学中不变的和可变的成分

科学的进展突破了地域,中国不再是孤立于"四海之内"了。它也在进行工业化,虽然比西方世界迟了许多,但是迟化总比不化好。说西方侵略东方,这样说并不准确。事实上,正是现代侵略中世纪。要生存在现代世界里,中国就必须现代化。

有一个问题有待于提出:既然中国哲学与中国人的经济条件联系如此密切,那么中国哲学所说的东西,是不是只适用于在这种条件下生活的人呢?

回答是肯定的,又是否定的。任何民族或任何时代的哲学,总是有一部分只相对于那个民族或那个时代的经济条件具有价值,但是总有另一部分比这种价值更大一些。不相对的那一部分具有长远的价值。我很费踌躇,要不要说它是绝对真理,因为要确定什么是绝对真理,这个任务太大,任何人也不能担当,还是留给上帝独自担当吧,如果真有一个上帝的话。

让我们从希腊哲学举个例子。亚里士多德论证奴隶制度合理,这只能看作是相对于希腊生活的经济条件的理论,但是这样说并不是说亚里士多德的社会哲学中就没有不相对的东西了。中国思想同样是如此。一旦中国工业化了,旧的家族制度势必废除,儒家论证它合理的理论也要随之废除,但是这样说并不是说儒家的社会哲学中就没有不相对的东西了。

这个道理就在于,古代希腊和古代中国的社会固然不同,但是两者都属于我们称之为"社会"的一般范畴。凡是希腊社会或中国社会的理论说明,因此也就有一部分是"社会一般"的说明。虽然它们之中有些东西是专门属于希腊或中国社会本身的,但是也一定有些更为普遍的东

>>> 道家的理论说,人类的乌托邦是远古原始社会,这种理论肯定错了。现代人具有关于进步的观念,认为人类生存的理想状态只能创造于未来,不会失之于既往。但是有些现代人所想的人类生存的理想状态,例如无政府主义,却与道家所想的并不是一点也不相似的。图为清代萧云从《雪岳读书图》。

西是属于"社会一般"的。正是后面的这些东西,是不相对的,具有长远的价值。

道家也是如此。道家的理论说,人类的乌托邦是远古原始社会,这种理论肯定错了。我们现代人具有关于进步的观念,认为人类生存的理想状态只能创造于未来,不会失之于既往。但是有些现代人所想的人类生存的理想状态,例如无政府主义,却与道家所想的并不是一点也不相似的。

哲学也给予我们人生理想。某民族或某时代的哲学所给予的那种理想,有一部分必定仅只属于该民族或该时代的社会条件所形成的这种人生。但是必定也有一部分属于"人生一般",所以不相对而有长远价值。这一点似可以儒家的理想人生的理论为例说明。照这个理论说,理想的人生是这样一种人生,虽然对宇宙有极高明的觉解,却仍然置身于人类的五种基本关系的界限之内。这些人伦的性质可以根据环境而变,但是这种理想本身并不变。所以,如果有人说,由于"五伦"中有些"伦"必须废除,因此儒家的人生理想也必须一道废除,这样说就不对了。又如果有人说,由于这种人生理想是可取的,因此全部"五伦"都必须照样保存,这样说也不对。必须进行逻辑分析,以便在哲学的历史中区别哪是不变的,哪是可变的,每个哲学各有不变的东西,一切哲学都有些共同的东西。为什么各个哲学虽不相同,却能互相比较,彼此翻译,原因就在此。

中国哲学的方法论将来会变吗?这就是说,新的中国哲学将不再把自己限于"用直觉得到的概念"吗?肯定地说,它会变的,它没有任何理由不该变。事实上,它已经在变。关于这个变化,在本书末章我将要多说一些。

第三章

各家的起源

前一章说，儒家和道家是中国思想的两个主流。它们成为主流，是由长期演变而来；而在公元前5世纪到3世纪，它们还不过是"争鸣"的许多家中的两家。那时候学派的数目很多，中国人称它们为"百家"。

司马谈和"六家"

后来的历史学家对"百家"试行分类。第一个试行分类的人是司马谈（？—公元前110），他是作《史记》的司马迁（公元前145—约前86）的父亲。《史记》最后一篇中引用了司马谈的一篇文章，题为《论六家要旨》。这篇文章把以前几个世纪的哲学家划分为六个主要的学派，如下：

第一是阴阳家。他们讲的是一种宇宙生成论。它由"阴""阳"得名。在中国思想里，阴、阳是宇宙形成论的两个主要原则。中国人相信，阴、阳的结合与互相作用产生一切宇宙现象。

第二是儒家。这一家在西方文献中称为"孔子学派"。但是"儒"字的字义是"文士"或学者，所以西方称为"孔子学派"就不大确切，因为这没有表明这一家的人都是学者以及思想家。他们与别家的人不同，都是传授古代典籍的教师，因而是古代文化遗产的保存者。至于孔子，的确是这一家的领袖人物，说他是它的创建人也是正确的。不过"儒"字不限于指孔子学派的人，它的含义要广泛些。

第三是墨家。这一家在墨子领导下，有严密的组织、严格的纪律。它的门徒实际上已经自称"墨者"。所以这一家的名称不是司马谈新起

>>> 后来的历史学家对"百家"试行分类。第一个试行分类的人是司马谈,他是作《史记》的司马迁的父亲。《史记》最后一篇中引用了司马谈的一篇文章,题为《论六家要旨》。这篇文章把以前几个世纪的哲学家划分为六个主要的学派。图为《诸子百家》。

的，其他几家的名称有的是他新起的。

第四是名家。这一家的人，兴趣在于他们所谓的"名""实"之辨。

第五是法家。汉字"法"的意义是法式、法律。这一家源于一群政治家，他们主张好的政府必须建立在成文法典的基础上，而不是建立在儒者强调的道德惯例上。

第六是道德家。这一家的人把它的形上学和社会哲学围绕着一个概念集中起来，那就是"无"，也就是"道"。道集中于个体之中，作为人的自然德性，这就是"德"，翻译成英文的virtue（德），最好解释为内在于任何个体事物之中的power（力）。这一家，司马谈叫做"道德家"，后来简称"道家"。第一章已经指出，应当注意它与道教的区别。

刘歆及其关于各家起源的理论

对"百家"试行分类的第二个历史学家是刘歆（约公元前46—公元23）。他是当时最大的学者之一，和他父亲刘向一起，校对整理皇家图书。他把整理的结果写成附有说明的分类书目，名为《七略》，后来班固（公元32—92）用它作为《汉书·艺文志》的基础。从《艺文志》中可以看出，刘歆将"百家"分为十个主要的派别，即"十家"。其中有六家与司马谈列举的相同，其余四家是纵横家、杂家、农家、小说家。刘歆在结论中说："诸子十家，其可观者，九家而已。"这句话是说，小说家没有其他九家重要。

这个分类的本身，并没有比司马谈的分类前进多少。刘歆的新贡献，是他试图系统地追溯各家历史的起源，这在中国历史上还是第一次。

后来的学者，特别是章学诚（1738—1801）、章炳麟（1869—1936），大大发挥了刘歆的理论。这个理论的要义，是主张，在周朝（约公元前1122—前225）前期的社会制度解体以前，官与师不分。换言之，某个政府部门的官吏，也同时就是与这个部门有关的一门学术的传授者。这些官吏，和当时封建诸侯一样，也是世袭的。所以当时只有"官学"，没有"私学"。这就是说，任何一门学术都没有人以私人身份讲授。只有官吏以某一政府部门成员的身份才能够讲授这门学术。

这个理论说，周朝后期的几百年，王室丧失了权力，政府各部门的官吏也丧失了职位，流落各地。他们这时候就转而以私人身份教授他们的专门知识。于是他们就不再是"官"，而是私学的"师"，各个学派正是由这种官、师分离中产生出来的。刘歆所做的全部分析如下：

> 儒家者流，盖出于司徒之官。……游文于"六经"之中，留意于仁义之际，祖述尧舜，宪章文武，宗师仲尼，以重其言，于道最为高。孔子曰："如有所誉，其有所试。"唐虞之隆，殷周之盛，仲尼之业，已试之效者也。
>
> 道家者流，盖出于史官。历记成败、存亡、祸福、古今之道，然后知秉要执本，清虚以自守，卑弱以自持……此其所长也。
>
> 阴阳家者流，盖出于羲和之官。敬顺昊天，历象日月星辰，敬授民时：此其所长也。
>
> 法家者流，盖出于理官。信赏必罚，以辅礼制。……此其所长也。
>
> 名家者流，盖出于礼官。古者名位不同，礼亦异数。孔子曰："必也正名乎！名不正则言不顺，言不顺则事不成。"此其所长也。
>
> 墨家者流，盖出于清庙之守。茅屋采椽，是以贵俭；养三老五更，是以兼爱；选士大射，是以上贤；宗祀严父，是以右鬼；顺四

时而行，是以非命；以孝视天下，是以尚同：此其所长也。

纵横家者流，盖出于行人之官。孔子曰："诵《诗》三百，使于四方，不能颛对，虽多亦奚以为？"又曰："使乎！使乎！"言其当权事制宜，受命而不受辞。此其所长也。

杂家者流，盖出于议官。兼儒墨，合名法，知国体之有此，见王治之无不贯。此其所长也。

农家者流，盖出于农稷之官。播百谷，劝耕桑，以足衣食。……此其所长也。

小说家者流，盖出于稗官。街谈巷语、道听途说者之所造也。……如或一言可采，此亦刍荛狂夫之议也。

（《汉书·艺文志》）

对于"十家"的历史的起源，刘歆所说的就是这些。他对各家意义的解释是不充分的，他把各家各归一"官"有时也是任意的。例如，他描述道家思想，只涉及老子，完全忽略了庄子。又如，名家与礼官的职能也并无相同之处，只有一点，就是两者都强调区别。

对刘歆理论的修正

刘歆的理论，在详细情节上也许是错误的，但是他试图从一定的政治社会环境寻求各家起源，这无疑代表着一种正确观点。我大段地引用他的话，是因为他对各家的描述本身就是中国史料学中的经典文献。

对中国历史的研究，在当代，特别是在1937年日本侵入的前几年，已经有很大的进步。根据最新的研究，我才得以形成自己的关于各家哲学起源的理论。这个理论的精神与刘歆的相合，但是一定要以不同的方式表达。这就是说必须从新的角度看问题。

让我们想象一下，古代的中国，比方说公元前10世纪的中国，政治上、社会上是什么样子。当时政治、社会结构的顶点是周王的王室，他是天下各国的"共主"。周王之下有成百的国家，为其国君所有、所统治。有些国家是周朝建国的功臣们建立的，他们又把这些新占的领土分给他们的亲属做采邑。另一些国家则由周室以前的敌人统治着，但是现在他们已经承认周王是他们的"共主"。

在国君统治下，每个国家内的土地再分为许多采邑，每个采邑各有其封建主，他们都是国君的亲属。当此之时，政治权力和经济控制完全是一回事。土地的所有者，既是领地的政治、经济的主人，也是居民的政治、经济的主人。他们是"君子"，其字面意思是"国君之子"，但是已经用作封建主阶级的共名。

另一个社会阶级是"小人"阶级，或曰"庶民"，即普通人民群众。这些人是封建主的农奴，平时为君子种地，战时为君子打仗。

不只是政治统治者和地主，就连那些有机会受教育的少数人，也都是贵族的成员。于是封建主的"家"不仅是政治、经济权力的中心，也是学术的中心。附属于它们的有具有各门专业知识的官吏。但是普通人民没有受教育的份儿，所以他们中间没有学人。这就是刘歆理论所反映的事实：周朝前期官、师不分。

这种封土建国制度被秦朝始皇帝于公元前221年正式废除。但是在正式废除以前的几百年，它已经开始解体了；而在几千年后，封建的经济残余仍以地主阶级权力的形式保存着。

这种封建制度解体的原因何在，现代历史学家们仍无一致意见。要讨论这些原因，就超出了本章范围。在这里只要说明这一点也就够了，就是，在中国历史上，公元前7至3世纪，是一个社会、政治大转变的时期。

我们现在也不能肯定，这种封建制度开始解体的确切时间。不过早在公元前7世纪已经有些贵族成员，由于当时的战争或其他原因，丧失了他们的土地和爵位，因而下降为普通庶人。也有些普通庶人，由于具有特殊才能或受到特别宠信，变成了国家的高级官吏。这些事例表明了周朝解体的真实意义。这不只是某个具体的王室的解体，而更为重要的是整个社会制度的解体。

随着这种解体，各门学术原来的官方代表人物流落在普通庶人之中。他们或者本人就是贵族，或者是服事贵族统治者室家而有世袭职位的专家。前面引用的《艺文志》中，另有刘歆引用孔子的一句话"礼失而求诸野"，说的就是这个意思。

这些原来的贵族或官吏流落民间，遍及全国，他们就以私人身份靠他们的专门才能或技艺为生。这些向另外的私人传授学术的人，就变成职业教师，于是出现了师与官的分离。

上面所说各家的"家"字，就暗示着与个人或私人有关的意思。在没有人以私人身份传授自己的思想以前，不可能有什么思想"家"，不可能有哪一"家"的思想。

有各种不同的"家"，也由于这些教师各是一门学术、一门技艺的专家。于是有教授经典和指导礼乐的专家，他们名为"儒"。也有战争武艺专家，他们是"侠"，即武士。有说话艺术专家，他们被称为"辩者"。有巫医、卜筮、占星、术数的专家，他们被称为"方士"。还有可以充当封建统治者私人顾问的实际政治家，他们被称为"法术之士"。最后，还有些人，很有学问和天才，但是深受当时政治动乱之苦，就退出人类社会，躲进自然天地，他们被称为"隐者"。

按照我的理论，司马谈所说的"六家"思想，是从这六种不同的人之中产生的。套用刘歆的话，我可以说：

儒家者流盖出于文士。

墨家者流盖出于武士。

道家者流盖出于隐者。

名家者流盖出于辩者。

阴阳家者流盖出于方士。

法家者流盖出于法述之士。

以下各章将对这些说法做出解释。

第四章

孔子：第一位教师

孔子姓孔名丘，公元前551年生于鲁国，它位于中国东部的现在的山东省。他的祖先是宋国贵族成员，宋国贵族是商朝王室的后代，商朝是周朝的前一个朝代。在孔子出生以前，他的家由于政治纠纷已经失去贵族地位，迁到鲁国。

孔子一生事迹详见《史记》的《孔子世家》。从这篇"世家"我们知道孔子年轻时很穷，五十岁时进入了鲁国政府，后来做了高官。一场政治阴谋逼他下台，离乡背井。此后十三年他周游列国，总希望找到机会，实现他的政治、社会改革的理想。可是一处也没有找到，他年老了，最后回到鲁国，过了三年就死了，死于公元前479年。

孔子和"六经"

前一章说过,各家哲学的兴起,是与私人讲学同时开始的。就现代学术界可以断定的而论,孔子是中国历史上第一个以私人身份教了大量学生的人,他周游列国时有大批学生跟随着。照传统说法,他有几千个学生,其中有几十人成为著名的思想家和学者。前一个数目无疑是太夸大了,但是毫无问题的是,他是个很有影响的教师,而更为重要和独一无二的是,他是中国的第一位私学教师。他的思想完善地保存在《论语》里。他的一些弟子将他的分散的言论编成集子,名为《论语》。

孔子是一位"儒",是儒家创建人。前一章提到,刘歆说儒家"游文于'六经'之中,留意于仁义之际"。"六经"就是《易》《诗》《书》《礼》《乐》(今佚)《春秋》(鲁国编年史,起自公元前722年,讫于公元前479年,即孔子卒年)。这些"经"的性质由书名就可以知道,唯有《易》是例外。《易》被后来儒家的人解释成形上学著作,其实本来是一部卜筮之书。

孔子与"六经"的关系如何,传统学术界有两派意见。一派认为,"六经"都是孔子的著作。另一派则认为,孔子是《春秋》的著者、《易》的注者、《礼》《乐》的修订者、《诗》《书》的编者。

>>> 孔子是中国历史上第一个以私人身份教了大学生的人,他周游列国时有大批学生跟随着。照传统说法,他有几千个学生,其中有几十人成为著名的思想家和学者。前一个数目无疑是太夸大了,但是毫无问题的是,他是个很有影响的教师,而更为重要和独一无二的是,他是中国的第一位私学教师。图为唐代阎立本《孔子弟子像》(局部)。

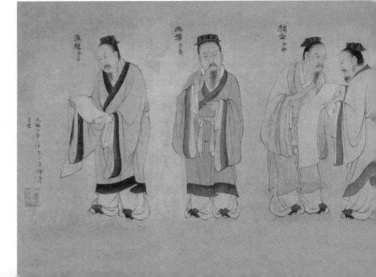

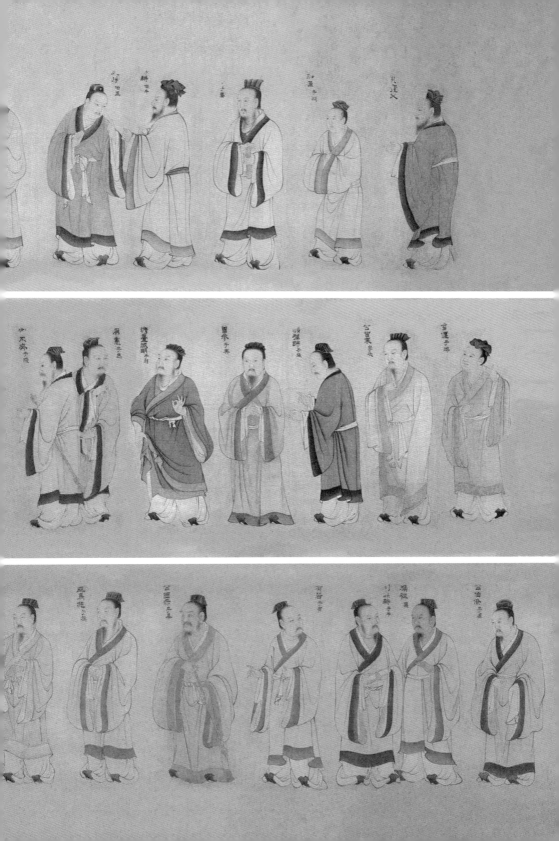

可是事实上，无论哪一"经"，孔子既不是著者，也不是注者，甚至连编者也不是。可以肯定，在许多方面他都是维护传统的保守派。他的确想修订礼乐，那也是要纠正一切偏离传统的标准和做法，这样的例子在《论语》中屡见不鲜。再从《论语》中关于孔子的传说来看，他从来没有任何打算，要亲自为后代著作什么东西。还没有听说当时有私人著作的事。私人著作是孔子时代之后才发展起来的，在他以前只有官方著作。他是中国的第一位私人教师，而不是中国的第一位私人著作家。

在孔子的时代以前已经有了"六经"。"六经"是过去的文化遗产。"六经"又叫做"六艺"，是周代封建制前期数百年中贵族教育的基础。可是大约从公元前7世纪开始，随着封建制的解体，贵族的教师们，甚至有些贵族本人——他们已经丧失爵位，但是熟悉典籍——流散在庶民之中。前一章说过，他们这时靠教授典籍为生，还靠在婚丧祭祀及其他典礼中"相礼"为生。这一种人就叫做"儒"。

孔子作为教育家

不过孔子不只是普通意义上的"儒"。在《论语》里他被描写成只是一个教育家。从某种观点看来，也的确是如此。他期望他的弟子成为对国家、对社会有用的"成人"（《论语·宪问》），所以教给他们以经典为基础的各门知识。作为教师，他觉得他的基本任务，是向弟子们解释古代的文化遗产。《论语》记载，孔子说他自己"述而不作"（《论语·述而》），就是这个缘故。不过这只是孔子的一个方面，他还有另一方面。这就是在传述传统的制度和观念时，孔子给予它们的解释，是由他自己的道德观推导出来的。例如在解释"三年之丧"这个古老的礼制时，孔子说："子生三年，然后免于父母之怀。夫三年之丧，天下之通丧也。"（《论语·阳货》）换句话说，儿子的一生，至少头三年完全依赖父母，因此父母死后他应当以同样长的时间服丧，表示感恩。还有在讲授经典时，孔子给予它们以新的解释。例如讲到《诗》经时，他强调它的道德价值，说："《诗》三百，一言以蔽之，曰：'思无邪。'"（《论语·为政》）这样一来，孔子就不只是单纯地传述了，因为他在"述"里"作"出了一些新的东西。

这种以述为作的精神，被后世儒家的人传之永久，经书代代相传时，他们就写出了无数的注疏。后来的《十三经注疏》，就是用这种精神对经书原文进行注释而形成的。

正是这样，才使孔子不同于当时寻常的儒，而使他成为新学派的创建人。正因为这个学派的人都是学者同时又是"六经"的专家，所以这个学派被称为"儒家"。

正名

孔子除了对经典做出新的解释以外，还有他自己的对于个人与社会、天与人的理论。

>>> 孔子还有另一方面。这就是在传述传统的制度和观念时,孔子给予它们的解释,是由他自己的道德观推导出来的。例如在解释"三年之丧"这个古老的礼制时,孔子说:"子生三年,然后免于父母之怀。夫三年之丧,天下之通丧也。"换句话说,儿子的一生,至少头三年完全依赖父母,因此父母死后他应当以同样长的时间服丧,表示感恩。图为清代佚名《孔子世家图册·治任别归》。

关于社会。他认为,为了有一个秩序良好的社会,最重要的事情是实行他所说的正名。就是说,"实"应当与"名"为它规定的含义相符合。有个学生问他,若要您治理国家,先做什么呢?孔子说:"必也正名乎!"(《论语·子路》)又有个国君问治理国家的原则,孔子说:"君君,臣臣,父父,子子。"(《论语·颜渊》)换句话说,每个名都有一定的含义,这种含义就是此名所指的一类事物的本质。因此,这些事物都应当与这种理想的本质相符。君的本质是理想的君必备的,即所谓"君道"。君,若按君道而行,他才于实于名,都是真正的君。这就是名实相符。不然的话,他就不是君,即使他可以要人们称他为君。在社会关系中,每个名都含有一定的责任和义务。君、臣、父、子都是这样的社会关系的名,负有这些名的人都必须相应地履行他们的责任和义务。这就是孔子正名学说的含义。

仁、义

关于人的德性,孔子强调仁和义,特点是仁。义是事之"宜",即"应该",它是绝对的命令。社会中的每个人都有一定的应该做的事,必须为做而做,因为做这些事在道德上是对的。如果做这些事只出于非道德的考虑,即使做了应该做的事,这种行为也不是义的行为。用一个常常受孔子和后来儒家的人蔑视的词来说,那就是为"利"。在儒家思想中,义与利是直接对立的。孔子本人就说过:"君子喻于义,小人喻于利。"(《论语·里仁》)在这里已经有了后来儒家的人所说的"义利之辨",

他们认为义利之辨在道德学说中是极其重要的。

义的观念是形式的观念,仁的观念就具体多了。人在社会中的义务,其形式的本质就是它们的"应该",因为这些义务都是他应该做的事。但是这些义务的具体的本质则是"爱人",就是"仁"。父行父道爱其子,子行子道爱其父。有个学生问什么是仁,孔子说:"爱人。"(《论语·颜渊》)真正爱人的人,是能够履行社会义务的人。所以在《论语》中可以看出,有时候孔子用"仁"字不只是指某一种特殊德性,而且是指一切德性的总和。所以"仁人"一词与"全德之人"同义。在这种情况下,"仁"可以译为 perfect virtue("全德")。

忠、恕

《论语》记载:"仲弓问仁。子曰:'……己所不欲,勿施于人。'"(《颜渊》)孔子又说:"夫仁者,己欲立而立人,已欲达而达人。能近取譬,可谓仁之方也已。"(《论语·雍也》)

由此看来,如何实行仁,在于推己及人。"己欲立而立人,己欲达而达人",换句话说,己之所欲,亦施于人,这是推己及人的肯定方面,孔子称之为"忠",即"尽己为人"。推己及人的否定方面,孔子称之为"恕",即"己所不欲,勿施于人"。推己及人的这两个方面合在一起,就叫做忠恕之道,就是"仁之方"(实行仁的方法)。

后来的儒家,有些人把忠恕之道叫做"絜矩之道"。就是说,这种

"道"是以本人自身为尺度,来调节本人的行为。公元前3世纪、2世纪儒家有一部论文集名叫《礼记》,其中有一篇《大学》,说:"所恶于上,毋以使下。所恶于下,毋以事上。所恶于前,毋以先后。所恶于后,毋以从前。所恶于右,毋以交于左。所恶于左,毋以交于右。此之谓絜矩之道。"

《礼记》另有一篇《中庸》,相传是孔子之孙子思所作,其中说:"忠恕违道不远。施诸己而不愿,亦勿施于人。……所求乎子,以事父。……所求乎臣,以事君。……所求乎弟,以事兄。……所求乎朋友,先施之。"

《大学》所举的例证,强调忠恕之道的否定方面;《中庸》所举的例证,强调忠恕之道的肯定方面。不论在哪个方面,决定行为的"絜矩"都在本人自身,而不在其他东西之中。

忠恕之道同时就是仁道,所以行忠恕就是行仁。行仁就必然履行在社会中的责任和义务,这就包括了义的性质。因而忠恕之道就是人的道德生活的开端和终结。《论语》有一章说:"子曰:'参乎!吾道一以贯之。'曾子曰:'唯。'子出,门人问曰:'何谓也?'曾子曰:'夫子之道,忠恕而已矣。'"(《里仁》)

每个人在自己心里都有行为的"絜矩",随时可以用它。实行仁的方法既然如此简单,所以孔子说:"仁远乎哉?我欲仁,斯仁至矣。"(《论语·述而》)

知命

从义的观念,孔子推导出"无所为而为"的观念。一个人做他应该做的事,纯粹是由于这样做在道德上是对的,而不是出于在这种道德强制以外的任何考虑。《论语》记载,孔子被某个隐者嘲讽为"知其不可而为之者"(《宪问》)。《论语》还记载,孔子有个弟子告诉另一个隐者说:"君子之仕也,行其义也。道之不行,已知之矣。"(《微子》)

后面我们将看到,道家讲"无为"的学说。而儒家讲"无所为而为"的学说。依儒家看来,一个人不可能无为,因为每个人都有些他应该做的事。然而他做这些事都是"无所为",因为做这些事的价值在于做的本身之内,而不是在于外在的结果之内。

孔子本人的一生正是这种学说的好例。他生活在社会、政治大动乱的年代,他竭尽全力改革世界。他周游各地,还像苏格拉底那样,逢人必谈。虽然他的一切努力都是枉费,可是他从不气馁。他明知道他不会成功,仍然继续努力。

孔子说他自己:"道之将行也与?命也。道之将废也与?命也。"(《论语·宪问》)他尽了一切努力,而又归之于命。命就是命运。孔子则是指天命,即天的命令或天意;换句话说,它被看作一种有目的的力量。但是后来的儒家,就把命只当作整个宇宙的一切存在的条件和力量。我们的活动,要取得外在的成功,总是需要这些条件的配合。但是这种配合,整个地看来,却在我们能控制的范围之外。所以我们能够做的,莫过于一心一意地尽力去做我们知道是我们应该做的事,而不计成败。这样做,就是"知命"。要做儒家所说的君子,知命是一个重要的必要条件。所以孔子说:"不知命,无以为君子也。"(《论语·尧曰》)

由此看来，知命也就是承认世界本来存在的必然性，这样，对于外在的成败也就无所萦怀。如果我们做到这一点，在某种意义上，我们也就永不失败。因为，如果我们尽应尽的义务，那么，通过我们尽义务的这种行动，此项义务也就在道德上算是尽到了，这与我们行动的外在成败并不相干。

这样做的结果，我们将永不患得患失，因而永远快乐。所以孔子说："知者不惑，仁者不忧，勇者不惧。"（《论语·子罕》）又说："君子坦荡荡，小人长戚戚。"（《论语·述而》）

孔子的精神修养发展过程

在道家的著作《庄子》中，可以看到道家的人常常嘲笑孔子，说他把自己局限于仁义道德之中，只知道道德价值，不知道超道德价值。表面上看，他们是对的，实际上他们错了。请看孔子谈到自己精神修养发展过程时所说的话吧，他说："吾十有五，而志于学。三十而立。四十而不惑。五十而知天命。六十而耳顺。七十而从心所欲，不逾矩。"（《论语·为政》）

孔子在这里所说的"学"，不是我们现在所说的学。《论语》中孔子说："志于道。"（《述而》）又说："朝闻道，夕死可矣。"（《里仁》）孔子的志于学，就是志于这个"道"。我们现在所说的"学"，是指增加知识；但是"道"却是我们用来提高精神境界的真理。

孔子还说:"立于礼。"(《论语·泰伯》)又说:"不知礼,无以立也。"(《论语·尧曰》)所以孔子说他"三十而立",是指他这时候懂得了礼,言行都很得当。

他说"四十而不惑",是说他这时候已经成为知者。因为如前面所引的,"知者不惑"。

孔子一生,到此为止,也许仅只是认识到道德价值。但是到了五十、六十,他就认识到天命了,并且能够顺乎天命。换句话说,他到这时候也认识到超道德价值。在这方面孔子很像苏格拉底。苏格拉底觉得,他是受神的命令的指派,来唤醒希腊人。孔子同样觉得,他接受了神的使命。《论语》记载:"子畏于匡,曰:'……天之将丧斯文也,后死者不得与于斯文也;天之未丧斯文也,匡人其如予何!'"(《子罕》)有个与孔子同时的人说:"天下之无道也久矣,天将以夫子为木铎。"(《论语·八佾》)所以孔子在做他所做的事的时候,深信他是在执行天的命令,受到天的支持;他所认识到的价值也就高于道德价值。

不过,我们将会看出,孔子所体验到的超道德价值,和道家所体验到的并不完全一样。道家完全抛弃了有理智、有目的的天的观念,而代之以追求与混沌的整体达到神秘的合一。因此,道家所认识、所体验的超道德价值,距离人伦日用更远了。

上面说到,孔子到了七十就能从心所欲,而所做的一切自然而然地正确。他的行动用不着有意的指导,他的行动用不着有意的努力。这代表着圣人发展的最高阶段。

孔子在中国历史上的地位

西方对于孔子的了解，可能超过了对于其他任何中国人的了解。可是在中国内部，孔子虽然一直出名，他的历史地位在各个时代却有很不相同的评价。按历史顺序说，他本来是普通教师，不过是许多教师中的一个教师。但是他死后，逐渐被认为是至圣先师，高于其他一切教师。到公元前2世纪，他的地位更加提高。当时许多儒家的人认为，孔子曾经真的接受天命，继周而王。他虽然没有真正登极，但是就理想上说，他是君临全国的王。这显然是个矛盾，可是有什么根据呢？这些儒家的人说，根据可以在《春秋》的微言大义中找到。他们把《春秋》说成是孔子所著的表现其伦理、政治观点的一部最重要的政治著作，而不是孔子故乡鲁国的编年史。再到公元前1世纪，孔子的地位提高到比王还高。据当时的许多人说，孔子是人群之中活着的神，这位神知道在他以后有个汉朝（公元前206—公元220），所以他在《春秋》中树立一种政治理想，竟能完备得足够供汉朝人实施而有余。这种神化可以说是孔子光荣的顶点吧，在汉朝的中叶，儒家的确可以称作宗教。

但是这种神化时期并没有持续很久。公元1世纪初，就已经有比较带有理性主义特色的儒家的人开始占上风。从此以后，就不再认为孔子是神了，但是他作为"至圣先师"的地位仍然极高。直到19世纪末，孔子受天命为王的说法固然又短暂地复活，但是不久以后，随着民国的建立，他的声望逐渐下降到"至圣先师"以下。在现在，大多数中国人会认为，他本来是一位教师，确实是一位伟大的教师，但是远远不是唯一的教师。

此外，孔子在生前就被认为是博学的人。例如，有一个与他同时的

贊曰
聖在濟人
周流不止
隱在寒身
仕蔑不足
仕兮仕兮
悲憫是丞
且分游兮
豈能知斷

>>> 孔子虽然一直出名,他的历史地位在各个时代却有很不相同的评价。按历史顺序说,他本来是普通教师,不过是许多教师中的一个教师。但是他死后,逐渐被认为是至圣先师,高于其他一切教师。图为清代焦秉贞《孔子圣迹图》

人说:"大哉孔子!博学而无所成名。"(《论语·子罕》)从前面的引证,我们也可以看出,他自认为是继承古代文化并使之垂之永久的人,与他同时的一些人也这么认为。他的工作是以述为作,这使得他的学派重新解释了前代的文化。他坚持了古代中他认为是最好的东西,又创立了一个有力的传统,一直传到最近的时代,这个时代又像孔子本人的时代,中国又面临巨大而严重的经济、社会变化。最后,他是中国的第一位教师。虽然从历史上说,他当初不过是普通教师,但是后来有些时代认为他是"至圣先师",也许是不无道理的。

第五章

墨子：孔子的第一个反对者

孔子之后，下一个主要的哲学家是墨子。他姓墨名翟。《史记》上没有说他是哪国人，关于他的生平也说得很少，实际上等于没有说。因而关于墨子是哪国人历来有意见分歧。有些学者说他是宋（今豫东鲁西）人，另一些学者说他是鲁人。他的生卒也不能肯定是哪年，大概是在公元前479年至前381年以内。研究墨子思想，主要资料是《墨子》一书，共五十三篇，是墨子本人及其后学的著作总集。

墨子创立的学派名为墨家。在古代，墨子与孔子享有同等的盛名，墨学的影响也不亚于孔学。把这两个人进行对比，是很有趣的。孔子对于西周的传统制度、礼乐文献，怀有同情的了解，力求以伦理的言辞论证它们是合理的、正当的；墨子则相反，认为它们不正当、不合用，力求用简单一些，而且在他看来有用一些的东西代替之。简言之，孔子是古代文化的辩护者，辩护它是合理的、正当的；墨子则是它的批判者。孔子是文雅的君子，墨子是战斗的传教士。他传教的目的在于，把传统的制度和常规，把孔子以及儒家的学说，一齐反对掉。

墨家的社会背景

在周代，天子、诸侯、封建主都有他们的军事专家。当时军队的骨干，由世袭的武士组成。随着周代后期封建制度的解体，这些武士专家丧失了爵位，流散各地，谁雇佣他们就为谁服务，以此为生。这种人被称为"游侠"，《史记》说他们"其言必信，其行必果，已诺必诚，不爱其躯，赴士之厄困"（《游侠列传》）。这些都是他们的职业道德。大部分的墨学就是这种道德的发挥。

在中国历史上，儒和侠都源出于依附贵族"家"的专家，他们本身都是上层阶级的分子。到了后来，儒仍然大都出身于上层或中层阶级；而侠则不然，更多的是出身于下层阶级。在古代，礼乐之类的社会活动完全限于贵族；所以从平民的观点看来，礼乐之类都是奢侈品，毫无实用价值。墨子和墨家，正是从这个观点，来批判传统制度及其辩护者孔子和儒家。这种批判，加上对他们本阶级的职业道德的发挥和辩护，就构成墨家哲学的核心。

墨子及其门徒出身于侠，这个论断有充分的证据。从《墨子》以及同时代的其他文献，我们知道，墨者组成一个能够进行军事行动的团体，纪律极为严格。这个团体的首领称为"钜子"，对于所有成员具有决定

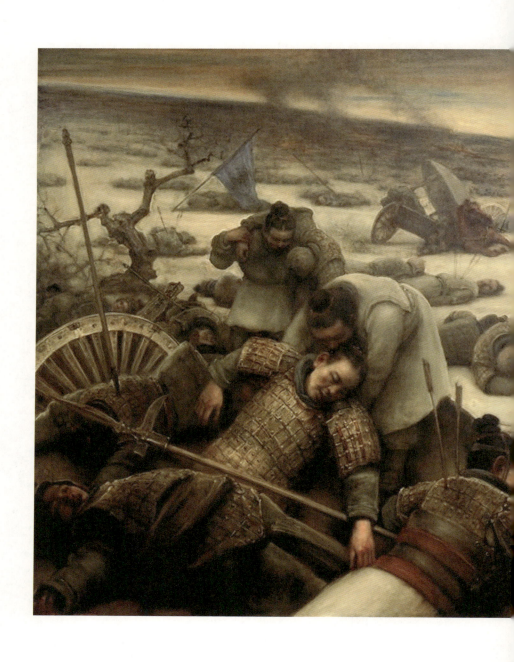

>>> 墨子及其门徒出身于侠,这个论断有充分的证据。墨者组成一个能够进行军事行动的团体,纪律极为严格。这个团体的首领称为"钜子",对于所有成员具有决定生死的权威。墨子就是这个团体的第一任钜子,图为当代庞茂琨、刘晓曦、王朝刚、郑力、王海明《战乱中的墨子》。

生死的权威。墨子就是这个团体的第一任钜子，他领导门徒实际进行的军事行动至少有一次，就是宋国受到邻国楚国侵略威胁的时候，他们为宋国准备了军事防御。

这段情节很有趣，见于《墨子》的《公输》。据此篇说，有一位著名的机械发明家公输般，当时受楚国雇用，造成一种新式的攻城器械。楚国准备用这种新式器械进攻宋国。墨子听说这件事，就去到楚国，要对楚王进行劝阻。在那里，他和公输般在楚王面前演习了他们的进攻和防御的器械。墨子先解下他的腰带，用它摆成一座城，又拿一根小棍棒当作武器。接着公输般使用九种不同的微型进攻器械，九次都被墨子击退了。最后，公输般用尽了他的全部进攻器械，可是墨子的防御手段还远远没有用完。于是公输般说："我知道怎样打败你，但是我不愿意说出来。"墨子回答说："我知道你的办法，但是我也不愿意说出来。"

楚王问墨子这是什么意思，墨子继续说："公输般是在想杀我。但是我的弟子禽滑釐等三百人，早已手持我的防御器械，在宋国的城上等候楚国侵略者。就算杀了我，你也不能灭绝他们。"楚王听了这番话，嚷了起来："好啦，好啦！我说不要攻宋了。"

这段故事若是真的，倒是为当今世界解决两国争端，树立了良好榜样。战争不必在战场上进行。只要两国的科学家、工程师把他们实验中的攻守武器拿出来较量一番，战争也就不战而决胜负了。

不管这段故事是真是假，也可以反映出墨者团体的性质，别的书上也说到这种性质。例如《淮南子·泰族训》中说："墨子服役者百八十人，皆可使赴火蹈刃，死不旋踵。"《墨子》一书的本身，差不多有九篇是讲防御战术和守城器械。这一切表明，当初组成墨家的人是一群武士。

可是，墨子及其门徒，与普通的游侠有两点不同。第一点，普通的游侠只要得到酬谢，或是受到封建主的恩惠，那就不论什么仗他们都打；墨子及其门徒则不然，他们强烈反对侵略战争，所以他们只愿意参加严格限于自卫的战争。第二点，普通的游侠只限于信守职业道德的条规，无所发挥；可是墨子却详细阐明了这种职业道德，论证它是合理的、正当的。这样，墨子的社会背景虽然是侠，却同时成为一个新学派的创建人。

墨子对儒家的批评

墨子认为，"儒之道，足以丧天下者四焉"：（一）儒者不相信天鬼存在，"天鬼不悦"。（二）儒者坚持厚葬，父母死后实行三年之丧，因此把人民的财富和精力都浪费了。（三）儒者强调音乐，造成同样的后果。（四）儒者相信前定的命运，造成人们懒惰，把自己委之于命运。（《墨子·公孟》）《墨子》的《非儒》中还说："累寿不能尽其学，当年不能行其礼，积财不能赡其乐。盛饰邪术，以营世君；盛为声乐，以淫遇民：其道不可以期世，其学不可以导众。"

这些批评显示出儒、墨社会背景不同。在孔子以前，早已有些饱学深思的人放弃了对天帝鬼神的信仰。下层阶级的人，对于天鬼的怀疑，通常是发生得迟缓一些。墨子所持的是下层阶级的观点。他反对儒家的第一点，意义就在此。第二、第三点，也是在这个基础上提出的。至于第四点，则是不相干的，因为儒家虽然常常讲到"命"，所指的并不是墨子攻击的那种前定的命。前一章已经指出过这一点，就是在儒家看来，命是指人们所能控制的范围以外的东西。但是，他若是竭尽全力，总还有一些东西是在他力所能及的控制范围以内。因此，人只有已经做了他自己能够做的一切以后，对于那些仍然要来到的东西才只好认为是不可避免的，只好平静地、无可奈何地接受它。这才是儒家所讲的"知命"的意思。

兼爱

儒家的中心观念仁、义，墨子并没有批评；在《墨子》一书中，他倒是常讲到仁、义，常讲仁人、义人。不过他用这些名词所指的，与儒家所指的，还是有些不同。照墨子的意思，仁、义是指兼爱，仁人、义人就是实行这种兼爱的人。兼爱是墨子哲学的中心概念。墨子出于游侠，兼爱正是游侠职业道德的逻辑的延伸。这种道德，就是在他们的团体内"有福同享，有祸同当"（这是后来的侠客常常说的话）。以这种团体的概念为基础，墨子极力扩大它，方法是宣扬兼爱学说，即天下的每个人都应该同等地、无差别地爱别的一切人。

《墨子》中有三篇专讲兼爱。墨子在其中首先区别他所谓的"兼"与"别"。坚持兼爱的人他名之为"兼士"，坚持爱有差别的人他名之为"别士"。"别士之言曰：吾岂能为吾友之身若为吾身，为吾友之亲若为吾亲"，他为他的朋友做的事也就很少。兼士则不然，他"必为其友之身若为其身，为其友之亲若为其亲"，他为他的朋友做到他能做的一切。做出了这样的区别之后，墨子问道，兼与别哪一个对呢？（引语见《墨子·兼爱下》）

然后墨子用他的"三表"来判断兼与别（以及一切言论）的是非。

所谓"三表",就是"有本之者,有原之者,有用之者。于其本之也,考之天鬼之志、圣王之事"(《墨子·非命中》)。"于何原之?下原察百姓耳目之实。于何用之?发以为刑政,观其中国家百姓人民之利。"(《墨子·非命上》)"三表"之中,最后"一表"最重要。"中国家百姓人民之利"是墨子判定一切价值的标准。

这个标准,也就是墨子用以证明兼爱最可取的主要标准。在《兼爱下》这一篇中,他辩论说:

> 仁人之事者,必务求兴天下之利,除天下之害。然当今之时,天下之害孰为大?曰:大国之攻小国也,大家之乱小家也;强之劫弱,众之暴寡,诈之谋愚,贵之傲贱:此天下之害也。……姑尝本原若众害之所生,此胡自生?此自爱人、利人生与?即必曰:非然也。必曰:从恶人、贼人生。分名乎天下恶人而贼人者,兼与?别与?即必曰:别也。然即之交别者,果生天下之大害者与?是故别非也。
>
> 非人者必有以易之。……是故子墨子曰:兼以易别。然即兼之可以易别之故何也?曰:藉为人之国,若为其国,夫谁独举其国以攻人之国者哉?为彼者犹为己也。为人之都,若为其都,夫谁独举其都以伐人之都者哉?为彼犹为己也。为人之家,若为其家,夫谁独举其家以乱人之家者哉?为彼犹为己也。
>
> 然即国都不相攻伐,人家不相乱贼,此天下之害与?天下之利与?即必曰:天下之利也。姑尝本原若众利之所自生。此胡自生?此自恶人、贼人生与?即必曰:非然也。必曰:从爱人、利人生。分名乎天下爱人而利人者,别与?兼与?即必曰:兼也。然即之交兼者,果生天下之大利者与?是故子墨子曰:兼是也。

墨子用这种功利主义的辩论,证明兼爱是绝对正确的。仁人的任务是为天下兴利除害,他就应当以兼爱作为他自己以及天下所有人的行动标准，这叫做以"兼"为"正"。"以兼为正，是以聪耳明目，相与视听乎；是以股肱毕强，相为动宰乎。而有道肆相教诲，是以老而无妻子者，有所侍养以终其寿；幼弱孤童之无父母者，有所放依以长其身。今唯毋以兼为正，即若其利也。"（《墨子·兼爱下》）这也就是墨子的理想世界，它只能通过实行兼爱而创造出来。

天志和明鬼

可是还有一个根本问题：如何说服人们兼爱呢？你可以把上面所说的告诉人们，说实行兼爱是利天下的唯一道路，说仁人是实行兼爱的人。可是人们还会问：我个人的行动为什么要利天下？我为什么必须成为仁人？你可以进一步论证说，如果对全天下有利，也就是对天下的每个人都有利。或者用墨子的话说："夫爱人者，人必从而爱之；利人者，人必从而利之；恶人者，人必从而恶之；害人者，人必从而害之。"（《墨子·兼爱中》）这样说来，爱别人就是一种个人保险或投资，它是会得到偿还的。可是绝大多数人都很近视，看不出这种长期投资的价值。也还有一些实例，说明这样的投资根本得不到偿还。

为了诱导人们实行兼爱，所以墨子在上述的道理之外，又引进了许多宗教的、政治的制裁。因此，《墨子》有几篇讲"天志""明鬼"。其中说，天帝存在，天帝爱人，天帝的意志是一切人要彼此相爱。天帝经常监察人的行动，特别是统治者的行动。他以祸惩罚那些违反天意的人,以福奖赏那些顺从天意的人。除了天帝,还有许多小一些的鬼神,他们也同天帝一样,奖赏那些实行兼爱的人,惩罚那些交相"别"的人。

有一个墨子的故事与此有关,很有趣味。故事说:"子墨子有疾,跌鼻进而问曰:先生以鬼神为明,能为祸福,为善者赏之,为不善者罚之。今先生圣人也,何故有疾?意者先生之言有不善乎?鬼神不明知乎?子墨子曰:虽使我有病,鬼神何遽不明?人之所得于病者多方:有得之寒暑,有得之劳苦。百门而闭一门焉,则盗何遽无从入?"(《墨子·公孟》)如果用现代逻辑的术语,墨子可以说,鬼神的惩罚是一个人有病的充足原因,而不是必要原因。

一种似是而非的矛盾

现在正是个适当的时候来指出,不论墨家、儒家,在对待鬼神的存在和祭祀鬼神的态度上,都好像是矛盾的。墨家相信鬼神存在,可是同时反对丧葬和祭祀的缛礼,固然好像是矛盾的。儒家强调丧礼和祭礼,可是并不相信鬼神存在,同样也好像是矛盾的。墨家在谈到儒家的时候,自己也十分明快地指出过这种矛盾。公孟子是个儒家的人。"公孟子曰'无鬼神',又曰'孟子必学祭祀'。子墨子曰:'执无鬼而学祭礼,是犹无客而学客礼也,是犹无鱼而为鱼罟也。'"(《墨子·公孟》)

儒家、墨家这些好像是矛盾的地方,都不是真正的矛盾。照儒家所说,行祭礼的原因不再是因为相信鬼神真正存在,当然相信鬼神存在无疑是祭礼的最初原因。行礼只是祭祀祖先的人出于孝敬祖先的感情，所以礼的意义是诗的，不是宗教的。这个学说后来被荀子及其学派详细地发挥了，本书第十三章将要讲到。所以根本没有什么真正的矛盾。

同样在墨家的观点中也没有实际的矛盾。因为墨子要证明鬼神存在，本来是为了给他的兼爱学说设立宗教的制裁，并不是对于超自然的实体有任何真正的兴趣。所以他把天下大乱归咎于"疑惑鬼神之有与无之别，不明乎鬼神之能赏贤而罚暴也"，并且接着问道："今若使天下之人偕若信鬼神之能赏贤而罚暴也，则夫天下岂乱哉？"（《墨子·明鬼下》）所以他的"天志""明鬼"之说都不过是诱导人们相信：实行兼爱则受赏，不实行兼爱则受罚。在人心之中有这样的一种信仰也许是有用的，因此墨子需要它。"节用""节葬"也是有用的，因此墨子也需要它。从墨子的极端功利主义观点看来，需要这两种东西是毫不矛盾的，因为两者都是有用的。

国家的起源

人们若要实行兼爱，除了宗教的制裁，还需要政治的制裁。《墨子》有《尚同》三篇，其中阐述了墨子的国家起源学说。照这个学说所说，国君的权威有两个来源：人民的意志和天帝的意志。它更进一步说，国君的主要任务是监察人民的行动，奖赏那些实行兼爱的人，惩罚那些不实行兼爱的人。为了有效地做到这一点，他的权威必须是绝对的。在这一点上,我们可能要问:为什么人们竟然自愿选择,要有这样的绝对权威来统治他们呢?

墨子的回答是,人们接受这样的权威,并不是由于他们选中了它,而是由于他们无可选择。照他所说,在建立有组织的国家之前,人们生活在如托马斯·霍布斯所说的"自然状态"之中。在这个时候"盖其语曰天下之人异义。是以一人则一义,二人则二义,十人则十义,其人兹众,其所谓义者亦兹众。是以人是其义,以非人之义,故交相非也"。"天下之乱,若禽兽然。夫明乎天下之所以乱者,生于无政长。是故选天下之贤可者,立以为天子。"(《墨子·尚同上》)如此说来,国君最初是由人民意志设立的,是为了把他们从无政府状态中拯救出来。

在另一篇中,墨子又说:"古者上帝鬼神之建设国都、立正长也,非高其爵、厚其禄、富贵佚而错之也,将以为万民兴利、除害、富贫、众寡、安危、治乱也。"(《墨子·尚同中》)照这个说法,国家和国君又都是通过天帝的意志设立的了。

不论国君是怎样获得权力的,只要他一朝权在手,就把令来行。照墨子所说,天子就要"发政于天下之百姓,言曰:闻善而不善,皆以告其上;上之所是,必皆是之;上之所非,必皆非之"(《墨子·尚同上》)。这就引导出墨子的名言:"上同而不下比。"(《墨子·尚同上》)就是说,永远同意上边的,切莫依照下边的。

如是墨子论证出,国家必须是极权主义的,国君的权威必须是绝对的。这是他的国家起源学说的必然结论。因为国家的设立,有其明确的目的,就是结束混乱,混乱的存在则是由于"天下之人异义"。因此国家的根本职能是"一同国之义"(《墨子·尚同上》)。一国之内,只能有一义存在,这一义必须是国家自身确定的一义。别的义都是不能容忍的,因为如果存在别的义,人们很快就会返回到"自然状态",除了天下大乱,一无所有。在这种政治学说里,我们也可以看出,墨子发展了侠的职业道德,那是非常强调团体内的服从和纪律的。它无疑也反映了墨子时代的混乱的政治局面,使得许多人向往一个中央集权的政权,哪怕是一个专制独裁的也好。

这样,就只能够存在一义。义,墨子认为就是"交相兼",不义就是"交相别"。这也就是唯一的是非标准。通过诉诸这种政治制裁,结合他的宗教制裁,墨子希望,能够使天下一切人都实行他的兼爱之道。

墨子的学说就是如此。与墨子同时的一切文献,一致告诉我们,墨子本人的言行,就是他自己学说的真正范例。

第六章

道家第一阶段：杨朱

《论语》记载,孔子周游列国时遇到一些他称为"隐者"(《微子》)的"避世"(《宪问》)的人。这些隐者嘲笑孔子,认为孔子救世的努力都是徒劳。有一位隐者把孔子说成"是知其不可而为之者"(《宪问》)。孔子的弟子子路,有一次回答了这些攻击,说:"不仕无义。长幼之节,不可废也。君臣之义,如之何其废之,欲洁其身,而乱大伦?君子之仕也,行其义也。道之不行,已知之矣。"(《微子》)

早期道家和隐者

隐者正是这样的"欲洁其身"的个人主义者。在某种意义上,他们还是败北主义者,他们认为这个世界太坏了,不可救药。有一位隐者说:"滔滔者天下皆是也,而谁以易之?"(《论语·微子》)这些人大都离群索居,遁迹山林,道家可能就是出于这种人。

可是道家也不是普通的隐者,只图"避世"而"欲洁其身",不想在理论上为自己的退隐行为辩护。道家是这样的人,他们退隐了,还要提出一个思想体系,赋予他们的行为以意义。他们中间,最早的著名代表人物看来是杨朱。

杨朱的生卒年代不详,但是一定生活在墨子(约公元前479—约前381)与孟子(约公元前371—约前289)之间。因为墨子从未提到他,而在孟子的时代他已经具有与墨家同等的影响。孟子本人说过:"杨朱、墨翟之言盈天下。"(《孟子·滕文公下》)《列子》是道家著作,其中有一篇题为《杨朱》,照传统的说法,它代表杨朱的哲学。但是现代的学者已经深深怀疑《列子》这部书的真实性,而且《杨朱》中的思想,大都与其他先秦的可信的资料所记载的杨朱思想不合。《杨朱》的主旨是极端的纵欲主义,而在其他的先秦著作中从来没有指责杨朱是纵欲主

>>> 隐者正是这样的"欲洁其身"的个人主义者。有一位隐者说:"滔滔者天下皆是也,而谁以易之?"这些人大都离群索居,遁迹山林,道家可能就是出于这种人。道家也不是普通的隐者,只图"避世"而"欲洁其身",不想在理论上为自己的退隐行为辩护。道家是这样的人,他们退隐了,还要提出一个思想体系,赋予他们的行为以意义。图为明代谢缙《松阴高士图》。

义的。杨朱的思想真相如何,可惜已经没有完整的记载了,只好从散见于别人著作的零星材料中绅绎出来。

杨朱的基本观念

《孟子》说:"杨子取为我,拔一毛而利天下,不为也。"(《尽心上》)《吕氏春秋》(公元前3世纪)说:"陌生贵己。"(《审分览·不二》)《韩非子》(公元前3世纪)说:"今有人于此,义不入危城,不处军旅,不以天下大利易其胫一毛……轻物重生之士也。"(《显学》)《淮南子》(公元前2世纪)说:"全性保真,不以物累形:杨子之所立也。"(《氾论训》)

在以上引文中,《吕氏春秋》说的陌生,近来学者们已经证明就是杨朱。《韩非子》说的"不以天下大利易其胫一毛"的人,也一定是杨朱或其门徒,因为在那个时代再没有别人有此主张。把这些资料合在一起,就可以得出杨朱的两个基本观念:"为我""轻物重生"。这些观念显然是反对墨子的,墨子是主张兼爱的。

《韩非子》说的杨朱"不以天下大利易其胫一毛",与《孟子》说的杨朱"拔一毛而利天下,不为也",有些不同。可是这两种说法与杨朱的基本观念是一致的。后者与"为我"一致,前者与"轻物重生"一致。两者可以说是一个学说的两个方面。

杨朱基本观念的例证

上述杨朱思想的两个方面,都可以在道家文献中找到例证。《庄子·逍遥游》有个故事说:"尧让天下于许由。……许由曰:子治天下,天下既已治也,而我犹代子,吾将为名乎?名者,实之宾也。吾将为宾乎?鹪鹩巢于深林,不过一枝;偃鼠饮河,不过满腹。归休乎君,予无所用天下为!"许由这个隐者,把天下给他,即使白白奉送,他也不要。当然他也就"不以天下大利易其胫一毛"。这是《韩非子》所说的杨朱思想的例证。

前面提到《列子》的《杨朱》,其中有个故事说:"禽子问杨朱曰:去子体之一毛,以济一世,汝为之乎?杨子曰:世固非一毛之所济。禽子曰:假济,为之乎?杨子弗应。禽子出语孟孙阳。孟孙阳曰:子不达夫子之心,吾请言之,有侵若肌肤获万金者,若为之乎?曰:为之。孟孙阳曰:有断若一节得一国,子为之乎?禽子默然有间。孟孙阳曰:一毛微于肌肤,肌肤微于一节,省矣。然则积一毛以成肌肤,积肌肤以成一节。一毛固一体万分中之一物,奈何轻之乎?"这是杨朱学说另一方面的例证。

《列子·杨朱》中还说:"古之人损一毫利天下,不与也;悉天下奉一身,不取也。人人不损一毫,人人不利天下:天下治矣。"我们不能相信这些话真是杨朱说的,但是这些话把杨朱学说的两个方面,把早期道家的政治哲学,总结得很好。

《老子》《庄子》中的杨朱思想

在《老子》《庄子》以及《吕氏春秋》中都能见到杨朱基本观念的反映。《吕氏春秋》说："今吾生之为我有，而利我亦大矣。论其贵贱，爵为天子不足以比焉。论其轻重，富有天下不可以易之。论其安危，一曙失之，终身不复得。此三者，有道者之所慎也。"（《孟春纪·重己》）这段话说明了为什么应当轻物重生。即使失了天下，也许有朝一日能够再得；但是一旦死了，就永远不能再活。

《老子》里有些话含有同样的思想。例如："贵以身为天下，若可寄天下；爱以身为天下，若可托天下。"（第十三章）这就是说，在为人处世中，贵重自己的身体超过贵重天下的人，可以把天下给予他；爱他自己超过爱天下的人，可以将天下委托于他。又如："名与身：孰亲？身与货：孰多？"（第四十四章）都表现出轻物重生的思想。

《庄子》的《养生主》里说："为善无近名，为恶无近刑，缘督以为经：可以保身，可以全生，可以养亲，可以尽年。"这也是沿着杨朱思想的路线走。先秦道家认为，这是保身全生免受人世伤害的最好的办法。一个人的行为若是很坏，受到社会惩罚，显然不是全生的方法。但是一个人的行为若是太好，获得美名，这也不是全生的方法。《庄子》另一篇中说："山木自寇也，膏火自煎也。桂可食，故伐之；漆可用，故割之。"（《人间世》）一个享有有才有用的美名的人，他的命运将会和桂树、漆树一样。

所以《庄子》里有一些话赞美无用之用。《人间世》中讲到一棵很大的栎社树，是不材之木，无所可用，所以匠人不砍它。栎社树托梦对匠人说："予求无所可用久矣。几死，乃今得之，为予大用。使予也而有用，且得有此大也邪？"这一篇最后说："人皆知有用之用，而莫知无用之用也。"无用是全生的方法。善于全生的人，一定不能多为恶，但是也一定不能多为善。他一定要生活在善恶之间。他力求无用，但是到头来，无用对于他有大用。

道家的发展

  这一章所讲的是先秦道家哲学发展的第一阶段。先秦道家哲学的发展，一共有三个主要阶段。属于杨朱的那些观念，代表第一阶段。《老子》的大部分思想代表第二阶段。《庄子》的大部分思想代表第三阶段即最后阶段。我说《老子》《庄子》的大部分思想，是因为在《老子》里也有代表第一、第三阶段的思想，在《庄子》里也有代表第一、第二阶段的思想。这两部书，像中国古代别的书一样，都不是成于一人之手，而是不同时期不同的人写的，它们实际上是道家著作、言论的汇编。

  道家哲学的出发点是全生避害。为了全生避害，杨朱的方法是"避"。这也就是普通隐者的方法，他们逃离人世，遁迹山林，心想这样就可以避开人世的恶。可是人世间的事情多么复杂，不论你隐藏得多么好，总是有些恶仍然无法避开。所以有些时候，"避"的方法还是不中用。

  《老子》的大部分思想表示出另一种企图，就是揭示宇宙事物变化的规律。事物变，但是事物变化的规律不变。一个人如果懂得了这些规律，并且遵循这些规律以调整自己的行动，他就能够使事物转向对他有利。这是先秦道家发展的第二阶段。

可是即使如此，也还是没有绝对的保证。不论自然界、人类社会，事物的变化中总是有些没有预料到的因素。尽管小心翼翼，仍然有受害的可能。老子这才把话说穿了："吾所以有大患者，为吾有身。及吾无身，吾有何患！"（《老子》第十三章）这种大彻大悟之言，《庄子》有许多地方加以发挥，产生了"齐生死、一物我"的理论。它的意思也就是，从一个更高的观点看生死、看物我。从这个更高的观点看事物，就能够超越现实的世界。这也是"避"的一种形式；然而不是从社会到山林，而很像是从这个世界到另一个世界。这是先秦道家发展的第三阶段，也是最后阶段。

《庄子》的《山木》中有个故事，把这一切发展都表现出来了。故事说：

> 庄子行于山中，见大木枝叶盛茂，伐木者止其旁而不取也。问其故，曰："无所可用。"庄子曰："此木以不材得终其天年。"
>
> 夫子出于山，舍于故人之家。故人喜，命竖子杀雁而烹之。竖子请曰："其一能鸣，其一不能鸣：请奚杀？"主人曰："杀不能鸣者。"明日，弟子问于庄子曰："昨日山中之木，以不材得终其天年；今主人之雁，以不材死：先生将何处？"
>
> 庄子笑曰："周将处乎材与不材之间。材与不材之间，似之而非也，故未免乎累。若夫乘道德而浮游则不然。无誉无訾，一龙一蛇，与时俱化，而无肯专为；一上一下，以和为量，浮游乎万物之祖；物物而不物于物，则胡可得而累邪！"

这个故事的前部分，表现的就是杨朱所实行的全生理论，后部分则是庄子的理论。这里所说的"材"，相当于前面引用的《养生主》所说的"为善"。"不材"，相当于"为恶"。"材与不材之间"，相当于"缘

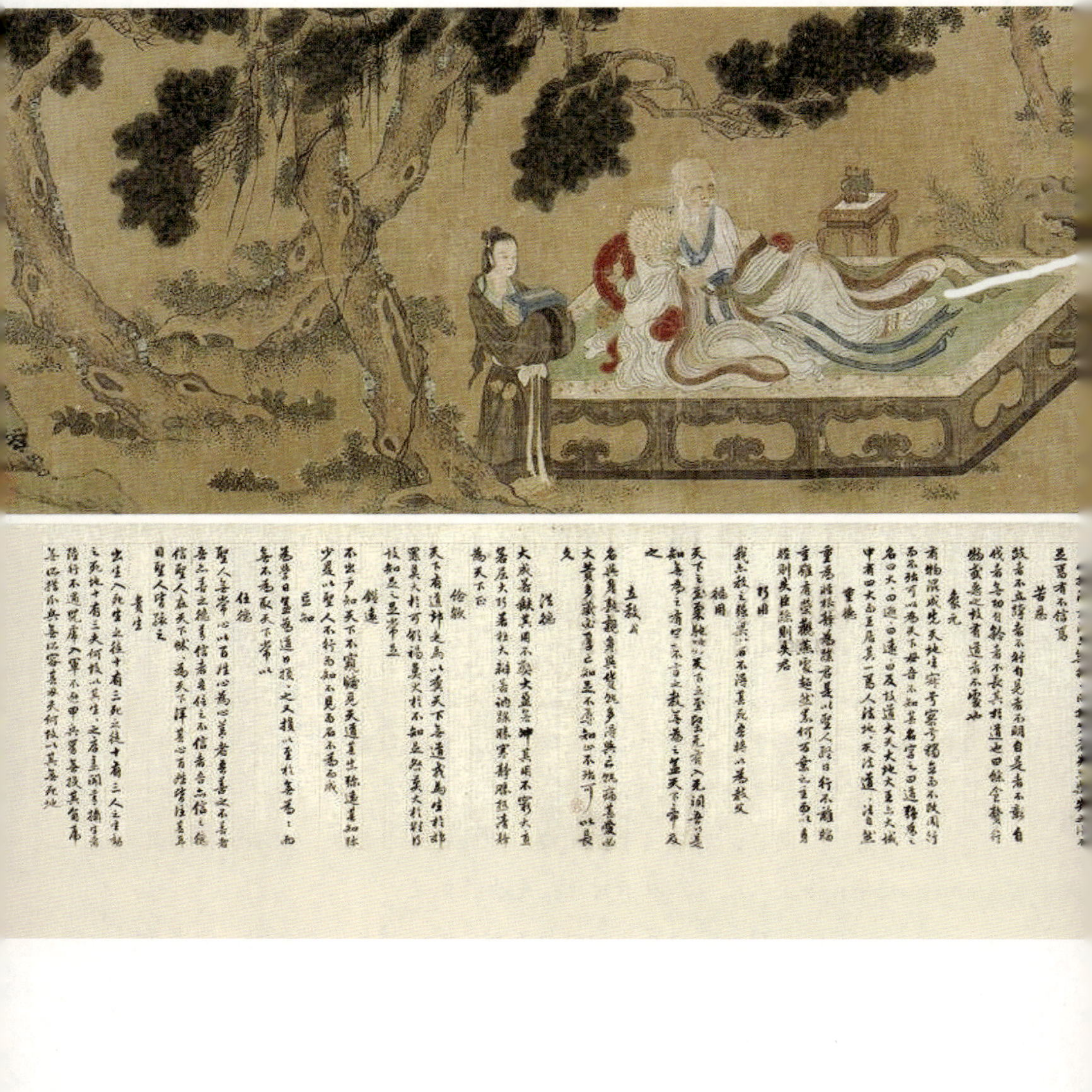

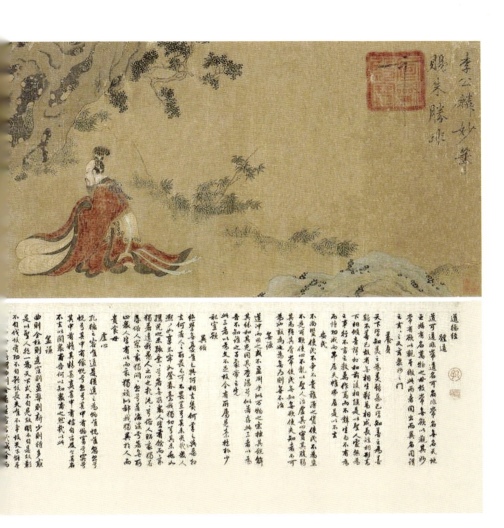

>>> 先秦道家哲学的发展，一共有三个主要阶段。属于杨朱的那些观念，代表第一阶段。《老子》的大部分思想代表第二阶段，《庄子》的大部分思想代表第三阶段即最后阶段。《老子》的大部分思想表示出另一种企图，就是揭示宇宙事物变化的规律。图为宋代李公麟《老子授经图》。

督以为经"。可是一个人如果不能从一个更高的观点看事物，那么这一切方法没有哪一个能够绝对保证他不受伤害。不过，从更高的观点看事物，也就意味着取消自我。我们可以说，先秦道家都是为我的。只是后来的发展，使这种为我走向反面，取消了它自身。

第七章

儒家的理想主义派：孟子

《史记》记载，孟子（约公元前371—约前289）是邹（今山东省南部）人。他从孔子的孙子子思的门人学习儒家学说。当时的齐国（也在今山东省）是个大国，有几代齐王很爱好学术。他们在齐国首都的西门：稷门附近，建立一个学术中心，名叫"稷下"。稷下学者"皆命曰列大夫，为开第康庄之衢，高门大屋，尊宠之。览天下诸侯宾客，言齐能致天下贤士也"（《史记·孟子荀卿列传》）。

　　孟子一度是稷下的著名学者之一。他也曾游说各国诸侯，但是他们都不听信他的学说。他最后只好回来与弟子们作《孟子》七篇。这部书记载了孟子与诸侯、与弟子的谈话。《孟子》后来被推崇为"四书"之一，"四书"是近千年来儒家教育的基础。

　　孟子代表儒家的理想主义的一翼，稍晚的荀子代表儒家的现实主义的一翼。这样说是什么意思，往下就可以明白。

人性善

我们已经知道,孔子对于"仁"讲了很多,对"义""利"之辨也分得很清。每个人应当毫不考虑自己的利益,无条件地做他应该做的事,成为他应该成为的人。换句话说,他应当"推己及人",这实质上就是行"仁"。但是孔子虽然讲了这些道理,他却没有解释为什么每个人应该这样做。孟子就试图回答这个问题。在回答的过程中,孟子建立了人"性本善"的学说。性善的学说使孟子赢得了极高的声望。

人性是善的,还是恶的?——确切地说,就是,人性的本质是什么?——向来是中国哲学中争论最激烈的问题之一。据孟子说,他那个时候,关于人性的学说,除了他自己的学说以外,还另有三种学说。第一种是说人性既不善又不恶。第二种是说人性既可善又可恶(这意思似乎是说人性内有善恶两种成分)。第三种是说有些人的人性善,有些人的人性恶(见《孟子·告子上》)。持第一种学说者是告子,他是与孟子同时的哲学家。《孟子》中保存了他和孟子的几段很长的辩论,所以我们对于第一种学说比对于其他两种知道得多一些。

孟子说人性善,他的意思并不是说,每个人生下来就是孔子、就是圣人。他的学说,与上述第二种学说的一个方面有某些相似之处,也就

>>> 人性是善的，还是恶的？——确切地说，就是，人性的本质是什么？——向来是中国哲学中争论最激烈的问题之一。孟子就试图回答这个问题。在回答的过程中，孟子建立了人"性本善"的学说。图为清代万寿祺（款）《孟母三迁》。

是说，认为人性内有种种善的成分。他的确承认，也还有些其他成分，本身无所谓善恶，若不适当控制，就会通向恶。这些成分，他认为就是人与其他动物共有的成分。这些成分代表着人的生命的"动物"方面，严格地说，不应当认为是"人"性部分。

孟子提出大量论证，来支持性善说，有段论证是："人皆有不忍人之心。……今人乍见孺子将入于井，皆有怵惕恻隐之心。……由是观之，无恻隐之心，非人也；无羞恶之心，非人也；无辞让之心，非人也；无是非之心，非人也。恻隐之心，仁之端也；羞恶之心，义之端也；辞让之心，礼之端也；是非之心，智之端也。人之有是四端也，犹其有四体也。……凡有四端于我者，知皆扩而充之矣。若火之始然，泉之始达。苟能充之，足以保四海；苟不充之，不足以事父母。"（《孟子·公孙丑上》）

一切人的本性中都有此"四端"，若充分扩充，就变成四种"常德"，即儒家极其强调的仁、义、礼、智。这些"德"，若不受外部环境的阻碍，就会从内部自然发展（即扩充），有如种子自己长成树，蓓蕾自己长成花。这也就是孟子同告子争论的根本之点，告子认为人性本身无善无不善，因此道德是从外面人为地加上的东西，即所谓"义，外也"。

这里就有一个问题：为什么人应当让他的"四端"，而不是让他的低级本能自由发展？孟子的回答是，人之所以异于禽兽，就在于有此"四端"。所以应当发展"四端"，因为只有通过发展"四端"，人才真正成为"人"。孟子说："人之所以异于禽兽者几希，庶民去之，君子存之。"（《孟子·离娄下》）他这样回答了孔子没有想到的这个问题。

儒墨的根本分歧

我们由此看出了儒墨的根本分歧。孟子以"距杨墨"为己任,他说:"杨氏为我,是无君也。墨氏兼爱,是无父也。无父无君,是禽兽也。……是邪说诬民,充塞仁义也。"(《孟子·滕文公下》)很明显,杨朱的学说是反对仁义的,因为仁义的本质是利他,而杨朱的原则是利己。但是墨子的兼爱,目的也是利他,在利他这方面他甚至比儒家的调子更高。那么,孟子在他的批判中,为什么把墨子和杨朱混在一起呢?

对于这个问题,传统的回答是,由于墨家主张爱无差等,而儒家主张爱有差等。换句话说,在爱人的问题上,墨家强调同等,儒家强调差等。《墨子》里有段话说明了这个分歧,有个巫马子对墨子说:"我不能兼爱。我爱邹人于越人,爱鲁人于邹人,爱我乡人于鲁人,爱我家人于乡人,爱我亲于我家人,爱我身于吾亲。"(《墨子·耕柱》)

巫马子是儒家的人,竟然说"爱我身于吾亲",很可能是墨家文献的夸大其词。这显然与儒家强调的孝道不合。除了这一句以外,巫马子的说法总的看来符合儒家精神。因为照儒家看来,爱应当有差等。

谈到这些差等,孟子说:"君子之于物也,爱之而弗仁;于民也,仁之而弗亲。亲亲而仁民,仁民而爱物。"(《孟子·尽心上》)孟子同墨者夷之辩论时,问他:"信以为人之亲其兄之子,为若亲其邻之赤子乎?"(《孟子·滕文公上》)对于兄之子的爱,自然会厚于对邻人之子的爱。在孟子看来,这是完全正常的;人应当做的就是推广这种爱使之及于更远的社会成员。"老吾老,以及人之老;幼吾幼,以及人之幼。"(《孟子·梁惠王上》)这就是孟子所说的"善推其所为"(同上),这种推广是在爱有差等的原则基础上进行的。

爱家人，推而至于也爱家人以外的人，这也就是行"忠恕之道"，回过来说也就是行"仁"，这都是孔子倡导的。其间并无任何强迫，因为一切人的本性中都有恻隐之心，不忍看得别人受苦。这是"仁之端也"，发展这一端就使人自然地爱人。但是同样自然的是，爱父母总要胜过爱其他一般的人，爱是有差等的。

儒家的观点是这样。墨家则不然，它坚持说，爱别人和爱父母应当是同等的。这会不会弄成薄父母而厚别人，且不必管它，反正是不惜一切代价，也要消除儒家的有差等的爱。孟子抨击"墨氏兼爱，是无父也"的时候，心中所想的正是这一点。

在爱的学说上，儒墨的上述分歧，孟子及其以后的许多人都很清楚地指出过。但是除此以外，还有一个更带根本性的分歧。这就是，儒家认为，仁是从人性内部自然地发展出来的；而墨家认为，兼爱是从外部人为地附加于人的。

也可以说，墨子也回答了孔子没有想到的一个问题，就是，为什么人应当行仁义？不过他的回答是根据功利主义。他强调超自然的和政治的制裁以强迫和诱导人们实行兼爱，也与儒家为仁义而仁义的原则不合。若把第五章所引《墨子·兼爱》的话与本章所引《孟子》论"四端"的话加以比较，就可以很清楚地看出这两家的根本分歧。

政治哲学

前面我们已经看到,墨家的国家起源论,也是一种功利主义的理论。现在再看儒家的国家起源论,又与它不同。孟子说:"人之有道也,饱食暖衣,逸居而无教,则近于禽兽。圣人有忧之,使契为司徒,教以人伦:父子有亲,君臣有义,夫妇有别,长幼有序,朋友有信。"(《孟子·滕文公上》)人之所以异于禽兽,在于有人伦以及建立在人伦之上的道德原则。国家和社会起源于人伦。照墨家说,国家的存在是因为它有用;照儒家说,国家的存在是因为它应当存在。

人只有在人伦即人与人的关系中,才得到充分的实现和发展。孟子像亚里士多德一样,主张"人是政治的动物",主张只有在国家和社会中,才能够充分发展这些人伦。国家是一个道德的组织,国家的元首必须是道德的领袖。因此儒家的政治哲学认为,只有圣人可以成为真正的王。孟子把这种理想,描绘成在理想化的古代已经存在。据他说,有个时期圣人尧为天子(据说是活在公元前24世纪)。尧老了,选出一个年轻些的圣人舜,教给他怎样为君,于是在尧死后舜为天子。同样地,舜老了选出一个年轻些的圣人禹做他的继承人。天子的宝座就这样由圣人传给圣人,照孟子说,这样做是因为应当这样做。

君若没有圣君必备的道德条件,人民在道德上就有革命的权利。在这种情况下,即使杀了君,也不算弑君之罪。这是因为,照孟子说,君若不照理想的君道应当做的去做,他在道德上就不是君了;按孔子正名的学说,他只是"一夫",如孟子所说的(《孟子·梁惠王下》)。孟子还说:"民为贵,社稷次之,君为轻。"(《孟子·尽心下》)孟子的这个思想,在中国的历史中,以至在晚近的辛亥革命和"中华民国"

的创建中，曾经发生巨大的影响。西方民主思想在辛亥革命中也发挥了作用，这是事实，但是对于人民群众来说，本国的古老的有权革命的思想，它的影响毕竟大得多。

如果圣人为王，他的治道就叫做王道。照孟子和后来的儒家所说，有两种治道：一种是"王"道，另一种是"霸"道。它们是完全不同的种类。圣王的治道是通过道德指示和教育，霸主的治道是通过暴力的强迫；王道的作用在于德，霸道的作用在于力。在这一点上，孟子说："以力假仁者霸。……以德行仁者王。……以力服人者，非心服也，力不赡也。以德服人者，中心悦而诚服也，如七十子之服孔子也。"（《孟子·公孙丑上》）

后来的中国政治哲学家一贯坚持王霸的区别。用现代的政治术语来说：民主政治就是王道，因为它代表着人民的自由结合；而法西斯政治就是霸道，因为它的统治是靠恐怖和暴力。

圣王的王道为人民的福利尽一切努力，这意味着他的国家一定要建立在殷实的经济基础上。由于中国经常占压倒之势的是土地问题，所以据孟子看来，王道最重要的经济基础在于平均分配土地，这是很自然的。他的理想的土地制度，就是以"井田"著称的制度。按照这个制度，每平方里（一里约为三分之一英里）土地分成九个方块，每块为一百亩。中央一块叫做"公田"，周围八块是八家的私田，每家一块。八家合种公田，自种私田。公田的产品交给政府，私田的产品各家自留。九个方块安排得像个"井"字，因此叫做"井田制度"（《孟子·滕文公上》）。

孟子进一步描绘这个制度说，各家在其私田中五亩宅基的周围，要种上桑树，这样，老年人就可以穿上丝绸了。各家还要养鸡、养猪，这样，老年人就有肉吃了。这些若做到了，则王道治下的每个人都可以"养生送死无憾，王道之始也"（《孟子·梁惠王上》）。

这不过仅仅是王道之"始"，因为它仅只是人民获得高度文化的经济基础。还要"谨庠序之教，申之以孝悌之义"，使人人受到一定的教育，懂得人伦的道理。只有这样，王道才算完成。

行这种王道，并不是与人性相反的事情，而恰恰是圣王发展他自己的"恻隐之心"的直接结果。孟子说："人皆有不忍人之心。先王有不忍人之心，斯有不忍人之政矣。"（《孟子·公孙丑上》）在孟子思想中，"不忍人之心"与"恻隐之心"是一回事。我们已经知道，照儒家所说，仁只不过是恻隐之心的发展；恻隐之心又只有通过爱的实际行动来发展；而爱的实际行动又只不过是"善推其所为"，也就是行忠恕之道。王道不是别的，只是圣王实行爱人、实行忠恕的结果。

照孟子所说，王道并无奥妙，也并不难。《孟子·梁惠王上》中记载，有一次齐宣王看见一头牛被人牵去做牺牲，他"不忍其觳觫，若无罪而就死地"，因而命令用羊替换它。于是孟子对宣王说，这就是他的"不忍人之心"的例子，只要他能够把它推广到人事上，他就是行王道。宣王说他办不到，因为他有好货、好色的毛病。孟子说，人人好货、好色，王如果由知道自己的欲望，从而也知道他的所有人民的欲望，并采取措施尽可能满足这些欲望，这样做的结果不是别的，正是王道。

孟子对宣王所说的一切，没有别的，只是"善推其所为"，这正是行忠恕之道。在这里我们看出，孟子如何发展了孔子的思想。孔子阐明忠恕之道时，还只限于应用到个人自我修养方面，而孟子则将其应用范围推广到治国的政治方面。在孔子那里，忠恕还只是"内圣"之道，经过孟子的扩展，忠恕又成为"外王"之道。

即使是在"内圣"的意义上，孟子对于这个"道"的概念，也比孔子讲得更清楚。孟子说："尽其心者，知其性也。知其性，则知天矣。"（《孟子·尽心上》）这里所说的"心"就是"不忍人之心"，就是"恻隐之心"。所以充分发展了这个"心"，也就知道了我们的性。又据孟子说，我们的性是"天之所与我者"（《孟子·告子上》），所以知道了性，也就知道了天。

神秘主义

照孟子和儒家中孟子这一派讲来,宇宙在实质上是道德的宇宙。人的道德原则也就是宇宙的形上学原则,人性就是这些原则的例证。孟子及其学派讲到天的时候,指的就是这个道德的宇宙。理解了这个道德的宇宙,就是孟子所说的"知天"。一个人如果能知天,他就不仅是社会的公民,而且是宇宙的公民,即孟子所说的"天民"(《孟子·尽心上》)。孟子进一步区别"人爵"与"天爵"。他说:"有天爵者,有人爵者。仁义忠信,乐善不倦,此天爵也。公卿大夫,此人爵也。"(《孟子·告子上》)换句话说,天爵都是在价值世界里才能够达到的境地,至于人爵都是人类世界里纯属世俗的概念。一个天民,正因为他是天民,所关心的只是天爵,而不是人爵。

孟子还说:"万物皆备于我矣。反身而诚,乐莫大焉。强恕而行,求仁莫近焉。"(《孟子·尽心上》)换句话说,一个人通过充分发展他的性,就不仅知天,而且同天。一个人也只有充分发展他的不忍人之心,他才内有仁德。要达到仁,最好的方法是行忠恕。通过行忠恕,他的自我、自私,都逐步减少了。一旦减无可减,他就感觉到再也没有人与我的分别,再也没有人与天的分别。这就是说,他已经与天,即与宇宙同一,成为一个整体。由此就认识到"万物皆备于我"。从这句话我们看到了孟子哲学中的神秘主义成分。

若要更好地了解这种神秘主义,就得看一看孟子对于"浩然之气"的讨论,在其中,孟子描述了自己精神修养的发展过程。

《孟子·公孙丑上》告诉我们。有一位弟子问孟子有什么特长,孟子回答说:"我知言,我善养吾浩然之气。"这位弟子又问什么是浩然之气，孟子回答说："其为气也，至大至刚，以直养而无害，则塞于天地之间。其为气也，配义与道；无是，馁也。"

"浩然之气"是孟子独创的名词。到后来，孟子的影响日益增大，这个名词也就不罕见了，但是在先秦仅此一见。至于它到底意指什么，连孟子也承认"难言也"。可是这段讨论，先讲了两个武士和他们养气的方法。从这一点我推测出，孟子的"气"也就是"勇气"的气、"士气"的气。它和武士的勇气、士气性质相同。当然也有所不同，就是它更被形容为"浩然"，浩然是盛大流行的样子。武士所养的气是关系到人和人的东西，所以只是一种道德的价值。但是浩然之气则是关系到人和宇宙的东西，因而是一种超道德的价值。它是与宇宙同一的人的气，所以孟子说它"塞于天地之间"。

养浩然之气的方法有两个方面。一个方面，可以叫做"知道"，道就是提高精神境界的道。另一方面，孟子叫做"集义"，就是经常做一个"天民"在宇宙中应当做的事。把这两方面结合起来，就是孟子说的"配义与道"。

一个人能够"知道"而且长期"集义"，浩然之气就自然而然地产生。丝毫的勉强也会坏事，就像孟子说的："无若宋人然。宋人有闵其苗之不长而揠之者，芒芒然归，谓其人曰：今日病矣，予助苗长矣。其子趋而往视之，苗则槁矣。"（《孟子·公孙丑上》）

一个人种庄稼，一方面当然要培育它，但是另一方面千万不可"助长"。养浩然之气正像种庄稼，当然要做些事，那就是行仁义。虽然孟子在这里只说到义，没有说到仁，实际上并无不同，因为仁是内部内容，其外部表现就是义。一个人若是经常行义，浩然之气就会自然而然地从他的内心出现。

虽然这种"浩然之气"听起来挺神秘，可是照孟子所说，它仍然是每个人都能够养成的。这是因为浩然之气不是别的，就是充分发展了的人性，而每个人的人性基本上是相同的。人性相同，正如每个人的身体形状相同。孟子举了个例子，他说，鞋匠做鞋子，虽然不了解顾客的脚实际有多大，但是他做的总是鞋子，而不是草篮子。(《孟子·告子上》)这是因为人的脚都是大同小异的。人性的情况也一样，圣人的本性与其他人的也相同。所以每个人都能够成为圣人，只要他充分发展他的本性就行了。正如孟子断言的："人皆可以为尧舜。"(《孟子·告子下》)这是孟子的教育学说，历来的儒家都坚持这个学说。

第八章

名家

"名家"这个名称，译成英文时，有时译作 sophists（诡辩家），有时译作 logicians（逻辑家）或 dialecticians（辩证家）。名家与诡辩家、逻辑家、辩证家有些相同，这是事实；但是他们并不完全相同，这更是事实。为了避免混乱，最好是按字面翻译为 the School of Names。这样翻译，也可以提醒西方人注意中国哲学讨论的一个重要问题，即"名""实"的关系问题。

名家和"辩者"

从逻辑上讲,中国古代哲学的名与实的对立,很像西方的主词与客词的对立。例如说,"这是桌子","苏格拉底是人",其中的"这"与"苏格拉底"都是"实",而"桌子"与"人"都是"名"。这是十分明显的。但是,若试图更为精确地分析到底什么是名、实,它们的关系是什么,我们就很容易钻进一些非常可怪的问题中,要解决这些问题就会把我们带进哲学的心脏。

名家的人在古代以"辩者"而闻名。《庄子》的《秋水》中,提到名家的一个领袖公孙龙,他说他自己"合同异,离坚白,然不然,可不可,困百家之知,穷众口之辩"。这些话对于整个名家都是完全适用的。名家的人提出一些怪论,乐于与人辩论,别人否定的他们偏要肯定,别人肯定的他们偏要否定,他们以此闻名。例如司马谈就在他的《论六家要旨》中说:"名家苛察缴绕,使人不得反其意。"(《史记·太史公自序》)

公元前3世纪的儒家荀子,说邓析(公元前501年卒)、惠施"好治怪说,玩琦辞"(《荀子·非十二子》)。《吕氏春秋》也说邓析、公孙龙是"言意相离""言心相离"之辈(《审应览·离谓·淫辞》),以其悖论而闻名于世。《庄子》的《天下》中列举了当时著名的悖论之后，提到惠施、桓团、公孙龙的名字。所以这些人似乎就是名家最重要的领袖人物。

关于桓团，我们别无所知。关于邓析，我们知道他是当时著名的讼师，他的著作今已失传，题作"邓析子"的书是伪书。《吕氏春秋》说："子产治郑，邓析务难之。与民之有狱者约：大狱一衣，小狱襦袴。民之献衣襦袴而学讼者，不可胜数。以非为是，以是为非，是非无度，而可与不可日变。"（《吕氏春秋·审应览·离谓》）

《吕氏春秋》还有个故事，说是洧水发了大水，淹死了郑国的一个富人，尸首被人捞去了。富人的家属要求赎尸，捞得尸首的人要钱太多，富人的家属就找邓析出主意。邓析说："不要急，他不卖给你，卖给谁呢？"捞得尸首的人等急了，也去找邓析出主意。邓析又回答说："不要急，他不找你买，还找谁呢？"（见《审应览·离谓》）故事没有说这件事最后的结局，我们也可想而知了。

由此可见，邓析的本领是对于法律条文咬文嚼字，在不同案件中，随意做出不同的解释。这就是他能够"苟察缴绕，使人不得反其意"的方法。他专门这样解释和分析法律条文，而不管条文的精神实质，不管条文与事实的联系。换句话说，他只注重"名"而不注重"实"。名家的精神就是这样。

由此可见，辩者本来是讼师，邓析显然是最早的讼师之一。不过他仅只是开始对于名进行分析的人，对于哲学本身并没有做出真正的贡献。所以真正创建名家的人是晚一些的惠施、公孙龙。

关于这两个人，《吕氏春秋》告诉我们："惠子为魏惠王（公元前370年至前319年在位）为法，为法已成，以示诸民人，民人皆善之。"（《审应览·淫辞》）又说："秦赵相与约，约曰：'自今以来，秦之所欲为，赵助之；赵之所欲为，秦助之。'居无几何。秦兴兵攻魏，赵欲救之，秦王不说，使人让赵王曰：'约曰，秦之所欲为，赵助之；赵之所欲为，秦助之。今秦欲攻魏，而赵因欲救之，此非约也。'赵王以告平原君。平原君以告公孙龙。公孙龙曰：'亦可以发使而让秦王曰，赵欲救之，今秦王独不助赵，此非约也。'"（《审应览·淫辞》）

《韩非子》又告诉我们："坚白、无厚之辞章，而宪令之法息。"（《问辩》）下面我们将看到，"坚白"是公孙龙的学说，"无厚"是惠施的学说。

从这些故事我们可以看出，惠施、公孙龙在某种程度上，都与当时的法律活动有关。公孙龙对于秦赵之约的解释，确实是完全按照邓析的精神。《韩非子》认为，这两个人有关法律的"言"，效果很坏，像邓析的一样坏。韩非本人是法家，竟然反对源出讼师的名家的"词"，以为它破坏法律，这也许令人奇怪。但是在第十四章中我们就会明白，韩非及其他法家其实都是政治家，并不是法学家。

惠施、公孙龙代表名家中的两种趋向：一种是强调实的相对性，另一种是强调名的绝对性。这种区别，在着手从名实关系中分析名的时候，就变得明显了。我们来看一句简单的话："这是桌子。"其中的"这"指具体的实物，它是可变的，有生有灭的。可是"桌子"在这句话里指一个抽象范畴，即名称，它是不变的，永远是它那个样子。"名"是绝对的，"实"是相对的。例如"美"是绝对美的名，而"美的事物"只能是相对美。惠施强调实际事物是可变的、相对的这个事实，公孙龙则强调名是不变的、绝对的这个事实。

惠施的相对论

惠施(鼎盛期公元前350年至前260年)是宋国(在今河南省)人。我们知道,他曾任魏惠王的相,以其学问大而闻名。他的著作不幸失传了,《庄子·天下》保存有惠施的"十事",我们所知道的惠施的思想,仅只是从此"十事"推演出来的。

第一事是:"至大无外,谓之大一;至小无内,谓之小一。"这两句话都是现在所谓的"分析命题"。它们对于实,都无所肯定,因为它们对于实际世界中什么东西最大,什么东西最小,都无所肯定。它们只涉及抽象概念,就是名:"至大""至小"。为了充分理解这两个命题,有必要拿它们与《庄子·秋水》的一个故事做比较。从这种比较中明显看出,惠施与庄子在某一方面有许多共同的东西。

这个故事说,秋水时至,百川灌河,河水很大,河伯(即河神)欣然自喜,顺流而东行,至于北海。他在那里遇见了北海若(即海神),才第一次认识到,他的河虽然大,可是比起海来,实在太小了。他以极其羡慕的心情同北海若谈话,可是北海若对他说,他北海若本身在天地之间,真不过是太仓中的一粒秭米。所以只能说他是"小",不能说他是"大"。说到这里,河伯问北海若说:"然则吾大天地而小毫末,可乎?"北海若说:"否。……计人之所知,不若其所不知;其生之时,不若未生之时。以其至小,求穷其至大之域,是故迷乱而不能自得也。由此观之,又何以知毫末之足以定至细之倪,又何以知天地之足以穷至大之域?"他接着下定义,说最小"无形",最大"不可围"。至大、至小的这种定义与惠施所下的很相似。

说天地是最大的东西,说毫末是最小的东西,就是对于"实"有所肯定。它对于"名"无所分析。这两句都是现在所谓的"综合命题",都可以是假命题。它们都在经验中有其基础;因此它们的真理只能是或然的,不能是必然的。在经验中,大东西、小东西都相对的大、相对的小。再引《庄子》的话说:"因而所大而大之,则万物莫不大;因其所小而小之,则万物莫不小。"(《庄子·秋水》)

我们不可能通过实际经验来决定什么是最大的、什么是最小的实际事物。但是我们能够独立于经验,即离开经验,说:它外面再没有东西了,就是最大的("至大无外");它内面再没有东西了,就是最小的("至小无内")。"至大"与"至小",像这样下定义,就都是绝对的、不变的概念,像这样再分析"大一""小一"这些"名",惠施就得到了什么是绝对的、不变的概念。从这个概念的观点看,他看出实际的具体事物的性质、差别都是相对的、可变的。

一旦理解了惠施的这种立场,我们就可以看出,《庄子》中所说的惠施"十事",虽然向来认为是悖论,其实一点也不是悖论。除开第一事以外,它们都是以例表明事物的相对性,所说的可以叫做相对论。我们且来一事一事地研究。

"无厚不可积也,其大千里。"这是说,大、小之为大、小,只是相对的。没有厚度的东西,不可能成为厚的东西。在这个意义上,它可以叫做"小"。可是,几何学中理想的"面",虽然无厚,却同时可以很长、很宽。在这个意义上,它可以叫做"大"。

"天与地卑,山与泽平。"这也是说,高低之为高低,只是相对的。"日方中方睨,物方生方死。"这是说,实际世界中一切事物都是可变的,都是在变的。

"大同而与小同异;此之谓小同异。万物毕同毕异;此之谓大同异。"我们说,所有人都是动物。这时候我们就认识到:人都是人,所以所有人都相同;他们都是动物,所以所有人也都相同。但是,他们作为人的相同,大于他们作为动物的相同。因为是人意味着是动物,

>>> 惠施是宋国人，他曾任魏惠王的相，以其学问大而闻名。他的著作不幸失传了，《庄子·天下》保存有惠施的"十事"，人们所知道的惠施的思想，仅只是从此"十事"推演出来的。《庄子》中所说的惠施"十事"，虽然向来认为是悖论，其实一点也不是悖论。除开第一事以外，它们都是以例表明事物的相对性，所说的可以叫做相对论。"泛爱万物，天地一体也。"万物之间没有绝对的不同，绝对的界线。每个事物总是正在变成别的事物。所以得出逻辑的结论：万物一体，因而应当泛爱万物，不加区别。《庄子》中也说："自其异者视之，肝胆楚越也；自其同者视之，万物皆一也。"图为宋代李唐《濠梁秋水图》。

而是动物不一定意味着是人,还有其他各种动物,它们都与人相异。所以惠施所谓的"小同异",正是这种同和异。但是,我们若以"万有"为一个普遍的类,就由此认识到万物都相同,因为它们都是"万有"。但是,我们若把每物当作一个个体,我们又由此认识到每个个体都有其自己的个性,因而与他物相异。这种同和异,正是惠施所谓的"大同异"。这样,由于我们既可以说万物彼此相同,又可以说万物彼此相异,就表明它们的同和异都是相对的。名家的这个辩论在中国古代很著名,被称为"合同异之辩"。

"南方无穷而有穷。""南方无穷"是当时的人常说的话。在当时,南方几乎无人了解,很像两百年前美国的西部。当时的中国人觉得,南方不像东方以海为限,也不像北方、西方以荒漠流沙为限。惠施这句话,很可能仅只是表现他过人的地理知识,就是说,南方最终也是以海为限。但是更可能是意味着,有穷与无穷也都是相对的。

"今日适越而昔来。"这句是说,"今"与"昔"是相对的名词。今日的昨日,是昨日的今日;今日的今日,是明日的昨日。今昔的相对性就在这里。

"连环可解也。"连环是不可解的,但是当它毁坏的时候,自然就解了。从另一个观点看,毁坏也可以是建设。例如做一张木桌,从木料的观点看是毁坏,从桌子的观点看是建设。由于毁坏与建设是相对的,所以用不着人毁坏连环,而"连环可解也"。

"我知天下之中央,燕之北、越之南是也。"当时的各国,燕在最北,越在最南。当时的中国人以为中国就是天下,即世界。所以常识的说法应当是,天下之中央在燕之南、越之北。惠施的这种相反的说法,公元3世纪的司马彪注释得很好,他说:"天下无方,故所在为中;循环无端,故所在为始也。"

"泛爱万物,天地一体也。"以上各命题,都是说万物是相对的,不断变化的。万物之间没有绝对的不同,绝对的界线。每个事物总是正在变成别的事物。所以得出逻辑的结论：万物一体，因而应当泛爱万物，不加区别。《庄子》中也说："自其异者视之，肝胆楚越也；自其同者视之，万物皆一也。"（《德充符》）

公孙龙的共相论

名家另一个主要领袖是公孙龙（鼎盛期公元前284年至前259年），当日以诡辩而广泛闻名。据说，他有一次骑马过关，关吏说："马不准过。"公孙龙回答说："我骑的是白马，白马非马。"说着就连马一起过去了。

公孙龙不像惠施那样强调"实"是相对的、变化的，而强调"名"是绝对的、不变的。他由此得到与柏拉图的理念或共相相同的概念，柏拉图的理念或共相在西方哲学中是极著名的。

他的著作《公孙龙子》，有一篇《白马论》。其主要命题是"白马非马"。公孙龙通过三点论证，力求证明这个命题。第一点是："马者，所以命形也；白者，所以命色也。命色者非命形也。故曰：白马非马。"若用西方逻辑学术语，我们可以说，这一点是强调，"马""白""白马"内涵的不同。"马"的内涵是一种动物，"白"的内涵是一种颜色，"白马"的内涵是一种动物加一种颜色。三者内涵各不相同，所以"白马非马"。

第二点是："求马，黄黑马皆可致。求白马，黄黑马不可致。……故黄黑马一也，而可以应有马，而不可以应有白马，是白马之非马审

>>> 名家另一个主要领袖是公孙龙,当日以诡辩而广泛闻名。据说,他有一次骑马过关,关吏说:"马不准过。"公孙龙回答说:"我骑的是白马,白马非马。"说着就连马一起过去了。公孙龙不像惠施那样强调"实"是相对的、变化的,而强调"名"是绝对的、不变的。他的著作《公孙龙子》,有一篇《白马论》。其主要命题是"白马非马"。他通过三点论证,力求证明这个命题。第一点是:"马者,所以命形也;白者,所以命色也。命色者非命形也。故曰:白马非马。"除了马作为马,又还有白作为白,即白的共相。图为元代任仁发《出圉图》。

矣。""马者，无去取于色，故黄黑皆所以应。白马者有去取于色，黄黑马皆所以色去，故唯白马独可以应耳。无去者，非有去也。故曰：白马非马。"若用西方逻辑学术语，我们可以说，这一点是强调，"马""白马"外延的不同。"马"的外延包括一切马，不管其颜色的区别。"白马"的外延只包括白马，有相应的颜色区别。由于"马"与"白马"外延不同，所以"白马非马"。

第三点是："马固有色，故有白马。使马无色，有马如已耳。安取白马？故白者，非马也。白马者，马与白也，白与马也。故曰：白马非马也。"这一点似乎是强调，"马"这个共相与"白马"这个共相的不同。马的共相，是一切马的本质属性。它不包含颜色，仅只是"马作为马"。这样的"马"的共性与"白马"的共性不同。也就是说，马作为马与白马作为白马不同。所以"白马非马"。

除了马作为马，又还有白作为白，即白的共相。《白马论》中说："白者不定所白，忘之而可也。白马者言白，定所白也，定所白者，非白也。"定所白，就是具体的白色，见于各种实际的白色物体。见于各种实际白色物体的白色，是这些物体所定的。但是"白"的共相，则不是任何实际的白色物体所定。它是未定的白的共性。

《公孙龙子》另有一篇《坚白论》。其主要命题是"离坚白"。公孙龙的证明有两个部分。第一部分是，假设有坚而白的石，他设问说："坚、白、石：三，可乎？曰：不可。曰：二，可乎？曰：可。曰：何哉？曰：无坚得白，其举也二；无白得坚，其举也二。""视不得其所坚而得其所白者，无坚也。拊不得其所白而得其所坚，得其坚也，无白也。"这段对话是从知识论方面证明坚、白是彼此分离的。有一坚白石，用眼看，则只"得其所白"，只得一白石；用手摸，则只"得其所坚"，只得一坚石。感觉白时不能感觉坚，感觉坚时不能感觉白。所以，从知识论方面说，只有"白石"或"坚石"，没有"坚白石"。这就是"无坚得白，其举也二；无白得坚，其举也二"的意思。

公孙龙的第二部分辩论是形上学的辩论。其基本思想是，坚、白二者作为共相，是不定所坚的"坚"，不定所白的"白"。坚、白作为共相表现在一切坚物、一切白物之中。当然，即使实际世界中完全没有坚物、白物，而坚还是坚，白还是白。这样的坚、白，作为共性，完全独立于坚白石以及一切坚白物的存在。坚、白是独立的共相，这是有事实表明的，这个事实是实际世界中有些物坚而不白，另有些物白而不坚。所以坚、白显然是彼此分离的。

公孙龙以这些知识论的、形上学的辩论，确立了他的命题：坚、白分离。在中国古代这是个著名命题，以"离坚白之辩"闻名于世。

《公孙龙子》还有一篇《指物论》。公孙龙以"物"表示具体的个别的物，以"指"表示抽象的共相。"指"字的意义，有名词的意义，就是"手指头"；有动词的意义，就是"指明"。公孙龙为什么以"指"表示共相，正是兼用这两种意义。一个普通名词，用名家术语说就是"名"，以某类具体事物为外延，以此类事物共有的属性为内涵。一个抽象名词则不然，只表示属性或共相。由于汉语不是屈折语，所以一个普通名词和一个抽象名词在形式上没有区别。这样一来。在汉语里，西方人叫做普通名词的，也可以表示共相。还有，汉语也没有冠词。所以一个"马"字，既表示一般的马，又表示个别的马；既表示某匹马，又表示这匹马。但是仔细看来，"马"字基本上是指一般概念，即共相，而某匹马、这匹马则不过是这个一般概念的个别化应用。由此可以说，在汉语里，一个共相就是一个名所"指"的东西。公孙龙把共相叫做"指"，就是这个缘故。

公孙龙以"指"表示共相，另有一个缘故，就是"指"字与"旨"字相通，"旨"字有相当于"观念""概念"的意思。由于这个缘故，公孙龙讲到"指"的时候，它的意义实际上是"观念"或"概念"。不过从以上他的辩论看来，他所说的"观念"不是巴克莱、休谟哲学中说的主观的观念，而是柏拉图哲学中所说的客观的观念，它是共相。

《庄子》的《天下》还载有"天下之辩者"的辩论二十一事，而没有确指各系何人。但是很明显，一些是根据惠施的思想，另一些是根据公孙龙的思想，都可以相应地加以解释。习惯上说它们都是悖论，只要我们理解了惠施、公孙龙的基本思想，它们也就不成其为悖论了。

惠施学说、公孙龙学说的意义

名家的哲学家通过分析名，分析名与实的关系或区别，发现了中国哲学中称为"超乎形象"的世界。在中国哲学中，有"在形象之内"与"在形象之外"的区别。在形象之内者，是"实"。譬如大小方圆、长短黑白，都是一种形象。凡可为某种经验的对象，或某种经验的可能的对象者，都是有形象的，也可以说是，都是在形象之内的，都存在于实际世界之内。也可以反过来说，凡是有形象的、在形象之内的、存在于实际世界之内的，都是某种经验的对象，或其可能的对象。

在惠施宣讲他的"十事"中第一事和第十事的时候，他是在讲超乎形象的世界。他说："至大无外，谓之大一。"这是照至大本来的样子来说它是个什么样子。"泛爱万物，天地一体也。"这是说至大是什么构成的。这句话含有"一切即一，一即一切"的意思。"一切"即"一"，所以"一切"无外。"一切"本身就是至大的"一"，而由于"一切"无外，所以"一切"不能够是经验的对象。这是因为，经验的对象总是站在经验者的对面。如果说，"一切"能够是经验的对象，那就一定也要说，还有个经验者站在"一切"的对面。换句话说，一定要说"一切"无外而同时有外，这是个明显的矛盾。

公孙龙也发现了超乎形象的世界，因为他所讨论的共相同样不能够是经验的对象。人能够看见某个白物，而不能够看见白的共相。一切有名可指的共相都在超乎形象的世界里，但是并不是在超乎形象的世界里的一切共相都有名可指。在超乎形象的世界里，坚的共性是坚的共性，白的共性是白的共性，这也就是公孙龙所说的"独而正"。（《公孙龙子·坚白论》）

惠施说"泛爱万物"，公孙龙也"欲推是辩以正名实，而化天下焉"（《公孙龙子·迹府》）。可见这二人显然认为他们的哲学含有"内圣外王之道"。但是充分运用名家对于超乎形象的世界的发现，这件事情却留给了道家。道家是名家的反对者，又是名家真正的继承者。惠施是庄子真正的好朋友，这个事实就是这一点的例证。

第九章

道家第二阶段：老子

传统的说法是，老子是楚国（今河南省南部）人，与孔子同时代而比孔子年长，孔子曾问礼于老子，很称赞老子。以"老子"为名的书，后来也叫做《道德经》，因而也被当作中国历史上第一部哲学著作。现代的学术研究，使我们改变了这个看法，认为《老子》的年代晚于孔子很久。

老子其人和《老子》其书

在这方面有两个问题:一个是老子其人的年代问题,另一个是《老子》其书的年代问题。两者并没有必然联系,因为完全有可能是,的确有个名叫"老聃"的人年长于孔子,但《老子》这部书却成书在后。这也就是我所持的看法,这个看法就没有必要否定传统的说法,因为传统的说法并没有说老子这个人确实写过《老子》这部书。所以我愿意接受传统的对老子其人的说法,同时把《老子》一书放在较晚的年代。事实上,我现在相信这部书比我写《中国哲学史》时假定的年代还要晚些。我现在相信,这部书写在(或编在)惠施、公孙龙之后,而不是在他们之前。在《中国哲学史》里我是假定它在惠施、公孙龙之前。这个改变,是因为《老子》里有许多关于"无名"的讨论,而要讨论"无名",就得先要讨论过"名",所以它出现于惠施、公孙龙这些名家之后。

这种立场,并不需要我坚持说老子其人与《老子》其书绝对没有联系,因为这部书里的确有一些老子的原话。我所要坚持的,只是说,整个地看来,这部书的思想体系不可能是孔子以前或同时的产物。可是为了避免学究气,往下我宁愿用"老子如何如何说",而不用"《老子》

一书如何如何说",正如今天我们还是说"日出""日落",虽然我们完全知道日既不出又不落。

道,无名

在前一章里,我们已经知道,名家的哲学家通过对于名的研究,在发现"超乎形象"的世界方面,获得成功。可是绝大多数人的思想,都限于"形象之内",即限于实际世界。他们见到了实际,要都限于"形象之内",即限于实际世界。他们见到了实际,要表达它也并不困难;他们虽然使用名来指实,可是并不自觉它们是名。所以到了名家的哲学家开始思索名的本身,这种思想就标志着前进一大步。思索名,就是思索思想。它是对于思想的思想,所以是更高层次的思想。

"形象之内"的一切事物,都有名;或者至少是有可能有名。它们都是"有名"。但是老子讲到与"有名"相对的"无名"。并不是"超乎形象"的一切事物,都是"无名"。例如,共相是超乎形象的,但是并非"无名"。不过另一方面,无名者都一定超乎形象。道家的"道"就是这种"无名"的概念。

《老子》第一章说:"道可道,非常道;名可名,非常名。无名天地之始,有名万物之母。"第三十二章说:"道常无名,朴。……始制有名。"第四十一章说:"道隐无名。"在道家体系里,有"有"与"无"、"有名"与"无名"的区别。这两个区别实际上只是一个,因为"有""无"就是"有名""无名"的省略。天地、万物都是有名。因为天有天之名，地有地之名，每一类事物有此类之名。有了天、地和万物，接着就有天、地和万物之名。这就是老子说的"始制有名"。但是道是无名，同时一切有名都是由无名而来。所以老子说："无名天地之始，有名万物之母。"

因为道无名，所以不可言说。但是我们还是希望对于道有所言说，只好勉强给它某种代号。所以是我们称它为道，其实道根本不是名。也就是说，我们称道为道，不同于称桌子为桌子。我们称桌子为桌子，意思是说，它有某些属性，由于有这些属性，它就能够名为桌子。但是我们称道为道，意思并不是说，它有任何这样的有名的属性。它纯粹是一个代号，用中国哲学常用的话说，道是无名之名。《老子》第二十一章说："自古及今，其名不去，以阅众甫。"任何事物和每个事物都是由道而生。永远有万物，所以道永远不去，道的名也永远不去。它是万始之始，所以它见过万物之始（"以〔已〕阅众甫〔万物之始〕"）。永远不去的名是常名，这样的名其实根本不是名。所以说："名可名，非常名。"

"无名天地之始。"这个命题只是一个形式的命题，不是一个积极的命题。就是说，它对于实际没有任何肯定。道家的人这样想：既然有万物，必有万物之所从生者。这个"者"，他们起个代号叫做"道"，"道"其实不是名。"道"的概念，也是一个形式的概念，不是一个积极的概念。就是说，这个概念，对于万物之所从生者是什么，什么也没有说。能够说的只有一点，就是，既然"道"是万物之所从生者，它必然不是万物中之一物。因为它若是万物中之一物，它就不能同时是万物之所从生者。每类物都有一名，但是"道"本身不是一物，所以它是"无名，朴"。

一物生，是一有；万物生，是万有。万有生，涵蕴着首先是"有"。"首先"二字在这里不是指时间上的"先"，而是指逻辑上的"先"。举例来说，我们说"先有某种动物，然后才有人"，这个"先"是时间上的先。但是我们说"是人，一定先要是动物"，这个"先"是逻辑上

>>>《老子》第一章说:"道可道,非常道;名可名,非常名。无名天地之始,有名万物之母。"在道家体系里,有"有"与"无"、"有名"与"无名"的区别。天地、万物都是有名,但是道是无名,同时一切有名都是由无名而来。图为明代石锐《轩辕问道图》。

的先。对于"物种起源"的论断,是对实际的肯定,需要查理·达尔文多年观察、研究,才能够作出。但是上面我们说的第二句话对实际无所肯定。它只是说,人的存在逻辑上涵蕴动物的存在。用同样的道理可以得出:万物的存在涵蕴"有"的存在。老子说"天下万物生于'有','有'生于'无'"(第四十章),就是这个意思。

老子这句话,不是说,曾经有个时候只有"无",后来有个时候"有"生于"无"。它只是说,我们若分析物的存在,就会看出,在能够是任何物之前,必须先是"有"。"道"是"无名",是"无",是万物之所从生者。所以在是"有"之前必须是"无",由"无"生"有"。这里所说的属于本体论,不属于宇宙发生论。它与时间、与实际,没有关系。因为在时间中、在实际中,没有"有",只有"万有"。

虽然有"万有",但是只有一个"有"。《老子》第四十二章说:"道生一,一生二,二生三,三生万物。"这里所说的"一"是指"有"。说"道生一"等于说"有"生于"无"。至于"二""三",有许多解释。但是,说"一生二,二生三,三生万物",也可能只是等于说万物生于"有"。"有"是"一",二和三是"多"的开始。

自然的不变规律

《庄子》的《天下》说,老子的主要观念是"太一""有""无""常"。"太一"就是"道"。道生一,所以道本身是"太一","常"就是不变。虽然万物都永远可变、在变，可是万物变化所遵循的规律本身不变。所以《老子》里的"常"字表示永远不变的东西，或是可以认为是定规的东西。老子说："取天下常以无事。"（第四十八章）又说："天道无亲，常与善人。"（第七十九章）

万物变化所遵循的规律中最根本的是"物极必反"。这不是老子的原话，而是中国的成语，它的思想无疑是来自老子。老子的原话是"反者道之动"（第四十章），和"逝曰远，远曰反"（第二十五章）。意思是说，任何事物的某些性质如果向极端发展，这些性质一定转变成它们的反面。

这构成一条自然规律。所以"祸兮福之所倚，福兮祸之所伏"（第五十八章）；"少则得，多则惑"（第二十二章）；"飘风不终朝，骤雨不终日"（第二十三章）；"天下之至柔，驰骋天下之至坚"（第四十三章）；"物或损之而益，或益之而损"（第四十二章）。所有这些矛盾的说法，只要理解了自然的基本规律，就再也不是矛盾的了。但是在那些不懂这条规律的一般人看来，它们确实是矛盾的，非常可笑的，所以老子说："下士闻道，大笑之，不笑不足以为道。"（第四十一章）

或可问：假定有一物，到了极端，走向反面，"极端"一词是什么意思？任何事物的发展，是不是有一个绝对的界限，超过了它就是到了极端？在《老子》中没有问这样的问题，因而也没有做出回答。但是如果真要问这样的问题，我想老子会回答说，划不出这样的绝对界限，可以适合一切事物、一切情况。就人类活动而论，一个人前进的极限是相对于他的主观感觉和客观环境而存在的。以艾萨克·牛顿为例，他感觉到，他对于宇宙的知识与整个宇宙相比，简直是一个在海边玩耍的小孩所有的对于海的知识。牛顿有这样的感觉，所以尽管他在物理学中已经取得伟大的成就，他的学问距离前进的极限仍然很远。可是，如果有一个学生，刚刚学完物理教科书，就感觉到凡是科学要知道的他都已经知道了，他的学问就一定不会有所前进，而且一定要反而后退。老子告诉我们：

"富贵而骄，自遗其咎。"（第九章）骄，是人前进到极端界限的标志。骄，是人应该避免的第一件事。

一定的活动也相对于客观环境而有其极限。一个人吃得太多，他就要害病。吃得太多，本来对身体有益的东西也变成有害的东西。一个人应当只吃适量的食物。这个适量，要按此人的年龄、健康以及所吃的食物的质量来定。

这都是事物变化所遵循的规律。老子把它们叫做"常"。他说："知常曰明。"（第十六章）又说："知常，容。容乃公。公乃王。王乃天。天乃道。道乃久，没身不殆。"（第十六章）

处世的方法

老子警告我们："不知常，妄作，凶。"（第十六章）我们应该知道自然规律，根据它们来指导个人行动。老子把这叫做"袭明"。人"袭明"的通则是，想要得到些东西，就要从其反面开始；想要保持什么东西，就要在其中容纳一些与它相反的东西。谁若想变强，就必须从感到他弱开始；谁若想保持资本主义，就必须在其中容纳一些社会主义成分。

所以老子告诉我们："圣人后其身而身先，外其身而身存。非以其无私邪？故能成其私。"（第七章）还告诉我们："不自见，故明。不自是，故彰。不自伐，故有功。不自矜，故长。夫唯不争，故天下莫能与之争。"（第二十二章）这些话说明了通则的第一点。

老子还说:"大成若缺,其用必弊。大盈若冲,其用不穷。大直若屈。大巧若拙。大辩若讷。"(第四十五章)又说:"曲则全。枉则直。洼则盈。敝则新。少则得。多则惑。"(第二十二章)这说明了通则的第二点。

用这样的方法,一个谨慎的人就能够在世上安居,并能够达到他的目的。道家的中心问题本来是全生避害,躲开人世的危险。老子对于这个问题的回答和解决,就是如此。谨慎地活着的人,必须柔弱、谦虚、知足。柔弱是保存力量因而成为刚强的方法。谦虚与骄傲正好相反,所以,如果说骄傲是前进到了极限的标志,谦虚则相反,是极限远远没有达到的标志。知足使人不会过分,因而也不会走向极端。老子说:"知足不辱,知止不殆。"(第四十四章)又说:"是以圣人去甚,去奢,去泰。"(第二十九章)

所有这些学说,都可以从"反者道之动"这个总学说演绎出来。著名的道家学说"无为",也可以从这个总学说演绎出来。"无为"的意义,实际上并不是完全无所作为,它只是要为得少一些,不要违反自然地任意地为。

为,也像别的许多事物一样。一个人若是为得太多,就变得有害无益。况且为的目的,是把某件事情做好。如果为得过多,这件事情就做得过火了,其结果比完全没有做可能还要坏。中国有个有名的"画蛇添足"的故事,说的是两人比赛画蛇,谁先画成就赢了。一个人已经画成了,一看另一个人还远远落后,就决定把他画的蛇加以润饰,添上了几只脚。于是另一个人说:"你已经输了,因为蛇没有脚。"这个故事说明,做过了头就适得其反。《老子》里说:"取天下常以无事;及其有事,不足以取天下。"(第四十八章)这里的"无事",就是"无为",它的意思实际上是不要为得过度。

人为、任意,都与自然、自发相反。老子认为,道生万物。在这个生的过程中,每个个别事物都从普遍的道获得一些东西,这就是"德"。

周昉字景元京兆人嘗寫仲尼問禮圖及行化老君像此圖渾朴古厚衣紋如鐵綫大似王摩詰伏生授經圖

>>> 著名的道家学说"无为",也可以从"反者道之动"这个总学说演绎出来。"无为"的意义,实际上并不是完全无所作为,它只是要为得少一些,不要违反自然地任意地为。图为唐代周昉《老子玩琴图》。

"德"意指 power（力）或 virtue（德）。"德"可以是道德的，也可以是非道德的，一物自然地是什么，就是它的德。老子说："万物莫不尊道而贵德。"（第五十一章）这是因为，道是万物之所从生者，德是万物之所以是万物者。

按照"无为"的学说，一个人应该把他的作为严格限制在必要的、自然的范围以内。"必要的"是指对于达到一定的目的是必要的，决不可以过度。"自然的"是指顺乎个人的德而行，不做人为的努力。这样做的时候，应当以"朴"作为生活的指导原则。"朴"（simplicity）是老子和道家的一个重要观念。"道"就是"璞"（Uncarved Block，未凿的石料），"璞"本身就是"朴"。没有比无名的"道"更"朴"的东西。其次最"朴"的是"德"，顺"德"而行的人应当过着尽可能"朴"的生活。

顺德而行的生活，超越了善恶的区别。老子告诉我们："天下皆知美之为美，斯恶已；皆知善之为善，斯不善已。"（第二章）所以老子鄙弃儒家的仁、义，以为这些德性都是"道""德"的堕落。因此他说："失道而后德，失德而后仁，失仁而后义，失义而后礼。夫礼者，忠信之薄，而乱之首。"（第三十八章）由此可见道家与儒家的直接冲突。

人们丧失了原有的"德"，是因为他们欲望太多、知识太多。人们要满足欲望，是为了寻求快乐。但是他们力求满足的欲望太多，就得到相反的结果。老子说："五色令人目盲。五音令人耳聋。五味令人口爽。驰骋畋猎，令人心发狂。难得之货，令人行妨。"（第十二章）所以，"祸莫大于不知足，咎莫大于欲得"（第四十六章）。为什么老子强调寡欲，道理就在此。

老子又同样强调弃智。知识本身也是欲望的对象。它也使人能够对于欲望的对象知道得多些，以此作为手段去取得这些对象。它既是欲望的主人，又是欲望的奴仆。随着知识的增加，人们就不再安于知足、知止的地位了。所以《老子》中说："智慧出，有大伪。"（第十八章）

政治学说

由以上学说老子演绎出他的政治学说。道家同意儒家的说法：理想的国家是有圣人为元首的国家。只有圣人能够治国，应该治国。可是两家也有不同，照儒家说，圣人一旦为王，他应当为人民做许多事情；而照道家说，圣王的职责是不做事，应当完全无为。道家的理由是，天下大乱，不是因为有许多事情还没有做，而是因为已经做的事情太多了。《老子》中说："天下多忌讳，而民弥贫。民多利器，国家滋昏。人多伎巧，奇物滋起。法令滋彰，盗贼多有。"（第五十七章）

于是圣王的第一个行动就是废除这一切。老子说："绝圣弃智，民利百倍。绝仁弃义，民复孝慈。绝巧弃利，盗贼无有。"（第十九章）又说："不尚贤，使民不争。不贵难得之货，使民不为盗。不见可欲，使民心不乱。是以圣人之治，虚其心，实其腹，弱其志，强其骨，常使民无知无欲。"（第三章）

圣王首先要消除乱天下的一切根源。然后，他就无为而治。无为，而无不为。《老子》中说："我无为而民自化。我好静而民自正。我无事而民自富。我无欲而民自朴。"（第五十七章）

"无为，而无不为。"这是道家的又一个貌似矛盾的说法。《老子》中说："道常无为而无不为。"（第三十七章）道是万物之所以生者。道本身不是一物，所以它不能像万物那样"为"。可是万物都生出来了，所以道无为而无不为。道，让每物做它自己能做的事。照道家说，国君自己应该效法道。他也应该无为，应该让人民自己做他们能做的事。这里有"无为"的另一种含义，后来经过一定的修改，成为法家的重要学说之一。

孩子只有有限的知识和欲望，他们距离原有的"德"还不远。他们的淳朴和天真，是每个人都应当尽可能保持的特性。老子说："常德不离，复归于婴儿。"（第二十八章）又说："含德之厚，比于赤子。"（第五十五章）由于孩子的生活接近于理想的生活，所以圣王喜欢他的人民都像小孩子。老子说："圣人皆孩之。"（第四十九章）他"非以明民，将以愚之"（第六十五章）。

"愚"在这里的意思是淳朴和天真。圣人不只希望他的人民愚，而且希望他自己也愚。老子说："我愚人之心也哉！"（第二十章）道家说的"愚"不是一个缺点，而是一个大优点。

但是，圣人的"愚"，果真同孩子的"愚"、普通人的"愚"完全一样吗？圣人的愚是一个自觉的修养过程的结果。它比知识更高；比知识更多，而不是更少。中国有一句成语：大智若愚。圣人的"愚"是大智，不是孩子和普通人的"愚"。后一类的"愚"是自然的产物，而圣人的"愚"则是精神的创造。二者有极大的不同，但是道家似乎在有些地方混淆了二者。在讨论庄子哲学时，这一点就看得更清楚。

第十章

道家第三阶段：庄子

庄子（约公元前369—约前286），姓庄，名周，可算是先秦最大的道家。他的生平，我们知之甚少。只知道他是很小的蒙国（位于今山东省、河南省交界处）人，在那里过着隐士生活，可是他的思想和著作当时就很出名。《史记》上说："楚威王闻庄周贤，使使厚币迎之，许以为相。庄周笑谓楚使者曰：……子亟去！无污我。……我宁游戏污渎之中自快，无为有国者所羁，终身不仕，以快吾志焉。"（《老子韩非列传》）

庄子其人和《庄子》其书

庄子与孟子同时，是惠施的朋友，但是今天流传的《庄子》，大概是公元3世纪郭象重编的。郭象是《庄子》的大注释家。所以我们不能肯定《庄子》的哪几篇是庄子本人写的。事实上，《庄子》是一部道家著作的汇编，有些代表道家的第一阶段，有些代表第二阶段，有些代表第三阶段。只有第三阶段高峰的思想，才真正是庄子自己的哲学，就连它们也不会全都是庄子自己写的。因为，虽然庄子的名字可以当作先秦道家最后阶段的代表，但是他的思想体系，则可能是经过他的门人之手，才最后完成。例如，《庄子》有几篇说到公孙龙，公孙龙肯定晚于庄子。

获得相对幸福的方法

《庄子》第一篇题为《逍遥游》,这篇文章纯粹是一些解人颐的故事。这些故事所含的思想是,获得幸福有不同等级。自由发展我们的自然本性,可以使我们得到一种相对幸福;绝对幸福是通过对事物的自然本性有更高一层的理解而得到的。

这些必要条件的第一条是自由发展我们的自然本性,为了实现这一条,必须充分自由发挥我们自然的能力。这种能力就是我们的"德","德"是直接从"道"来的。庄子对于道、德的看法同老子一样。例如他说:"泰初有无。无有无名,一之所起。有一而未形。物得以生谓之德。"(《庄子·天地》)所以我们的"德",就是使我们成为我们者。我们的这个"德",即自然能力,充分而自由地发挥了,也就是我们的自然本性充分而自由地发展了,这个时候我们就是幸福的。

联系着这种自由发展的观念,庄子做出了何为天、何为人的对比。他说:"天在内,人在外。……牛马四足,是谓天。落马首,穿牛鼻,是谓人。"(《庄子·秋水》)他认为,顺乎天是一切幸福和善的根源,顺乎人是一切痛苦和恶的根源。天指自然,人指人为。

万物的自然本性不同,其自然能力也各不相同。可是有一点是共同的,就是在它们充分而自由地发挥其自然能力的时候,它们都是同等的幸福。《逍遥游》里讲了一个大鸟和小鸟的故事。两只鸟的能力完全不一样。大鸟能飞九万里,小鸟从这棵树飞不到那棵树。可是只要它们都做到了它们能做的、爱做的,它们都同样幸福。所以万物的自然本性没有绝对的同,也不必有绝对的同。《庄子》的《骈拇》说:"凫胫虽短，续之则忧。鹤胫虽长，断之则悲。故性长非所断，性短非所续，无所去忧也。"

政治、社会哲学

可是，像这样断长、续短的事，恰恰是"人"尽力而为的事。一切法律、道德、制度、政府的目的，都是立同禁异。那些尽力立同的人，动机也许是完全值得钦佩的。他们发现有些东西对他们有好处，就迫不及待，要别人也有这些东西。可是他们的好心好意，却只有把事情弄得更惨。《庄子》的《至乐》中有个故事说："昔者，海鸟止于鲁郊，鲁侯御而觞之于庙，奏九韶以为乐，具太牢以为膳。鸟乃眩视忧悲，不敢食一脔，不敢饮一杯，三日而死。此以己养养鸟也，非以鸟养养鸟也。……鱼处水而生，人处水而死。彼必相与异，其好恶故异也。故先圣不一其能，不同其事。"鲁侯以他认为是最尊荣的方式款待海鸟，的确是好心好意。可是结果与他所期望的恰恰相反。政府和社会把法典强加于个人以同其事，也发生这样的情况。

为什么庄子激烈反对通过正规的政府机器治天下，主张不治之治是最好的治，原因就在此。他说："闻在宥天下，不闻治天下也。在之也者，恐天下之淫其性也。宥之也者，恐天下之迁其德也。天下不淫其性，不迁其德，有治天下者哉？"（《庄子·在宥》）在宥，就是听其自然，不加干涉。

>>> 庄子说:"闻在宥天下,不闻治天下也。在之也者,恐天下之淫其性也。宥之也者,恐天下之迁其德也。"在宥,就是听其自然,不加干涉。图为元代刘贯道《梦蝶图》。

如果不是"在宥"天下，而是以法律、制度"治天下"，那就像是络马首、穿牛鼻。也像是把凫腿增长，把鹤腿截短。把自然自发的东西变成人为的东西，庄子称之为"以人灭天"（《庄子·秋水》）。它的结果只能是痛苦和不幸。

庄子和老子都主张不治之治，但是所持的理由不同。老子强调他的总原理"反者道之动"。他的论证是，越是统治，越是得不到想得到的结果。庄子强调天与人的区别。他的论证是，越是以人灭天，越是痛苦和不幸。

以上所说，仅只是庄子的求得相对幸福的方法。只需要顺乎人自身内在的自然本性，就得到这样的相对幸福。这是每个人都能够做到的。庄子的政治、社会哲学，目的正在于为每个人求得这样的相对幸福。任何政治、社会哲学所希望做到的，充其量都不过如此吧。

情和理

相对幸福是相对的，因为它必须依靠某种东西。这当然是真的：人在能够充分而自由地发挥自然能力的时候，就很幸福。但是这种发挥在许多情况下受到阻碍，例如死亡、疾病、年老。所以佛家以老、病、死为"四苦"中的"三苦"，是不无道理的。照佛家说，还有"一苦"，就是"生"的本身。因此，依靠充分而自由地发挥自然能力的幸福，是一种有限制的幸福，所以是相对幸福。

人可能有许多大祸临头，最大的大祸是死亡，《庄子》中有很多关于死亡的讨论。畏惧死亡，忧虑死亡的到来，都是人类不幸的主要来源。不过这种畏惧和忧虑，可以由于对事物自然本性有真正理解而减少。《庄子》里有个故事，讲到老子之死。老子死了，他的朋友秦失来吊唁，却批评别人痛哭，说："是遁天倍情，忘其所受。古者谓之遁天之刑。适来，夫子时也。适去，夫子顺也。安时而处顺，哀乐不能入也。古者谓是帝之悬解。"（《养生主》）

别人感到哀伤的范围，就是他们受苦的范围。他们受苦，是"遁天之刑"。感情造成的精神痛苦，有时候正与肉刑一样的剧烈。但是，人利用理解的作用，可以削弱感情。例如，天下雨了，不能出门，大人能理解，不会生气，小孩却往往生气。原因在于，大人理解得多些，就比生气的小孩所感到的失望、恼怒要少得多。正如斯宾诺莎所说："心灵理解到万物的必然性，理解的范围有多大，它就在多大的范围内有更大的力量控制后果，而不为它们受苦。"（《伦理学》，第五部分，命题Ⅵ）这个意思，用道家的话说，就是"以理化情"。

庄子本人有个故事，很好地说明了这一点。庄子妻死，惠施去吊丧，却看到庄子蹲在地上，鼓盆而歌。惠施说，你不哭也就够了，又鼓盆而歌，不是太过分了吗！"庄子曰：'不然。是其始死也，我独何能无慨然。察其始，而本无生。非徒无生也，而本无形。非徒无形也，而本无气。杂乎芒芴之间，变而有气，气变而有形，形变而有生。今又变而之死，是相与为春秋冬夏四时行也。人且偃然寝于巨室，而我噭噭然随而哭之，自以为不通乎命，故止也。'"（《庄子·至乐》）郭象注："未明而慨，已达而止，斯所以诲有情者，将令推至理以遣累也。"情可以理和理解抵消。这是斯宾诺莎的观点，也是道家的观点。

道家认为，圣人对万物的自然本性有完全的理解，所以无情。可是这并不是说他没有情感。这宁可说是，他不为情所扰乱，而享有所谓"灵魂的和平"。如斯宾诺莎说的："无知的人不仅在各方面受到外部原因的扰乱，从未享受灵魂的真正和平，而且过着对上帝、对万物似乎一概无知的生活，活着也是受苦，一旦不再受苦了，也就不再存在了。另一方面，有知的人，在他有知的范围内，简直可以不动心，而且由于理解他自己、上帝、万物都有一定的永恒的必然性，他也就永远存在，永远享受灵魂的和平。"（《伦理学》，第五部分，命题XLII）

这样，圣人由于对万物自然本性有理解，他的心就再也不受世界变化的影响。用这种方法，他就不依赖外界事物，因而他的幸福也不受外界事物的限制。他可以说是已经得到了绝对幸福。这是道家思想的一个方向，其中有不少的悲观认命的气氛。这个方向强调自然过程的不可避免性，以及人在自然过程中对命的默认。

获得绝对幸福的方法

可是道家思想还有另一个方向，它强调万物自然本性的相对性，以及人与宇宙的同一。要达到这种"同一"，人需要更高层次的知识和理解。由这种"同一"所得到的幸福才是真正的绝对幸福，《庄子》的《逍遥游》里讲明了这种幸福。

这一篇里，描写了大鸟、小鸟的幸福之后，庄子说有个人名叫列子，能够乘风而行。"彼于致福者，未数数然也。此虽免乎行，犹有所待者也。"他所待者就是风，由于他必须依赖风，所以他的幸福在这个范围里还是相对的。接着庄子问道："若夫乘天地之正而御六气之辩，以游无穷者，彼且恶乎待哉？故曰：至人无己，神人无功，圣人无名。"

庄子在这里描写的就是已经得到绝对幸福的人。他是至人、神人、圣人。他绝对幸福，因为他超越了事物的普通区别。他也超越了自己与世界的区别，"我"与"非我"的区别。所以他无己。他与道合一。道无为而无不为。道无为，所以无功，圣人与道合一，所以也无功。他也许治天下，但是他的治就是只让人们听其自然，不加干涉，让每个人充分地、自由地发挥他自己的自然能力。道无名，圣人与道合一，所以也无名。

有限的观点

这里有一个问题：一个人怎样变成这样的至人？要回答这个问题，就要分析《庄子》的第二篇《齐物论》。在《逍遥游》里，庄子讨论了两个层次的幸福；在《齐物论》里，他讨论了两个层次的知识。我们的分析，且从第一个层次即较低的层次开始。在本书讲名家的一章里，我们说过，惠施和庄子有某些相似。在《齐物论》中庄子讨论的较低层次的知识，正与惠施"十事"中的知识相似。

《齐物论》的开始是描写风。风吹起来，有种种不同声音，各有特点。《齐物论》把这些声音称为"地籁"。此外还有些声音名为"人籁"。地籁与人籁合为"天籁"。

人籁由人类社会所说的"言"构成。人籁与由风吹成的"地籁"不同，它的"言"由人说出的时候，就代表人类的思想。它们表示肯定与否定，表示每个个人从他自己特殊的有限的观点所形成的意见。既然有限，这些意见都必然是片面的。可是大多数人，不知道他们自己的意见都是根据有限的观点，总是以他们自己的意见为是，以别人的意见为非。"故有儒墨之是非，以是其所非，而非其所是。"

人们若这样各按自己的片面观点辩论，既无法得出最后的结论，也无法决定哪一面真是真非。《齐物论》说："既使我与若辩矣，若胜我，我不若胜，若果是也？我果非也邪？我胜若，若不吾胜，我果是也？而果非也邪？其或是也？其或非也邪？其俱是也？其俱非也邪？我与若不能相知也，则人固受其黮暗。吾谁使正之？使同乎若者正之，既与若同矣，恶能正之！使同乎我者正之，既同乎我矣，恶能正之？使异乎我与若者正之，既异乎我与若矣，恶能正之？使同乎我与若者正之，既同乎我与若矣，恶能正之？"这就是说：假使我跟你辩，你胜了我，我不胜你，这就能证明你的意见一定正确吗？我胜了你，你不胜我，这就能证明我的意见一定正确吗？或者你我中间，有一个人的意见是正确的，或者都是正确的，或者都是不正确的，我跟你都不能决定。叫谁决定呢？叫跟你的意见相同的人来决定，既然跟你的意见相同，怎么能决定？叫跟我的意见相同的人来决定，既然跟我的意见相同，怎么能决定？叫跟你、我的意见都不同的人来决定，既然跟你、我的意见都不同，怎么能决定？叫跟你、我的意见都同的人来决定，既然跟你、我的意见都同，怎么能决定？

这一段使人联想起名家的辩论态度。只是名家的人是要驳倒普通人的常识，而《齐物论》的目的是要驳倒名家，因为名家确实相信辩论能够决定真是真非。

庄子在另一方面，认为是、非的概念都是每人各自建立在自己的有限的观点上。所有这些观点都是相对的。《齐物论》说："方生方死，方死方生。方可方不可，方不可方可。因是因非，因非因是。"事物永远在变化，而且有许多方面。所以对于同一事物可以有许多观点。只要我们这样说，就是假定有一个站得更高的观点。如果我们接受了这个假定，就没有必要自己来决定孰是孰非。这个论证本身就说明了问题，无需另做解释。

更高的观点

接受这个前提，就是从一个更高的观点看事物，《齐物论》把这叫做"照之于天"。"照之于天"就是从超越有限的观点，即道的观点，去看事物。《齐物论》说："是亦彼也，彼亦是也。彼亦一是非，此亦一是非。果且有彼是乎哉？果且无彼是乎哉？彼是莫得其偶，谓之道枢。枢始得其环中，以应无穷。是亦一无穷，非亦一无穷也。故曰：莫若以明。""明"就是"照之于天"。这段话换句话说，"是"（此）和"彼"，在其是其非的对立中，像一个循环无尽的圆。但是从道的观点看事物的人，好像是站在圆心上。他理解在圆周上运动着的一切，但是他自己则不参加这些运动。这不是由于他无所作为，听天由命，而是因为他已经超越有限，从一个更高的观点看事物。在《庄子》里，把有限的观点比作井底之蛙的观点（《秋水》）。井底之蛙只看见一小块天，就以为天只有那么大。

从道的观点看，每物就刚好是每物的那个样子。《齐物论》说："可乎可。不可乎不可。道行之而成，物谓之而然。恶乎然？然于然。恶乎不然？不然于不然。物固有所然，物固有所可。无物不然，无物不可。

>>> 从道的观点看事物的人,好像是站在圆心上。他理解在圆周上运动着的一切,但是他自己则不参加这些运动。在《庄子·秋水》里,把有限的观点比作井底之蛙的观点。井底之蛙只看见一小块天,就以为天只有那么大。图为明代仇英《南华秋水图》。

故为是举莛与楹,厉与西施,恢诡谲怪,道通为一。"万物虽不相同,但是都"有所然""有所可",这一点是一样的。它们都是由道而生,这也是一样的。所以从道的观点看,万物虽不相同,可是都统一为一个整体,即"通为一"。

《齐物论》接着说:"其分也,成也。其成也,毁也。凡物无成无毁,复通为一。"例如,用木料做桌子,从这张桌子的观点看,这是成。从所用的木料的观点看,这是毁。可是,这样的成毁,仅只是从有限的观点看出来的。从道的观点看,就无成无毁。这些区别都是相对的。

"我"与"非我"的区别也是相对的。从道的观点看,"我"与"非我"也是"通为一"。《齐物论》说:"天下莫大于秋毫之末,而泰山为小。莫寿乎殇子,而彭祖为夭。天地与我并生,而万物与我为一。"这里又得出了惠施的结论:"泛爱万物,天地一体也。"

更高层次的知识

《齐物论》接着说:"既已为一矣,且得有言乎?既已谓之一矣,且得无言乎?一与言为二,二与一为三,自此以往,巧历不能得,而况其凡乎?故自无适有以至于三,而况自有适有乎?无适焉,因是已。"在这段话里,《齐物论》比惠施更进了一步,开始讨论一种更高层次的知识。这种更高的知识是"不知之知"。

"一"究竟是什么,这是不可言说的,甚至是不可思议的。因为,如果一对它有所思议、有所言说，它就变成存在于这个思议、言说的人之外的东西了。这样，它无所不包的统一性就丧失了，它就实际上根本不是真正的"一"了。惠施说："至大无外，谓之大一。"他用这些话描写"大一"，确实描写得很好，他殊不知正由于"大一"无外，所以它是不可思议、不可言说的。因为任何事物，只要可以思议、可以言说，就一定有外，这个思议、这个言说就在它本身以外。道家则不然，认识到"一"是不可思议、不可言说的。因而他们对于"一"有真正的理解，比名家前进了一大步。

《齐物论》里还说："是不是，然不然。是若果是也，则是之异乎不是也亦无辩。然若果然也，则然之异乎不然也亦无辩。……忘年忘义，振于无竟，故寓诸无竟。""无竟"是得道的人所住之境。这样的人不仅有对于"一"的知识，而且已经实际体验到"一"。这种体验就是住于"无竟"的经验。他已经忘了事物的一切区别，甚至忘了他自己生活中的一切区别。他的经验中只有混沌的"一"，他就生活在其中。

以诗的语言描写，这样的人就是"乘天地之正而御六气之辩，以游无穷者"。他真正是独立的人，所以他的幸福是绝对的。

在这里我们看出，庄子怎样最终解决了先秦道家固有的问题。这个问题是如何全生避害。但是，在真正的圣人那里，这已经不成其为问题。如《庄子》中说："夫天下也者，万物之所一也。得其所一而同焉，则四支百体，将为尘垢，而死生终始，将为昼夜，而莫之能滑，而况得丧祸福之所介乎？"（《田子方》）就这样，庄子只是用取消问题的办法，来解决先秦道家固有的问题。这真正是用哲学的方法解决问题。哲学不报告任何事实，所以不能用具体的、物理的方法解决任何问题。例如，它既不能使人长生不死，也不能使人致富不穷。可是它能够给人一种观点，从这种观点可以看出生死相同，得失相等。从实用的观点看，哲学是无用的。哲学能给我们一种观点，而观点可能很有用。用《庄子》的话说，这是"无用之用"（《人间世》）。

斯宾诺莎说过,在一定的意义上,有知的人"永远存在"。这也是庄子所说的意思。圣人,或至人,与"大一"合一,也就是与宇宙合一。由于宇宙永远存在,所以圣人也永远存在。《庄子》的《大宗师》说:"夫藏舟于壑,藏山于泽,谓之固矣。然而夜半有力者负之而走,昧者不知也。藏小大有宜,犹有所遁。若夫藏天下于天下,而不得所遁:是恒物之大情也。……故圣人将游于物之所不得遁而皆存。"正是在这个意义上,圣人"永远存在"。

神秘主义的方法论

为了与"大一"合一,圣人必须超越并且忘记事物的区别。做到这一点的方法是"弃知"。这也是道家求得"内圣"之道的方法。照常识看来,知识的任务就是做出区别;知道一个事物就是知道它与其他事物的区别。所以弃知就意味着忘记这些区别。一切区别一旦都忘记了,就只剩下混沌的整体,这就是大一。圣人到了这个境界,就可以说是有了另一个更高层次的知识,道家称之为"不知之知"。

《庄子》里有许多地方讲到忘记区别的方法。例如,《大宗师》中有孔子和他最爱的弟子颜回的一段虚构的谈话:"颜回曰:'回益矣。'仲尼曰:'何谓也?'曰:'回忘仁义矣。'曰:'可矣,犹未也。'它日复见。曰:'回益矣。'曰:'何谓也?'曰:'回忘礼乐矣。'曰:'可矣,犹未也。'它日复见。曰:'回益矣。'曰:'何谓也?'曰:

'回坐忘矣。'仲尼蹴然曰：'何谓坐忘？'颜回曰：'堕肢体，黜聪明，离形去知，同于大通，此谓坐忘。'仲尼曰：'同则无好也，化则无常也，而果其贤乎？丘也，请从而后也。'"

颜回就这样用弃知的方法得到了"内圣"之道。弃知的结果是没有知识，但是"无知"与"不知"不同。"无知"状态是原始的无知状态，而"不知"状态则是先经过有知的阶段之后才达到的。前者是自然的产物，后者是精神的创造。

这个不同，有些道家的人看得很清楚。他们用"忘"字表达其方法的诀窍，这是很有深意的。圣人并不是保持原始的无知状态的人。他们有一个时期具有丰富的知识，能做出各种区别，只是后来忘记了它们。他们与原始的无知的人之间区别很大，就和勇敢的人与失去知觉而不畏惧的人之间的区别一样大。

但是也有一些道家的人，包括《庄子》有几篇的作者在内，却没有看出这个不同。他们赞美社会和人类的原始状态，把圣人比作婴儿和无知的人。婴儿和无知的人没有知识，做不出什么区别，所以都像是属于混沌的整体。可是他们的属于它，是完全不自觉的。他们在混沌的整体中，这个事实他们并无觉解。他们是无知的人，不是不知的人。这种后来获得的不知状态，道家称之为"不知之知"的状态。

第十一章

后期墨家

《墨子》中有六篇：《经上》《经下》《经说上》《经说下》《大取》《小取》，与其他各篇性质不同，特别有逻辑学的价值。《经上》《经下》都是逻辑、道德、数学和自然科学的定义。《经说上》《经说下》是对前两篇中定义的解释。《大取》《小取》讨论了若干逻辑问题。所有这六篇有一个总的目的，就是通过逻辑方式，树立墨家的观点，反驳名家的辩论。这六篇合在一起，通常叫做《墨经》。

前一章讲过，庄子在《齐物论》里讨论了两个层次的知识。在第一个层次上，他证明了事物的相对性，达到了与惠施的结论相同的结论。但是在第二个层次上，他就超越了惠施。在第一个层次上，他同意于名家，从更高一层的观点批评了常识。但是在第二个层次上，他又转过来从再高一层的观点批评了名家。所以道家也反驳名家的辩论，不过道家所用的辩论，从逻辑上讲比名家的辩论更高一层。道家的辩论、名家的辩论，两者都需要反思的思想做出努力，加以理解。两者的方向都是与常识的常规相反的。

可是另一方面，也有常识的哲学家，例如墨家以及某些儒家。这两家虽然在许多方面不同，但是在务实这一点上却彼此一致。在反驳名家辩论的过程中，这两家沿着大致相同的思想路线，发展了知识论和逻辑学的理论，以保卫常识。这些理论，在墨家则见之于《墨经》，在儒家则见之于《荀子》的《正名》。荀子是先秦时期最大的儒家之一，我们将在第十三章讲到他。

关于知识和名的讨论

《墨经》中的知识论,是一种素朴的实在论。它认为,人有认识能力,它是"所以知也,而不必知"(《经说上》)。就是说,人都有所以知的能力,但是仅有这种能力,还未必就有知识。这是因为,要有知识,则认识能力还必须与认识对象接触。"知也者,以其知过物而能貌之。"(《经说上》)就是说,认识能力接触了认识对象,能够得到它的形象,才成为知识。除了认识的感觉器官,如视觉器官、听觉器官,还有思维的器官:心,它叫做"恕","恕也者,以其知论物"(《经说上》)。换句话说,通过感官传入的外界事物印象,还要心加以解释。

《墨经》还对于知识进行了分类。按知识的来源,把知识分为三类:一类是来自认识者亲身经验,一类是来自权威的传授(即得自传闻或文献),一类是来自推论的知识(即得自演绎,以已知推未知)。又按认识的各种对象,把知识分为四类:名的知识、实的知识、相合的知识、行为的知识。

我们会记得:名、实,以及名实关系,都是名家特别感兴趣的。照《墨经》讲,"所以谓,名也;所谓,实也"(《经说上》)。例如说:这是桌子。"桌子"是名,是所以谓"这"的;"这"是实,是所谓的。

用西方逻辑学术语来说，名是命题的客词，实是命题的主词。

《墨经》将名分为三类：达名、类名、私名。"名'物'，达也，有实必待之名也。命之'马'，类也；若实也者，必以是名也。命之'臧'，私也；是名也，止于是实也。"（《经说上》）就是说，"物"是达名（通名），一切"实"必用此名。"马"是类名，此类的一切"实"必用此名。"臧"（人名）是私名，此名只限用于此"实"。

相合的知识，就是知道哪个名与哪个实相合。例如，说"这是桌子"这句话，就需要有名实相合的知识。有了这类知识，就知道"名实耦"，就是说，名与实是彼此配对的。

行为的知识是如何做一件具体事的知识。它相当于美国人所说的 know-how。

关于"辩"的讨论

《小取》的大部分，是用于讨论"辩"的。它说："夫辩者，将以明是非之分，审治乱之纪，明同异之处，察名实之理，处利害，决嫌疑焉，摹略万物之然，论求群言之比。以名举实，以辞抒意，以说出故，以类取，以类予。"

这段话的前半段是说辩的目的和功用，后半段是说辩的方法。《小取》中还说，辩有七种方法："或也者，不尽也。假者，今不然也。效者，为之法也。所效者，所以为之法也。故中效，则是也；不中效，则非也；此效也。辟也者，举他物而以明之也。侔也者，比辞而俱行也。援也者，曰：子然，我奚独不可以然也？推也者，以其所不取之同于其所取者予之也。'是犹谓'也者，同也；'吾岂谓'也者，异也。""或"表示特称命题；"尽"表示全称命题；"假"表示假言命题，假设一种现在还没有发生的情况。"效"就是取法；"所效"的，就是取以为法的。若原因与效相合，就是真的原因；若原因与效不合，就不是真的原因。这是"效"的方法。"辟（譬）"的方法是用一事物解释另一事物。"侔"的方法是系统而详尽地对比两个系列的问题。"援"的方法是说："你可以这样，为什么我独独不可以这样？""推"的方法是将相同的东西，像归于已知者那样，归于未知者。已经说彼（与此）同，我岂能说它异吗？

这一段内"效"的方法，也就是前一段内的"以说出故"。这一段内"推"的方法，也就是前一段内的"以类取，以类予"。这是两种极其重要的方法，大致相当于西方逻辑学的演绎法和归纳法。

在进一步解释这两种方法之前，先说一说《墨经》所谓的"故"。它说："故，所得而后成也。"（《经上》）就是说，有了"故"，某一现象才成其为某一现象。它还把"故"分为"大故""小故"。"小故，有之不必然，无之必不然。""大故，有之必然，无之必不然。"（《经说上》）《墨经》所谓的"小故"，显然就是现代逻辑学所谓的"必要原因"；《墨经》所谓的"大故"，显然是现代逻辑学所谓的"必要而充足原因"。现代逻辑学还区别出另一种原因，即充足原因，可以说是"有之必然，无之或然或不然"。墨家却没有看出这一种原因。

在现代的逻辑推理中，若要知道某个一般命题是真是假，就用事实或用实验来检验它。例如，若要确定某细菌是某病的原因，检验它的方法是，先假设一般命题"A 细菌是 B 病的原因"为公式，再进行实验，看假设的原因是否真的产生预期的结果。产生了，它就真是原因；没有产生，就不是。这是演绎推理，也就是《墨经》中所谓的"效"的方法。

因为，假设一个一般命题为公式，就是假设它是"法"，以它来进行实验，就是来"效"它这个"法"。假设的原因产生了预期的结果，就是"故中效"；不产生，就是"不中效"。用这种方法，可以检验一个故是真是假，决定一个故是大故还是小故。

至于另一种推理方法，就是"推"的方法，可以以"凡人皆有死"这个论断为例来说明。我们都会做出这个论断，因为我们知道凡是过去的人都已经死了，又知道现在的和将来的人与过去的人都是同一个类。所以我们得出一般的结论：凡人皆有死。在这个归纳推理中，我们用了"推"的方法。过去的人皆有死，这是已知的。现在的人皆有死，将来的人皆有死，这是未知的。所以，说"凡人皆有死"，就是把已知的归予同类之未知的，即"以其所不取之同于其所取者予之也"。我们能够这样做，是因为"是犹谓也者同也"，即将彼说我（与此）相同。我们正是在"以类取，以类予"。

澄清兼爱说

后期墨家精通"辩"的方法，为澄清和捍卫墨家的哲学立场做了很多工作。

后期墨家遵循墨子功利主义哲学的传统，主张人类一切行为的目的在于取利避害。《大取》中说："断指以存腕，利之中取大，害之中取小也。害之中取小，非取害也，取利也。……遇盗人而断指以免身。免身，利也。其遇盗人，害也。……利之中取大，非不得已也。害之中取小，不得已也。于所未有而取焉，是利之中取大也。于所既有而弃焉，是害之中取小也。"所以人类一切行为的规则是："利之中取大；害之中取小。"

墨子和后期墨家都认为"义，利也"。利是义的本质。但是，什么是利的本质？墨子没有提出这个问题，可是后期墨家提出了，并且做出了解答。《经上》说："利，所得而喜也。""害，所得而恶也。"这样，后期墨家就为墨家的功利哲学做出享乐主义的解释。

这种立场，使我们想起杰里米·边沁的"功利哲学"。他在《道德立法原理导言》中说："'天然'使人类为二种最上威权所统治，此二威权，即是快乐与苦痛。只此二威权能指出人应做什么，决定人将做什么。""功利哲学即承认人类服从此二威权之事实，而以之为哲学的基础。此哲学之目的，在以理性、法律维持幸福。"这样，边沁把善恶归结为快乐、苦痛的问题。照他的说法，道德的目的就是"最大多数的最大幸福"。

后期墨家也是这么做的。他们给利、害下了定义之后，又以利的定义为基础，进而为各种道德下定义。他们说："忠，以为利而强君也。""孝，利亲也。""功，利民也。"（《经上》）"利民"的意思也就是"最大多数的最大幸福"。

关于兼爱学说，后期墨家认为它最大的特点就是"兼"，也就是"周"。《小取》中说："爱人，待周爱人，而后为爱人。不爱人，不待周不爱人。不周爱，因为不爱人矣。乘马，不待周乘马，然后为乘马也。有乘于马，因为乘马矣。逮至不乘马，待周不乘马，而后为不乘马。此一周而一不周者也。"就是说，必需遍爱一切人，才算爱人；但是不必需遍不爱一切人，才算不爱人。这与乘马不同。不必需骑一切马才算骑马，但是必需不骑一切马，才算不骑马。这就是爱人的"周"与乘马的"不周"的不同。

事实上，每个人都有一些他所爱的人。例如，每个人都爱他自己的孩子。所以光凭人总会爱一些人这个事实，不能说他爱一切人。但是在否定方面，他若害了某些人，哪怕是他自己的孩子，凭这一点就可以说他不爱人。墨家的推理就是这样。

辩护兼爱说

针对后期墨家的这个观点，当时有两个主要的反对意见。第一个是说，世界上人的数目是无穷的；那么，一个人怎么可能兼爱一切人？这个反对意见叫做"无穷害兼"。第二个是说，如果说有一个人你还没有爱，就不能算爱人，那么就不应当有"杀盗"的刑罚。这个反对意见叫做"杀盗，杀人也"。后期墨家用他们的"辩"试图反驳这些反对意见。

《经下》说："无穷不害兼。说在盈否知。"就是说，"无穷"与"兼"不是不相容的，其理由只看是否充满，就知道了。《经说下》发挥此说如下："无（反对者）：'南方有穷，则可尽（中国古代一般人相信南方无穷）；无穷，则不可尽。有穷，无穷，未可知；则可尽，不可尽，未可知。人之盈之否，未可知；而必人之可尽不可尽，亦未可知。而必人之可尽爱也，悖！'（答：）'人若不盈无穷，则人有穷也。尽有穷，无难。盈无穷，则无穷，尽也。尽有穷，无难。'"答的意思是说，人若没有充满无穷的地区，则人数是有穷的。数尽有穷的数目，并不困难。人若竟已充满无穷的地区，则原来假定是无穷的地区，其实是有穷的。历尽有穷的地区,也不困难。

"杀盗,杀人也"是反对墨家的另一个主要意见,因为杀人与兼爱有矛盾。对这个反对意见,《小取》答复如下:

> 白马,马也。乘白马,乘马也。骊马,马也。乘骊马,乘马也。获,人也。爱获,爱人也。臧,人也。爱臧,爱人也。此乃是而然者也。
>
> 获之亲,人也。获事其亲,非事人也。其弟,美人也。爱弟,非爱美人也。车,木也。乘车,非乘木也。船,木也。乘船,非乘木也。盗,人也。多盗,非多人也。无盗,非无人也。
>
> 奚以明之?恶多盗,非恶多人也。欲无盗,非欲无人也。世相与共是之。若是,则虽盗,人也;爱盗,非爱人也;不爱盗,非不爱人也;杀盗,非杀人也,无难矣。

后期墨家用这样的"辩",反驳了认为"杀盗"不合兼爱的反对意见。

对其他各家的批评

后期墨家用他们的"辩",不仅反驳其他各家反对墨家的意见,而且批评其他各家。例如,《墨经》中有许多反对名家辩论的意见。我们会记得,惠施有"合同异"之辩。在他的"十事"中他由"万物毕同"的前提,得出"泛爱万物,天地一体也"的结论。在后期墨家看来,这是一个谬论，它是由"同"字的歧义引起的。他们指出"同"有四种。《经上》说："同：重、体、合、类。"《经说上》解释说："同：二名一实，重同也；不外于兼，体同也；俱处于室，合同也；有以同，类同也。"《经上》和《经说上》还讨论了"异"，异与同正好相反。

《墨经》并没有点惠施的名。事实上，《墨经》各篇也没有点任何人的名。但是，从对于"同"字的分析看，惠施的谬误也就清楚了。说"万物毕同"，是说它们同类，是"类同"。但是说"天地一体也"，是说它们有部分与全体的关系，是"体同"。由类同为真的命题不能推论出体同的命题也为真，虽然都用了"同"字。

对于公孙龙的"离坚白"之辩，后期墨家只从实际存在于物理世界的具体的坚白石着想。所以他们主张坚、白同时存在于石中，认为"坚白不相外也"（《经上》），"必相盈也"（《经说下》）。"不相外"就是不互相排斥，"相盈"就是互相渗透。

后期墨家也批评了道家。《经下》说："学之益也，说在诽者。"《经说下》解释说："学也，以为不知学之无益也，故告之也。是使知学之无益也，是教也。以学为无益也，教，悖！"

这是批评老子的话："绝学无忧。"（《老子》第二十章）老子这句话认为学是无益的。照后期墨家所说，学和教是互相关联的，若要绝学，也要绝教。只要有教，则必有学；教若有益，学就不会无益。既然以"学无益"为教，这个教的本身正好证明学是有益的。

《经下》说："谓'辩无胜'，必不当，说在辩。"《经说下》解释说："谓，所谓非同也，则异也。同则或谓之狗，其或谓之犬也。异则或谓之牛，其或谓之马也。俱无胜，是不辩也。辩也者，或谓之是，或谓之非，当者胜也。"这解释是说：说话的时候，人们所说的，不是相同，就是相异。一人说是"狗"，另一人说是"犬"，就是相同。一人说是"牛"，另一人说是"马"，就是相异。（这就是说，有相异，就有辩。）没有人获胜，就无辩。辩，就是其中有人说是如此，另有人说不是如此。谁说得对谁就获胜。

《经下》又说："以言为尽悖，悖。说在其言。"《经说下》解释说："以悖，不可也。之人之言可，是不悖，则是有可也；之人之言不可，以当，必不审。"这解释是说：以言为尽悖，此说不可以成立。如果持此说的人，其言可以成立，则至少此言不悖，还是有些言可以成立；如果其言不可成立，则以此说为当者也就错了。

《经下》又说："知，知之否之是同也，悖。说在无以也。"就是说，说知之与不知之是相同的，此说悖，理由在于"无以"，即没有凭借。《经说下》解释说："知，论之，非知无以也。"就是说，只要有知识，就有关于知识的讨论。除非没有知识，才没有凭借来讨论。

《经下》还说："非诽者悖，说在弗非。"就是说，谴责批评，是悖谬的，理由在于"弗非"，即不谴责。《经说下》解释说："非诽，非己之诽也。不非诽，非可诽也。不可非也，是不非诽也。"就是说，谴责批评，就是谴责你自己的谴责。如果你不谴责批评，也就没有什么可以谴责的。如果你不能够谴责批评，这就意味着不谴责批评。

这都是对于庄子的批评。庄子以为，在辩论中，什么也不能够决定。他说，即使有人获胜，胜者未必正确，败者未必错误。但是在后期墨家看来，庄子说这番话，正是表明他不同意于别人，他正是在和别人辩论。他若辩赢了，这个事实不就正好证明他错了？庄子又说："大辩不言。"还说："言辩而不及。"（《庄子·齐物论》）所以"言尽悖"。庄子还进一步认为，万物各从自己的道、自己的意见来看，都是正确的，这个不应当批评那个。但是在后期墨家看来，庄子所说的就是"言"，其本身就是批评别人。如果"言尽悖"，庄子的这个"言"难道就不悖吗？如果一切批评都应当受到谴责，那么庄子的批评就应当第一个受到谴责。庄子还侈谈不要有知识的重要性。但是他这样侈谈和讨论，本身就是一种知识。若真的没有知识了，那就连他的讨论也没有了。

后期墨家在批评道家的时候，揭示出一些也在西方哲学中出现过的逻辑悖论，只有在现代建立了新的逻辑学，这些悖论才得到解决。因此在当代逻辑学中，后期墨家所做的批评不再有效了。可是，我们看到后期墨家如此富于逻辑头脑，实在令人赞叹。他们试图创造一个认识论和逻辑学的纯系统，这是中国古代其他各家所不及的。

第十二章

阴阳家和先秦的宇宙发生论

本书第二章说过，阴阳家出于方士。《汉书·艺文志》根据刘歆《七略·术数略》，把方士的术数分为六种：天文、历谱、五行、蓍龟、杂占、形法。

六种术数

第一种是天文。《汉书·艺文志》中说:"天文者,序二十八宿,步五星日月,以纪吉凶之象。"

第二种是历谱。《艺文志》中说:"历谱者,序四时之位,正分至之节,会日月五星之辰,以考寒暑杀生之实。……凶厄之患,吉隆之喜,其术皆出焉。"

第三种是五行。《艺文志》中说:"其法亦起五德终始,推其极则无不至。"

第四种是蓍龟。这是中国古代占卜用的两种主要方法。后一种方法是,管占卜的巫史,在刮磨得很光滑的龟甲或兽骨上,钻凿一个圆形的凹缺,然后用火烧灼。围绕着钻凿的地方,现出裂纹。根据这些裂纹。据说可以知道所问的事情的吉凶。这种方法叫"卜"。前一种方法是,巫史用蓍草的茎按一定的程序操作,得出一定的数的组合,再查《易经》来解释,断定吉凶。这种方法叫"筮"。《易经》的卦辞、爻辞本来就是为筮用的。

第五种是杂占,第六种是形法。后者包括看相术以及后来叫做"风水"的方术。风水的基本思想是:人是宇宙的产物。因此,人的住宅和葬地必须安排得与自然力即风水协调一致。

周朝头几百年，封建制全盛的时期，每个贵族的室、家都有这些术数的世袭专家，以备有大事的时候顾问。可是随着封建制的解体，这些专家有许多人都失去了世袭职位，流散全国，在民众中继续操业。这时候他们就被称为"方士"。

当然，术数的本身是以迷信为基础的，但是也往往是科学的起源。术数与科学有一个共同的愿望，就是以积极的态度解释自然，通过征服自然使之为人类服务。术数在放弃了对于超自然力的信仰并且试图只用自然力解释宇宙的时候，就变成科学。这些自然力是什么，其概念在最初可能很简单、很粗糙，可是在这些概念中却有科学的开端。

阴阳家对于中国思想的贡献就是如此。这个学派力求对自然物事只用自然力做出积极的解释。所谓积极的，我是指实事求是的。

中国古代试图解释宇宙的结构和起源的思想中有两条路线：一条见于阴阳家的著作，一条见于儒家的无名作者们所著的《易传》。这两条思想路线看来是彼此独立发展的。下面我们要讲的《洪范》和《月令》，强调五行而不提阴阳；《易传》却相反，阴阳讲了很多，五行则只字未提。可是到后来，这两条思想路线互相混合了。到司马谈的时代已经是如此，所以《史记》把他们合在一起称为阴阳家。

《洪范》所讲的五行

五行通常译为 Five Elements（五种元素）。我们切不可将它们看作静态的，而应当看作五种动态互相作用的力。汉语的"行"字，意指 to act（行动），或 to do（做），所以"五行"一词，从字面上翻译，似是 Five Activities（五种活动），或 Five Agents（五种动因）。五行又叫五德，意指 Five Powers（五种能力）。

"五行"一词曾出现于《书经》的《夏书·甘誓》，传统的说法说它是公元前 20 世纪的文献。但是《甘誓》是伪书，即使不是伪书，也不能肯定它所说的"五行"，与其他有确凿年代的书所说的"五行"，是不是一回事。五行最早的真正可靠的记载，见于《书经》的另一篇《洪范》。照传统的说法，公元前 12 世纪末周武王克商以后，向商朝贵族箕子问治国的"大法"（《洪范》），箕子讲了这一番话，题为《洪范》。在这篇讲话里，箕子说他的思想本是由禹而来，禹是传说的夏朝的创建人，据说生活在公元前 22 世纪。作者提到这些传说，都是为了增加五行说的重要性。至于《洪范》的实际年代，现代学术界倾向于定在公元前 4 世纪或前 3 世纪内。

《洪范》中列举了"九畴"："一、五行：一曰水，二曰火，三曰木，四曰金，五曰土。水曰润下，火曰炎上，木曰曲直，金曰从革，土爰稼穑。""二、五事：一曰貌，二曰言，三曰视，四曰听，五曰思。貌曰恭，言曰从，视曰明，听曰聪，思曰睿。恭作肃，从作乂，明作哲，聪作谋，睿作圣。"我们且跳到第八："八、庶征：曰雨，曰旸，曰燠，曰寒，曰风。曰时五者来备，各以其叙，庶草蕃庑。一极备，凶；一极无，凶。曰休征：曰肃，时雨若；曰乂，时旸若；曰哲，时燠若；曰谋，时寒若；曰圣，时风若。曰咎征：曰狂，恒雨若；曰僭，恒旸若；曰豫，恒燠若；曰急，恒寒若；曰蒙，恒风若。"

所谓"庶征"就是各种象征。这些象征是：雨、阳光、热、寒、风。它们都必须及时。这五者如果按正常秩序来得很充足，各种植物就会长得茂盛而丰饶。其中任何一种，如果极多，或者极少，就会造成灾害。以下是吉庆的象征；君主的严肃，将随之以及时雨；君主有条理，将随之以及时的阳光；君主的明智，将随之以及时的热；君主的谋虑，将随之以及时的寒；君主的圣明，将随之以及时的风。以下是不吉的象征：君主的猖狂，将随之以连续的雨；君主的越礼，将随之以连续的阳光；君主的逸乐，将随之以连续的热；君主的急躁，将随之以连续的寒；君主的愚昧，将随之以连续的风。

在《洪范》里，我们看到五行的观念还是粗糙的。《洪范》的作者说到五行的时候，所想的仍然是实际的物，如水、火等，而不是以五者为名的抽象的力，如后人所讲的五行那样。作者还告诉我们，人类世界和自然世界是互相关联的，君主方面的恶行就导致自然界异常现象的出现。这个学说，被后来的阴阳家大为发展了，叫做"天人感应论"。

有两种学说进一步解释了这种感应的原因。一种是目的论的。它认为君主方面的恶行，使"天"发怒。这种怒造成异常的自然现象，代表着"天"给君主的警告。另一种是机械论的。它认为君主的恶行自动造成自然界的混乱，因而机械地产生异常现象。全宇宙是一个机械结构。它的一部分出了毛病，其他部分也必然机械地受到影响。这种学说代表了阴阳家的科学精神，而前一种学说则反映了阴阳家的术数根源。

《月令》

阴阳家第二篇重要文献是《月令》，最初见于公元前 3 世纪末的《吕氏春秋》，后来又载入《礼记》。《月令》的得名，是由于它是小型的历书，概括地告诉君民他们应当按月做什么事，以便与自然力保持协调。在其中，宇宙的结构是按阴阳家的理论描述的。这个结构是时空的，就是说，它既是空间结构，又是时间结构。由于位于北半球，古代中国人十分自然地以为南方是热的方向，北方是冷的方向。于是阴阳家就把四季与四方配合起来。夏季配南方；冬季配北方；春季配东方，因为东方是日出的方向；秋季配西方，因为西方是日落的方向。阴阳家还认为，昼夜变化是四季变化的小型表现。从而，早晨是春季的小型表现，中午是夏季的小型表现，傍晚是秋季的小型表现，夜间是冬季的小型表现。

南方和夏季都热，因为热在南方、在夏季"火德盛"。北方和冬季都冷，因为在北方、在冬季"水德盛"，冰、雪都与水相连，都是冷的。同样地，"木德盛"于东方和春季，因为春季万木生长，而东方与春季相配。"金德盛"于西方和秋季，因为金与秋季都有肃杀的性质，而西方与秋季相配。这样，五行（五德）有四样都说到了，只剩下土德还没有确定方位和季节。可是《月令》说了，土是五行的中心，所以在方位上居于四方的中央，在季节上居于夏秋之交。

阴阳家试图用这样的宇宙论，既从时间又从空间解释自然现象，还进一步认为这些现象与人类行为密切联系。所以《月令》做出规定，天子应当按月做哪些事才符合名义。

《月令》告诉我们："孟春之月……东风解冻，蛰虫始振。……是月也，天气下降，地气上腾，天地和同，草木萌动。"人的行为必须与此协调一致，所以在此月，天子"命相布德和令，行庆施惠，下及兆民。……禁止伐木，毋覆巢。……是月也，不可以称兵，称兵必天殃。兵戎不起，不可从我始"。如果天子在每月不按适合本月的方式行动，就要造成异常的自然现象。例如，"孟春行夏令，则雨水不时，草木早落，国时有恐。行秋令，则其民大疫，猋风暴雨总至，藜莠蓬蒿并兴。行冬令，则水潦为败，雪霜大挚，首种不入"（《礼记·月令》）。

邹衍

公元前3世纪阴阳家的主要人物是邹衍。据司马迁《史记》，邹衍是齐国（今山东省中部）人，在孟子之后不久。他著书十余万言，都已经失传了。可是司马迁对于邹衍的学说做了颇详细的说明。

《史记》的《孟子荀卿列传》中说，邹衍的方法是"必先验小物，推而大之，至于无垠"。他的兴趣似乎集中在地理和历史方面。

关于地理，司马迁写道：邹衍"先列中国名山大川，通谷禽兽，水土所殖，物类所珍，因而推之及海外，人之所不能睹。……以为儒者所谓中国者，于天下乃八十一分居其一分耳。中国名曰赤县神州。……中国外如赤县神州者九，乃所谓九州也。于是有裨海环之，人民禽兽莫能相通者，如一区中者，乃为一州。如此者九，乃有大瀛海，环其外天地之际焉"（《史记·孟子荀卿列传》）。

关于邹衍的历史观点，司马迁写道：邹衍"先序今以上至黄帝，学者所共术，大并世盛衰，因载其禨祥度制，推而远之，至天地未生，窈冥不可考而原也"，"称引天地剖判以来，五德转移，治各有宜，而符应若兹"（《史记·孟子荀卿列传》）。

一套历史哲学

以上几行引文,表明邹衍建立了新的历史哲学,以五德转移解释历史变化。这个哲学的详细内容司马迁没有记载下来,可是《吕氏春秋》的《有始览·应同》讲了,不过这篇也没有提邹衍的名字。《应同》说:

> 凡帝王者之将兴也,天必先见祥乎下民。黄帝之时,天先见大螾、大蝼。黄帝曰:土气胜。土气胜,故其色尚黄,其事则土。
>
> 及禹之时,天先见草木秋冬不杀。禹曰:木气胜。木气胜,故其色尚青,其事则木。
>
> 及汤之时,天先见金刃生于水。汤曰:金气胜。金气胜,故其色尚白,其事则金。
>
> 及文王之时,天先见火,赤乌衔丹书集于周社。文王曰:火气胜。火气胜,故其色尚赤,其事则火。
>
> 代火者必将水。天且先见水气胜。水气胜,故其色尚黑,其事则水。水气至而不知,数备,将徙于土。

阴阳家认为,五行按一定顺序,相生相克。他们还认为,四季的顺序,与五行相生的顺序是一致的。木盛于春,木生火,火盛于夏;火生土,土盛于中央;土生金,金盛于秋;金生水,水盛于冬;水又生木,木盛于春。

从以上引文看来,朝代的顺序,也是和五行的自然顺序一致的。以土德王的黄帝,为以木德王的夏朝所克。以木德王的夏朝,为以金德王的商朝所克。以金德王的商朝,为以火德王的周朝所克。以火德王的周朝,将为以水德王的朝代所克。以水德王的朝代,又将为以土德王的朝代所克。如此完成了这个循环。

《吕氏春秋》所描述的还不过只是理论,不久之后,就在实际政治中产生效果。公元前221年,秦始皇帝统一中国,建立秦朝。他"推终始五德之传,以为周得火德,秦代周德,从所不胜,方今水德之始",其色尚黑,其事则水,将黄河改名"德水","以为水德之始。刚毅戾深,事皆决于法,刻削无仁恩和义,然后合五德之数"(《史记·秦始皇本纪》)。

正由于刻削少恩,秦朝为时不久,为汉朝取代。汉朝皇帝也相信,皇帝是承五德转移之运而王,但是汉朝究竟以何德而王,颇有争论。有人说,汉朝取代秦朝,因此是以土德王。但是也有人说,秦朝太残暴,太短促,不能算是合法的朝代,所以汉朝实际上是替代周朝。双方都有祥瑞支持,这些祥瑞都可以加以不同的解释。最后,在公元前104年,汉武帝决定正式宣布汉以土德王。即使如此,后来仍有意见分歧。

汉朝以后,人们不大注意这个问题了。但是一直到辛亥革命取消帝制为止,皇帝的正式头衔仍然是"奉天承运皇帝"。所谓"承运",就是承五德转移之运。

《易传》中的阴阳学说

五行学说解释了宇宙的结构,但是没有解释宇宙的起源。阴阳学说解释了宇宙起源。

"阳"字本是指日光，"阴"字本是指没有日光。到后来，阴、阳发展成为指两种宇宙势力或原理，也就是阴阳之道。阳代表阳性、主动、热、明、干、刚等，阴代表阴性、被动、冷、暗、湿、柔等。阴阳二道互相作用，产生宇宙的一切现象。这种思想，在中国人的宇宙起源论里直至近代依然盛行。早在《国语》(其成书可能晚至公元前4世纪、3世纪)里已经讲到阴阳之道。"幽王二年(公元前780)，西周三川皆震。伯阳父曰：……阳伏而不能出，阴迫而不能烝，于是有地震。"(《周语一》)

　　后来，阴阳就与《易经》从根本上结合起来。《易经》的"经"，基本成分是所谓"八卦"，每卦由三条连线或断线组成，即☰、☱、☲、☳、☴、☵、☶、☷；任取二卦组合起来，得六十四卦，即䷀、䷁、䷂，等等。《易经》的原文只包括六十四卦的卦辞和爻辞。

　　照传统的说法，八卦是伏羲所画。伏羲是中国传说中的第一个天子，比黄帝还早。有些学者说，是伏羲本人组合出六十四卦；另一些学者说，是公元前12世纪的文王组合出六十四卦。有些学者说，卦辞和爻辞都是文王写的；另一些学者说，卦辞是文王写的，爻辞是文王的杰出的儿子周公写的。这些说法无论是真是假，都是表明中国人赋予八卦和六十四卦以极端重要性。

　　现代学术界提出一个说法，认为八卦、六十四卦都是周初发明的，用以模拟龟甲、兽骨上占卜的裂纹，这是前朝的商朝(约公元前1766—约前1123)所用的占卜方法，本章开始就讲了。就是烧灼甲骨，出现裂纹，根据裂纹来断定所卜的吉凶。但是这样的裂纹，形状既不规则，数目也不一定，所以很难用固定的公式解释它们。这种占卜方法，到了西周，似乎已经辅之以另一种方法，就是揲蓍草的茎，形成各种组合，产生奇数、偶数。这些组合的数目有限，所以能够用固定的公式解释。人们现在相信，八卦和六十四卦的连线(表示奇数，阳爻)、断线(表示偶数，阴爻)就是这些组合的图像。占卜者用这种揲蓍的方法，得出各爻，然后对照《易经》读出它的卦辞爻辞，断定所卜的吉凶。

>>> 照传统的说法,八卦是伏羲所画。伏羲是中国传说中的第一个天子,比黄帝还早。有些学者说,是伏羲本人组合出六十四卦;另一些学者说,是公元前12世纪的文王组合出六十四卦。图为伏羲像。

这就可能是《易经》的起源，也解释了书名的"易"字，是"变易"之"易"，指各爻组合是变易的。但是后来给《易经》加上了许多辅助性的解释，有些是道德学的，有些是形上学的，有些是宇宙论的。这些解释到东周，甚至迟至西汉，才编集起来，称为"十翼"，都可以叫做"易传"。本章只讨论宇宙论方面的解释，其余的放在第十五章讨论。

除了阴阳的观念，还有一个重要的观念是数的观念。由于古人通常认为占卜是泄露天机的方法，又由于用蓍草占卜是根据不同的数的组合，所以难怪《易传》的无名作者倾向于相信天机在于数。照他们的说法，阳数奇，阴数偶。《易传》说："天一地二，天三地四，天五地六，天七地八，天九地十。天数五，地数五，五位相得而各有合。天数二十有五，地数三十，凡天地之数五十有五。此所以成变化而行鬼神也。"（《系辞传上》）

后来阴阳家试图用数把五行与阴阳联系起来。他们这样说："天之数，一，生水；地之数，六，成之。地之数，二，生火；天之数，七，成之。天之数，三，生木；地之数，八，成之。地之数，四，生金；天之数，九，成之。天之数，五，生土；地之数，十，成之。这样，一、二、三、四、五都是生五行之数，六、七、八、九、十都是成之之数。"（《礼记·月令》孟春之月"其数八"郑玄注，孔颖达疏）所以用这个说法，就解释了上面引用的"天数五，地数五，五位相得而各有合"这句话。这实在和古希腊毕达哥拉斯学说惊人的相似，照此说，希腊哲学讲的四大元素：火、水、地、气都是由数字间接地导出的。

可是在中国，这是比较晚出的学说，在《易传》里从未提到五行。《易传》以为，八卦每卦各象征着宇宙中一定的事物。《说卦传》中说："乾☰为天、为圜、为君、为父""坤☷为地、为母""震☳为雷""巽☴为木、为风""坎☵为水、为月""离☲为火、为日""兑☱为泽"。

各卦中的连线是阳的符号，断线是阴的符号。乾卦、坤卦分别纯粹由连线、断线组成，所以各是阳、阴的典范。其余六卦都假定是由乾、坤交合而生。这样，乾坤就是父母，而其他六卦在《易传》中常常说是乾坤的子女。

乾☰的第一爻（由下数起）与坤的第二、三爻结合，成为震☳，称为"长男"。坤☷的第一爻与乾的第二、三爻结合，成为巽☴，称为"长女"。乾的第二爻与坤的第一、三爻结合，成为坎☵，称为"中男"。坤的第二爻与乾的第一、三爻结合，成为离☲，称为"中女"。乾的第三爻与坤的第一、二爻结合，成为艮☶，称为"少男"。坤的第三爻与乾的第一、二爻结合，成为兑☱，称为"少女"。

乾坤结合而生其余六卦，这种过程，也就是阴阳结合而生天下万物这种过程的象征。阴阳结合而生万物，与男女结合而生生物，是相似的。由此可知，阳是男道，阴是女道。

《系辞传下》说："天地絪缊，万物化醇；男女构精，万物化生。"天地是阴阳的物质表现，乾坤是阴阳的象征表现。"乾道成男，坤道成女。乾知大始，坤作成物。"（《系辞传上》）阴阳生成万物的过程，与男女生成生物的过程完全相似。

原始中国人的宗教中，很可能想象有一个父神和母神，他们生出万物。可是在阴阳哲学中，用阴阳之道代替了或解释了这样的拟人的神。阴阳之道虽然也比作男女之道，但是已经被理解为完全不具人格的自然力了。

第十三章

儒家的现实主义派：荀子

先秦儒家三个最大的人物是孔子、孟子、荀子。荀子的生卒年代不详，可能是在公元前298年至前238年之间。

荀子名况，又号荀卿，赵国（今河北省、山西省南部）人。《史记》的《孟子荀卿列传》说他五十岁来到齐国，当时齐国稷下是很大的学术中心，他可能是稷下最后一位大思想家。《荀子》一书有三十二篇，其中很多是内容详细而逻辑严密的论文，可能是荀子亲笔所写的。

儒家之中，荀子思想是孟子思想的对立面。有人说孟子代表儒家的左翼，荀子代表儒家的右翼。这个说法尽管很有道理，但是概括得过分简单化了。孟子有左也有右：左就左在强调个人自由；右就右在重视超道德的价值，因而接近宗教。荀子有右也有左：右就右在强调社会控制；左就左在发挥了自然主义，因而直接反对任何宗教观念。

人的地位

荀子最著名的是他的性恶学说,这与孟子的性善学说直接相反。表面上看,似乎荀子低估了人,可是实际上恰好相反。荀子的哲学可以说是教养的哲学。他的总论点是,凡是善的、有价值的东西都是人努力的产物。价值来自文化,文化是人的创造。正是在这一点上,人在宇宙中与天、地有同等的重要性。正如荀子所说:"天有其时,地有其财,人有其治,夫是谓之能参。"(《荀子·天论》)

孟子说:"尽其心者,知其性也,知其性,则知天矣。"(《孟子·尽心上》)可见在孟子看来,圣人要成为圣人,必须"知天"。但是荀子则相反,认为:"唯圣人为不求知天。"(《天论》)

荀子认为,宇宙的三种势力:天、地、人,各有自己特殊的职责。"列星随旋,日月递照,四时代御,阴阳大化,风雨博施,万物各得其和以生。"(《天论》)这是天、地的职责。但是人的职责是,利用天、地提供的东西,以创造自己的文化。荀子说:"大天而思之,孰与物畜而制之!"(《天论》)又说:"故错(措)人而思天,则失万物之情。"(《天论》)照荀子的说法,如果忽视人所能做的一切,就会忘记人的职责,如果敢于"思天",就会冒充天履行天的职责。这就是"舍其所以参,而愿其所参,则惑矣"(《天论》)。

人性的学说

人性也必须加以教养,因为照荀子所说,凡是没有经过教养的东西不会是善的。荀子的论点是:"人之性,恶;其善者,伪也。"(《荀子·性恶》)伪,就是人为。照他看来,"性者,本始材朴也;伪者,文理隆盛也。无性则伪之无所加,无伪则性不能自美"(《荀子·礼论》)。

荀子的人性论虽然与孟子的刚好相反,可是他也同意:人人能够成为圣人。孟子说:"人皆可以为尧舜。"荀子也承认:"涂之人可以为禹。"(《荀子·性恶》)这种一致,使得有些人认为这两位儒家并无不同。事实上不然,尽管这一点表面上相同,本质上大不相同。

照孟子所说,仁、义、礼、智的"四端"是天生的,只要充分发展这"四端",人就成为圣人。但是照荀子所说,人不仅生来毫无善端,相反地倒是具有实际的恶端。在《性恶》中,荀子企图证明,人生来就有求利、求乐的欲望。但是他也肯定,除了恶端,人同时还有智能,可以使人向善。用他自己的话说:"涂之人也,皆有可以知仁、义、法、正之质,皆有可以能仁、义、法、正之具,然则其可以为禹,明矣。"(《性恶》)可见,孟子说"人皆可以为尧舜",是因为人本来是善的;荀子论证"涂之人可以为禹",是因为人本来是智的。

道德的起源

这就引起一个问题:既然如此,人在道德方面如何能善?因为,每个人如果生来就是恶的,那么道德又起源于什么呢?为了回答这个问题,荀子提出了两个方面的论证。

第一个方面,荀子指出,人们不可能没有某种社会组织而生活。这是因为,人们要生活得好些,有必要合作互助。荀子说:"百技所成,所以养一人也。而能不能兼技,人不能兼官,离居不相待则穷。"(《荀子·富国》)还因为,人们需要联合起来,才能制服其他动物。人"力不若牛,走不若马,而牛马为用,何也?曰:人能群,彼不能群也。……一则多力,多力则强,强则胜物"(《荀子·王制》)。

由于这两种原因,人们一定要有社会组织。为了有社会组织,人们需要行为的规则。这就是"礼"。儒家一般都重视礼,荀子则特别强调礼。讲到礼的起源,荀子说:"礼起于何也?曰:人生而有欲,欲而不得,则不能无求,求而无度量分界,则不能不争。争则乱,乱则穷。先王恶其乱也,故制礼义以分之,以养人之欲,给人之求,使欲必不穷乎物,物必不屈于欲,两者相持而长,是礼之所起也。"(《荀子·礼论》)

荀子还说:"欲恶同物,欲多而物寡,寡则必争矣。"(《荀子·富国》)荀子在此指出的,正是人类的根本烦恼之一。如果人们所欲与所恶不是同一物,比方说,有人喜欢征服人,有人也就喜欢被人征服,那么这两种人之间当然没有麻烦,可以十分和谐地一起生活。或是人人所欲之物极其充足,像可以自由呼吸的空气一样,当然也不会有麻烦。又或者人们可以孤立生活,各不相干,问题也会简单得多。可是世界并不是如此理想。人们必须一起生活，为了在一起生活而无争，各人在满足自己的欲望方面必须接受一定的限制。礼的功能就是确定这种限制。有礼，才有道德。遵礼而行就是道德，违礼而行就是不道德。

这是荀子所做的一个方面的论证，以解释道德上善的起源。这种论证完全是功利主义的，与墨子的论证很相似。

荀子还提出了另一方面的论证。他说："人之所以为人者，非特以其二足而无毛也，以其有辨也。夫禽兽有父子而无父子之亲，有牝牡而无男女之别。故人道莫不有辨，辨莫大于分，分莫大于礼。"（《荀子·非相》）

这里荀子指出了何为自然、何为人为的区别，也就是庄子所做的天与人的区别。禽兽有父子、有牝牡，这是自然。至于父子之亲、男女之别，则不是自然，而是社会关系，是人为和文化的产物。它不是自然的产物，而是精神的创造。人应当有社会关系和礼，因为只有它们才使人异于禽兽。从这个方面的论证看来，人要有道德，并不是因为人无法避开它，而是因为人应当具备它。这方面的论证又与孟子的论证更其相似。

在儒家学说中，礼是一个内容丰富的综合概念。它指礼节、礼仪，又指社会行为准则。但是在上述论证中，它还有第三种意义。在这种意义上，礼的功能就是调节。人要满足欲望，有礼予以调节。但是在礼节、礼仪的意义上，礼有另一种功能，就是使人文雅。在这种意义上，礼使人的情感雅化、净化。对于后者的解释，荀子也做出了重大的贡献。

礼、乐的学说

儒家以为,丧礼和祭礼(特别是祭祖宗)在礼中最为重要。丧礼、祭礼当时普遍流行,不免含有不少的迷信和神话。为了加以整顿,儒家对它们做出新的解释,注入新的观念,这见于《荀子》和《礼记》之中。

儒家经典中,有两部是专讲礼的。一部是《仪礼》,是当时所行的各种典礼程序实录。另一部是《礼记》,是儒家对这些典礼所做的解释。我相信,《礼记》各篇大多数是荀子门人写的。

人心有两方面:理智的,情感的。亲爱的人死了,理智上也知道死人就是死了,没有理由相信灵魂不灭。如果只按照理智的指示行动,也许就没有丧礼的需要。但是人心的情感方面,使人在亲人死了的时候,还希望死人能复活,希望有个灵魂会继续存在于另外一个世界。若按照这种幻想行事,就会以迷信为真实,否认理智的判断。

所以,知道的、希望的,二者不同。知识是重要的,可是也不能只靠知识生活,还需要情感的满足。在决定对死者的态度时,不能不考虑理智和情感这两个方面。照儒家解释的,丧祭之礼正好做到了这一点。我已经说过,这些礼本来含有不少迷信和神话。但是经过儒家的解释,这些方面都净化了,其中宗教成分都转化为诗。所以它们不再是宗教的了,而单纯是诗的了。

宗教、诗,二者都是人的幻想的表现。二者都是把想象和现实融合起来。所不同者,宗教是把它当作真的来说,而诗是把它当作假的来说。诗所说的不是真事,它自己也知道不是真事。所以它是自己欺骗自己,可却是自觉的自欺。它很不科学,可是并不反对科学。我们从诗中得到情感的满足而并不妨碍理智的进步。

照儒家所说，我们行丧祭之礼的时候，是在欺骗自己，而又不是真正的欺骗。《礼记》记孔子说："之死而致死之，不仁，而不可为也。之死而致生之，不智，而不可为也。"（《檀弓上》）这就是说，我们对待死者，不可以只按我们所知道的，或者只按我们所希望的去对待。应当采取中间的方式，既按所知道的，又按所希望的去对待。这种方式就是，对待死者，要像他还活着那样。

荀子在他的《礼论》中说："礼者，谨于治生死者也。生，人之始也；死，人之终也。终始俱善，人道毕矣。……夫厚其生而薄其死，是敬其有知而慢其无知也，是奸人之道而背叛之心也。……故死之为道也，一而不可得再复也，臣之所以致重其君，子之所致重其亲，于是尽矣。""丧礼者，以生者饰死者也，大象其生以送其死也。故如死如生，如亡如存，终始一也。……故丧礼者，无他焉，明死生之义，送以哀敬而终周藏也。"

《礼论》中还说："祭者，志意思慕之情也，忠信爱敬之至矣，礼节文貌之盛矣，苟非圣人，莫之能知也。圣人明知之，士君子安行之，官人以为守，百姓以成俗。其在君子，以为人道也；其在百姓，以为鬼事也。……事死如事生，事亡如事存，状乎无形影，然而成文。"照这样解释，丧礼、祭礼的意义都完全是诗的，而不是宗教的。

除了祭祖先的祭礼，还有其他各种祭礼。荀子用同一个观点对它们做了解释。《天论》有一段说："雩而雨，何也？曰：无何也，犹不雩而雨也。日月食而救之，天旱而雩，卜筮然后决大事，非以为得求也，以文之也。故君子以为文，而百姓以为神。以为文则吉，以为神则凶也。"

为求雨而祭祷，为做出重大决定而占卜，都不过是要表示我们的忧虑，如此而已。如果以为祭祷当真能够感动诸神，以为占卜当真能够预知未来，那就会产生迷信以及迷信的一切后果。

荀子还作了《乐论》，其中说："人不能不乐，乐则不能无形，形而不为道，则不能无乱。先王恶其乱也，故制《雅》《颂》之声以道之，使其声足以乐而不流,使其文足以辨而不諰,使其曲直、繁省、廉肉、节奏,足以感动人之善心,使夫邪污之气无由得接焉,是先王立乐之方也。"所以在荀子看来,音乐是道德教育的工具。这一直是儒家奉行的音乐观。

逻辑理论

《荀子》中有《正名》一篇。这是儒家学说中的一个老题目。"正名"是孔子提出来的,这一点在第四章讲过。孔子说:"君君,臣臣,父父,子子。"(《论语·颜渊》)孟子也说:"无父无君,是禽兽也。"(《孟子·滕文公下》)孔子、孟子只对伦理有兴趣,所以他们应用正名的范围也基本上限于伦理。可是荀子生活在名家繁荣的时代,因此他的正名学说既有伦理的兴趣,更有逻辑的兴趣。

在《正名》中,荀子首先叙述了他的知识论理论,它与后期墨家的相似。他写道:"所以知之在人者谓之知,知有所合谓之智。"就是说,人所有的认识能力叫做"知";认识能力与外物相合者叫做"智",即知识。认识能力有两个部分:一个部分是他所谓的"天官",例如耳目之官;另一个部分就是心。天官接受印象,心解释印象并予之以意义。荀子写道:"心有征知。征知,则缘耳而知声可也,缘目而知形可也。……五官簿之而不知,心征之而无说,则人莫不然谓之不知。"(《荀子·正名》)就是说,心将意义赋予印象。它将意义赋予印象,只有在

>>> 儒家以为,丧礼和祭礼在礼中最为重要。丧礼、祭礼当时普遍流行,不免含有不少的迷信和神话。为了加以整顿,儒家对它们做出新的解释,注入新的观念,这见于《荀子》和《礼记》之中。儒家经典中,有两部是专讲礼的,一部是《仪礼》,一部是《礼记》。荀子还作了《乐论》,其中说:"人不能不乐,乐则不能无形,形而不为道,则不能无乱。先王恶其乱也,故制《雅》《颂》之声以道之,使其声足以乐而不流,使其文足以辨而不諰,使其曲直、繁省、廉肉、节奏,足以感动人之善心,使夫邪污之气无由得接焉,是先王立乐之方也。"在荀子看来,音乐是道德教育的工具。这一直是儒家奉行的音乐观。图为汉代砖画。

这个时候，才可以凭耳朵知道声音，可以凭眼睛知道形状。五官虽能记录某物而不能辨别它，心试图辨别它若未能说出意义，在这个时候，人们还只好说是没有知识。

关于名的起源和功用，荀子说："制名以指实，上以明贵贱，下以辨同异。"（《荀子·正名》）就是说，名的起因部分是伦理的，部分是逻辑的。

至于名的逻辑功用。荀子说，名是给予事物的，"同则同之，异则异之。……知异实者之异名也。故使异实者莫不异名也，不可乱也，犹使同实者莫不同名也"（《荀子·正名》）。

关于名的逻辑分类，荀子进一步写道："万物虽众，时而欲遍举之，故谓之物。物也者，大共名也。推而共之，共则有共，至于无共然后止。有时而欲遍举之，故谓之鸟兽。鸟兽也者，大别名也。推而别之，别则有别，至于无别然后止。"（《荀子·正名》）荀子这样地区分名为两种：共名、别名。共名是我们推理的综合过程的产物，别名是分析过程的产物。

一切名都是人造的。名若是还在创立过程中，为什么这个实非要用这个名而不用别的名，这并无道理可讲。比方说，这种已经叫做"狗"的动物，如果当初不叫它"狗"，而叫它"猫"，也一样的行。但是，一定的名，一旦经过约定应用于一定的实，那就只能附属于这些实。正如荀子解释的："名无固宜，约之以命，约定俗成谓之宜。"（《荀子·正名》）

荀子还写道："若有王者起，必将有循于旧名，有作于新名。"（《荀子·正名》）所以创立新名，定其意义，是君主及其政府的职能。荀子说："故王者之制名，名定而实辨，道行而志通，则慎率民而一焉。故析辞擅作名以乱正名，使名疑惑，人多辨讼，则谓之大奸；其罪犹为符节、度量之罪也。"（《荀子·正名》）

论其他几家的谬误

荀子认为,名家和后期墨家的论证大都是以逻辑的诡辩术为基础,所以是谬误的。他把它们分为三类谬误。

第一类谬误,他叫做"惑于用名以乱名"。他把墨辩"杀盗非杀人也"归入此类。这是因为,照荀子的看法,是盗就蕴涵是人,因为在外延方面"人"的范畴包含"盗"的范畴。所以,说到"盗"的时候,就意味着说他同时也是"人"。

第二类谬误,他叫做"惑于用实以乱名"。他把"山渊平"归入此类,这句话是根据惠施的"山与泽平"改写的。实是具体的,个别的;而名是抽象的,一般的。谁若想以个别例外否认一般规律,结果就是用实以乱名。高山上的某一个渊,很可能真的与低地的某一个山一样高。但是不可以从这个例外的情况推论说,一切渊与一切山一样高。

第三类谬误,他叫做"惑于用名以乱实"。他把墨辩的"牛马非马"归入此类,这跟公孙龙的"白马非马"正是同类的。如果考察"牛马"这个名,它确实与"马"这个名不相等。可是在事实上,有些动物属于"牛马"一类,而作为实,的确是"马"。

于是荀子断言,出现这一切谬误,是由于"今圣王没"。若有圣王,他就会用政治权威统一人心,引导人们走上生活的正道,那就没有争辩的可能和必要了。

荀子在这里反映了他那个动乱的时代精神。那是一个人们渴望政治统一以结束动乱的时代。这样的统一,虽然事实上只是统一中国,可是在这些人看来,就等于是统一天下。

荀子的学生,有两个最著名:李斯、韩非。这二人都在中国历史上有重大影响。李斯后来做了秦始皇帝的丞相，始皇最后于公元前221年以武力统一了中国。这两位君臣一起致力于统一，不仅是政治的统一，也是思想的统一，这个运动的顶点就是公元前213年的"焚书坑儒"。另一位学生韩非，成为法家的领袖人物，为这次政治的、思想的统一提供了理论的辩护。法家思想将在下一章论述。

第十四章

韩非和法家

西周封建社会根据两条原则办事：一条是"礼"，一条是"刑"。礼是不成文法典，以褒贬来控制"君子"即贵族的行为。刑则不然，它只适用于"庶人"；或"小人"，即平民。这就是《礼记》中说的："礼不下庶人，刑不上大夫。"（《曲礼上》）

法家的社会背景

这样做，是可能的，因为中国封建社会的结构比较简单。天子、诸侯和大夫都是以血亲或姻亲互相联系着。在理论上，各国诸侯都是天子的臣，各国内的大夫又是各国诸侯的臣。但是在实际上，这些贵族长期以来都是从祖先那里继承其权力，他们逐渐觉得，这些权力并不是依靠忠君的理论取得的。因此，许多大国诸侯，尽管名义上归中央的周天子管辖，实际上是半独立的；各国之内，也有许多大夫之"家"是半独立的。因为都是亲属或亲戚，这些封建领主保持着社会的、外交的接触，如果有什么事情要处理，也都遵循他们不成文的"君子协定"。这就是说，他们是遵礼而行。

天子、诸侯高高在上，不直接与百姓打交道。这样的事情交给大夫们处理，每个大夫统治着自己领地内的百姓。大夫的领地通常都不大，人口也有限。所以贵族们统治他们的百姓，在很大程度上是以个人为基础。于是采用刑罚，以保证百姓服从。我们可以看出，在先秦封建社会，人的关系，无论尊卑，都是靠个人影响和个人接触来维持的。

周朝的后几百年，封建社会制度逐步解体，社会发生了深远的变化。君子和小人的社会区别不再是绝对的了。在孔子的时代，已经有一些贵族丧失土地和爵位，又有些平民凭着才能和运气，顺利地成为社会上、政治上的显要人物。社会各阶级原有的固定性，被打破了。随着时间的推移，通过侵略和征服，大国的领土越来越大了。为了进行战争，准备战争，这些国家需要一个强有力的政府，也就是权力高度集中的政府，其结果就是政府的机构和功能比以前越来越复杂了。

新的情况带来了新的问题。当时各国诸侯面临的都是这样的情况，自孔子以来诸子百家共同努力解决的就是这些问题。可是他们提出的解决方案，多是不够现实的，不能实行的。各国诸侯需要的不是对百姓行仁政的理想纲领，而是如何应付他们的政府所面临的新情况的现实方法。

当时有些人对现实的实际政治有深刻的理解。诸侯常常找这些人打主意，如果他们的建议行之有效，他们往往就成为诸侯相信的顾问，有时候竟成为首相。这样的顾问就是所谓的"法术之士"。

他们之所以称为法术之士，是因为他们提出了治理大国的法术。这些法术把权力高度集中于国君一人之手。他们鼓吹的这些法术就是愚人也能懂会用。照他们所说，国君根本不需要是圣人或超人。只要忠实地执行他们的法术，哪怕是仅有中人之资也能治国，并且治理得很好。还有些法术之士更进一步，将他们的法术理论化，做出理论的表述，于是构成了法家的思想。

由此可见，把法家思想与法律和审判联系起来，是错误的。用现代的术语说，法家所讲的是组织和领导的理论和方法。谁若想组织人民，充当领袖，谁就会发现法家的理论与实践仍然很有教益，很有用处，但是有一条，就是他一定要愿意走极权主义的路线。

韩非：法家的集大成者

这一章，以韩非代表法家的顶峰。韩非是韩国（今河南省西部）的公子。《史记》说他"与李斯俱事荀卿，斯自以为不如非"（《老子韩非列传》）。他擅长著书，著《韩非子》五十五篇。富于讽刺意味的是，秦国比别的任何国家都更彻底地实行了韩非的学说，可是他正是死在秦国的狱中，这是公元前233年的事。他死于老同学李斯的政治暗害。李斯在秦国做官，忌妒韩非在秦日益得宠。

韩非是法家最后的也是最大的理论家，在他以前，法家已经有三派，各有自己的思想路线。一派以慎到为首。慎到与孟子同时，他以"势"为政治和治术的最重要的因素。另一派以申不害（死于公元前337年）为首，申不害强调"术"是最重要的因素。再一派以商鞅（死于公元前338年）为首，商鞅又称商君，最重视"法"。"势"，指权力，权威；"法"，指法律，法制；"术"，指办事、用人的方法和艺术，也就是政治手腕。

韩非认为，这三者都是不可缺少的。他说："明主之行制也天，其用人也鬼。天则不非，鬼则不困。势行教严逆而不违……然后一行其法。"（《韩非子·八经》）明主像天，因为他依法行事，公正无私。明主又像鬼，因为他有用人之术，用了人，人还不知道是怎么用的。这是术的妙用。他还有权威、权力以加强其命令的力量，这是势的作用。这三者"不可一无，皆帝王之具也"（《韩非子·定法》）。

法家的历史哲学

中国人尊重过去的经验,这个传统也许是出自占压倒多数的农业人口的思想方式。农民固定在土地上,极少迁徙。他们耕种土地,根据季节变化,年复一年地重复这些变化。过去的经验足以指导他们的劳动,所以他们无论何时若要试用新的东西,总是首先回顾过去的经验,从中寻求先例。

这种心理状态,对于中国哲学影响很大。所以从孔子的时代起,多数哲学家都是诉诸古代权威,作为自己学说的根据。孔子的古代权威是周文王和周公。为了赛过孔子,墨子诉诸传说中的禹的权威,据说禹比文王、周公早一千多年。孟子更要胜过墨家,走得更远,回到尧舜时代,比禹还早。最后,道家为了取得自己的发言权,取消儒、墨的发言权,就诉诸伏羲、神农的权威,据说他们比尧舜还早若干世纪。

像这样朝后看,这些哲学家就创立了历史退化论。他们虽然分属各家,但是都同意这一点,就是人类黄金时代在过去,不在将来。自从黄金时代过去后,历史的运动一直是逐步退化的运动。因此,拯救人类,不在于创新,而在于复古。

法家是先秦最后的主要的一家,对于这种历史观,却是鲜明的例外。他们充分认识到时代变化的要求,又极其现实地看待这些要求。他们虽然也承认古人淳朴一些,在这个意义上有德一些,然而他们认为这是由于物质条件使然,不是由于任何天生的高尚道德。照韩非的说法是,古者"人民少而财有余,故民不争。……今人有五子不为多,子又有五子,大父未死而有二十五孙,是以人民众而货财寡,事力劳而供养薄,故民争"(《韩非子·五蠹》)。

由于这些全新的情况,出现了全新的问题,韩非认为,只有用全新的方案才能解决。只有愚人才看不出这个明显的事实。韩非用一个故事做比喻,说明这种愚蠢:"宋人有耕田者,田中有株,兔走,触株折颈而死。因释其耒而守株,冀复得兔。兔不可复得,而身为宋国笑。今欲以先王之政,治当世之民,皆守株之类也。""是以圣人不期修古,不法常可,论世之事,因为之备。"(《韩非子·五蠹》)

韩非之前的商君已经说过类似的话:"民道弊而所重易也;世事变而行道异也。"(《商君书·开塞》)

这种把历史看作变化过程的观点,在我们现代人看来,不过老生常谈。但是从它在当时反对了古代中国其他各家流行的学说看来,实在是一种革命的观点。

治国之道

为了适应新的政治形势,法家提出了新的治国之道,如上所述,他们自以为是立于不败之地的。照他们所说,第一个必要的步骤是立法。韩非写道:"法者,编著之图籍,设之于官府,而布之于百姓者也。"(《韩非子·难三》)通过这些法,告诉百姓,什么应该做,什么不应该做,法一经公布,君主就必须明察百姓的行为。因为他有势,可以惩罚违法的人,奖赏守法的人。这样办,就能够成功地统治百姓,不论有多少百姓都行。

关于这一点,韩非写道:"夫圣人之治国,不恃人之为吾善也,而用其不得为非也。恃人之为吾善也，境内不什数；用人不得为非，一国可使齐。为治者用众而舍寡，故不务德而务法。"(《韩非子·显学》)

君主就这样用法用势治民。他不需要有特殊才能和高尚道德，也不需要像儒家主张的那样，自己做出榜样，或是通过个人的影响来统治。

可以辩论的是，像这样的程序也并不真正是愚人就可以做到的，因为它需要有立法的才能和知识，还需要督察百姓的行为，而百姓又是很多的。对于这种反对意见，法家的回答是，君主不需要亲自做这一切事，他只要有术，即用人之术，就可以得到适当的人替他做。

术的概念，饶有哲学的兴趣。它也是固有的正名学说的一个方面。法家用术这个名词表示的正名学说是"循名而责实"(《韩非子·定法》)。

"实"，法家是指担任政府职务的人；"名"，是这些人的头衔。这些头衔指明，担任各职务的人应当合乎理想地做到什么事。所以"循名而责实"，就是责成担任一定职务的人，做到该职务应当合乎理想地做到的一切。君主的责任是，把某个特殊的名加于某个特殊的人，也就是把一定的职务授予一定的人。这个职务的功能，早已由法规定了，也由其名指明了。所以君主不需要，也不应该为他用什么方法完成任务操心；只要任务完成了，完成得好就行。任务完成得好，君主就奖赏他；否则惩罚他，如此而已。

这里或许要问，君主怎么知道哪个人最适合某个职务呢？法家的回答是，也是用术就能知道。韩非说："为人臣者陈而言，君以其言授之事，专以其事责其功。功当其事，事当其言，则赏；功不当其事，事不当其言，则罚。"(《韩非子·二柄》)照这样来处理几个实际的例子，只要君主赏罚严明，不称职的人就再也不敢任职了，即使送给他也不敢要。这样，一切不称职的人就都淘汰了，只剩下称职的人担任政府职务。

不过还有这个问题：君主怎么知道某个"实"是否真正符合他的"名"呢？法家的回答是，这是君王本人的责任，他若不能肯定，就用效果来检验。他若不能肯定他的厨子手艺是不是真正好，只要尝一尝他做的肴馔就解决了。不过他也不需要总是亲自检验效果,他可以派别人替他检验,这些检验的人又是"实",又严格地循其"名"以责之。

照法家如此说来,他们的治国之道真正是即使是愚人也能掌握。君主只需要把赏罚大权握在手里。这样进行统治,就是"无为而无不为"。

赏、罚,韩非叫做君主的"二柄"。二柄之所以有效,是由于人性趋利而避害。韩非说:"凡治天下,必因人情。人情者,有好恶,故赏罚可用。赏罚可用,则禁令可立而治道具矣。"(《韩非子·八经》)

韩非像他的老师荀子一样相信人性是恶的。但是他又与荀子不同,荀子强调人为,以之为变恶为善的手段,韩非则对此不感兴趣。在韩非和其他法家人物看来,正因为人性是人性的原样,法家的治道才有效。法家提出的治国之道,是建立在假设人性是人性的原样,即天然的恶这个前提下;而不是建立在假设人会变成人应该成为的样子,即人为的善这个前提下。

法家和道家

"无为而无不为。"无为是道家的观念,也是法家的观念。韩非和法家认为,君主必需具备一种大德,就是顺随无为的过程。他自己应当无为,让别人替他无不为。韩非说,君主应如"日月所照,四时所行,云布风动;不以智累心,不以私累己;寄治乱于法术,托是非于赏罚,属轻重于权衡"(《韩非子·大体》)。换言之,君主具有种种工具和机器，用来进行统治，有了这些就无为而无不为了。

道家与法家代表中国思想的两个极端。道家认为，人本来完全是天真的；法家认为，人本来完全是邪恶的。道家主张绝对的个人自由；法家主张绝对的社会控制。可是在无为的观念上，两个极端却遇合了。这就是说，它们在这里有某些共同之处。

法家的治道，也是后期道家所主张的，只是词句上稍有不同。《庄子》里有一段讲"用人群之道"。这一段既区分了有为与无为，还区分了"为天下用"与"用天下"。无为，是用天下之道；有为，是为天下用之道。君主存在的理由是统治全天下，所以他的功能和职责是自己无为，而命令别人替他为。换句话说，他的统治方法是以无为用天下。臣子的功能和职责，则是接受命令，遵命而为。换句话说，臣子的功用是以有为为天下用。这一段里说："上必无为而用天下，下必有为为天下用，此不易之道也。"（《庄子·天道》）

《庄子》这一段接着说："故古之王天下者，知虽落天地，不自虑也；辩虽雕万物，不自说也；能虽穷海内，不自为也。"君主一定要这样，因为他万一考虑某件事，这就意味着别的事他没有考虑，可是他的功能和职责是考虑他治下的"一切"事。所以解决的办法，只有让他不自虑、不自说、不自为，但是命令别人替他虑、替他说、替他为。用这种方法，他无为，而无不为。

至于君主"用天下"的详细程序，这一段里说："是故古之明大道者，先明天，而道德次之；道德已明，而仁义次之；仁义已明，而分守次之；分守已明，而形名次之；形名已明，而因任次之；因任已明，而原省次之；原省已明，而是非次之；是非已明，而赏罚次之；赏罚已明，而愚知处宜，贵贱履位，仁贤不肖袭情。……此之谓太平，治之至也。"

很清楚，这个程序的后部分正与法家相同。这一段还继续说："古之语大道者，五变而形名可举，九变而赏罚可言也。骤而语形名，不知其本也。骤而语赏罚，不知其始也。……骤而语形名赏罚，此有知治之具，非知治之道；可用于天下，不足以用天下；此之谓辩士，一曲之人也。"

从这里可以看出道家对法家的批评。法家的治道，需要君主公正无私。他一定惩罚应当受惩罚的人，即使这些人是他的亲友；他一定奖赏应当受奖赏的人，即使这些人是他的仇敌。只要他有一些时候不能这样做，他的整个统治机器就垮了。这样的要求是一个仅有中等智力的人远远不能胜任的，真正能实现这种要求的还只有圣人。

法家和儒家

儒家主张，治理百姓应当以礼以德，不应当以法以刑。他们坚持传统的治道，却不认识当初实行此道的环境已经变了。在这个方面，儒家是保守的。在另一方面，儒家同时又是革命的，在他们的观念里反映了时代的变化。传统上只按出身、财产划分的阶级区别，儒家不再坚持了。当然，孔子、孟子还继续讲君子与小人的区别。但是在他们看来，这种区别在于个人的道德水平，没有必要根据原来的阶级差别了。

本章一开始就指出，在早期的中国封建社会中，以礼治贵族，以刑治平民。所以，儒家要求不仅治贵族以礼，而且治平民也应当以礼而不以刑，这实际上是要求以更高的行为标准用之于平民。在这个意义上，儒家是革命的。

在法家思想里，也没有阶级的区别。在法律和君主面前人人平等。可是，法家不是把平民的行为标准提高到用礼的水平，而是把贵族的行为标准降到用刑的水平,以至于将礼抛弃,只靠赏罚,一视同仁。

儒家的观念是理想主义的,法家的观念是现实主义的。正由于这个缘故,所以在中国历史上,儒家总是指责法家卑鄙、粗野,法家总是指责儒家迂腐、空谈。

第十五章

儒家的形上学

第十二章说过，《易经》本来是一部占卜的书。到后来，儒家为它做出了宇宙论的、形上学的、伦理学的解释，构成了《易传》，附在现在通行的《易经》后面。

《易传》的宇宙论学说已经在第十二章讲到了，往后在第二十三章还要讲到。这一章我们只限于讲《易传》和《中庸》中的形上学、伦理学学说。

《中庸》是《礼记》的一篇。传统的说法是，《中庸》为孔子之孙子思所作，但是实际上它的大部分是较晚的著作。《易传》和《中庸》代表先秦儒家形上学发展的最后阶段。它们的形上学兴趣确实很大，所以公元3世纪、4世纪的新道家把《易》当作思辨哲学的三部主要经典之一，另外两部是《老子》《庄子》，合称"三玄"。梁武帝（公元502年至549年在位）本人是佛教徒，也为《中庸》作注。公元10世纪和11世纪佛教禅宗的和尚也作过这样的注，标志着新儒家的开端。

事物的原理

《易传》中最重要的形上学观念是"道"的观念，道家也如此。可是，《易传》的道与道家的道，完全不同。道家的道是无名，不可名。《易传》的道，不但是可名，而且严格地讲来，正是道，也只有道，才是可名。

为了区别这两个概念，不妨把道家的道加上引号，《易传》的道则不加。道家的"道"是统一的"一"，由此产生宇宙万物的生成和变化。《易传》的道则相反，是多样的，是宇宙万物各类分别遵循的原理。唯其如此，它们就很有点像西洋哲学中"共相"的概念。我们已经知道，公孙龙以"坚"为坚之类的共相，因为正是这个"坚"的共相使物质世界具体的物成为坚的。在《易传》的术语中，使坚物成为坚者可以称为坚之道。这个"坚之道"，可以与各个物体的坚分离，构成一个可名的形上学原理。

有许多这样的"道"，如君道、臣道、父道、子道。它们是君、臣、父、子所应该成为者。每一类的道各以一个名表示，每个人都应该合乎理想地依照这些不同的名来行动。我们在此看出了孔子的正名学说。这个学说当初在孔子那里只不过是伦理的学说，现在在《易传》里就变成又是形上学的学说了。

>>> 《易传》中最重要的形上学观念是"道"的观念,道家也如此。可是,《易传》的道与道家的道,完全不同。道家的道是无名,不可名。《易传》的道,不但是可名,而且严格地讲来,正是道,也只有道,才是可名。图为明代刘俊《隐士论道图》。

我们已经知道，《易》本来是占卜的书。用摆弄蓍草的方法得到某卦、某爻，再从《易》里查出它的卦辞、爻辞，据说可以知道所卜的吉凶。所以这些卦辞、爻辞可以应用于实际生活的各种不同的特殊情况。《易传》的作者们由这种程序而悟到公式。从这个观点来看《易》，他们认为卦辞、爻辞都是公式，每个公式代表一种或多种道，也就是一种或多种共相原理。全部六十四卦和三百八十四爻的卦辞、爻辞，因而被认为代表了宇宙中所有的道。

卦、爻，都被看作这些共相的道的图像。《易传》的《系辞传下》说："易者，象也。"这样的象，如符合逻辑中所谓的"变项"。变项的作用，是代替一类或若干类具体事物。一个事物，按某种条件归入某类，就可以代入含有某变项的公式；这就是说，它可以代入某卦、某爻的卦辞、爻辞，这些卦、爻都是象。这个公式代表着这类事物应该遵循的道。从占卜的观点看，遵之则吉，违之则凶。从道德的观点看，遵之则是，违之则非。

举例来说，六十四卦的第一卦：乾卦，据说是刚健之象；第二卦：坤卦，是柔顺之象。凡是满足刚健条件的事物，都可以代入有乾卦卦象出现的公式里；凡是满足柔顺条件的事物，都可以代入有坤卦卦象出现的公式里。因此，乾卦的卦辞、爻辞，被假定为代表宇宙一切刚健事物的道；坤卦的卦辞、爻辞，被假定为代表宇宙一切柔顺事物的道。

所以坤卦《象辞》说："先，迷失道；后，顺得常。"坤卦《文言》说："阴虽有美，含之以从王事，弗敢成也。地道也，妻道也，臣道也。地道无成，而代有终也。"

乾卦正好与坤卦相对，是天之象、夫之象、君之象。乾卦的卦辞、爻辞代表着天道、夫道、君道。

因此，谁若想知道如何为君、为夫，就应当查阅乾卦所讲的；谁若想知道如何为臣、为妻，就应当查阅坤卦所讲的。所以《系辞传上》说："引而伸之，触类而长之，天下之能事毕矣。"又说："夫易何为者也？

夫易开物成务，冒天下之道，如斯而已者也。"

《易纬·乾凿度》说："易一名而含三义，所谓易也，变易也，不易也。"（孔颖达《周易正义》卷首引）第一个意义是：容易、简单；第二个意义是：转化、改变；第三个意义是：不变。转化、改变是指宇宙的各个事物；简单和不变是指事物的道，或遵循的原理。事物变，而道不变。事物是复杂的，而道是容易和简单的。

万物生成的"道"

除了各类事物的道，还有万物作为整体的"道"。换句话说，除了特殊的多样的道，还有一般的、统一的万物生成变化所遵循的"道"。《系辞传上》说："一阴一阳之谓'道'。继之者善也，成之者性也。"这是生成万物的"道"，这样的生成是宇宙的最大成就。所以《系辞传下》说："天地之大德曰生。"

生了某物，必有能生此物者，又必有生此物所用之质料。前者是主动成分，后者是被动成分。前者是刚健的，是阳；后者是柔顺的，是阴。生成万物，需要二者合作。所以说："一阴一阳之谓'道'。"

每个事物在一个意义上是阳，在另一个意义上又是阴，这要根据它与其他事物的关系而定。例如，一个男人对于其妻是阳，对于其父又是阴。可是，生万物的形上学的阳只能是阳，生出每物的形上学的阴只能是阴。所以在"一阴一阳之谓'道'"这句讲形上学的话里，所讲的阴、阳都只有绝对意义。

值得注意的是，《易传》中讲的话有两套：一套是讲宇宙及其中的具体事物，另一套是讲《易》自身的抽象的象数系统。《系辞传上》说："易有太极，是生两仪；两仪生四象；四象生八卦。"这个说法后来虽然成为新儒家的形上学、宇宙论的基础，然而它说的并不是实际宇宙，而是《易》象的系统。可是照《易传》的说法，"易与天地准"（《系辞传上》），这些象和公式在宇宙中都有其准确的对应物。所以这两套讲法实际上可以互换。"一阴一阳之谓'道'"这句话固然是讲的宇宙，可是它可以与"易有太极，是生两仪"这句话互换。"道"等于"太极"，"阴""阳"相当于"两仪"。

《系辞传下》说："天地之大德曰生。"《系辞传上》说："生生之谓易。"这又是两套说法。前者指宇宙，后者指易。可是两者又是同时可以互换的。

万物变化的"道"

我们已经知道，易有一个意义是转化、改变，合称变化。《易传》强调：宇宙万物永远在变化过程中。泰卦九三爻辞说："无平不陂，无往不复。"《易传》认为这句话是万物变化的公式。这就是万物变化的"道"。

事物若要臻于完善，若要保住完善状态，它的运行就必须在恰当的地位、恰当的限度、恰当的时间。《易》的卦辞、爻辞，把这种恰当叫做"正""中"。关于"正"，家人卦《彖辞》说："女正位乎内，男正位乎外。男女正，天地之大义也。……父父，子子，兄兄，弟弟，夫夫，妇妇，而家道正。正家，而天下定矣。"

"中"的意义是既不太过，又不不及。人的自然倾向是太过。所以《易传》和《老子》都说太过是大恶。《老子》讲"反"（第四十章），讲"复"（第十六章）。《易传》也讲"复"。《易》有复卦，其《彖辞》说："复，其见天地之心乎。"

《易传》的《序卦传》运用"复"的概念，解释了六十四卦的顺序安排。《易》原来分为上经、下经。《序卦传》认为上经讲天道，下经讲人事。关于上经，它说："有天地，然后万物生焉。盈天地之间者唯万物。故受之以屯。屯者，盈也。"《序卦传》接着说明，如何上经中每一卦之后都是性质相反的一卦。

关于下经，它说："有天地，然后有万物。有万物，然后有男女。有男女，然后有夫妇。有夫妇，然后有父子。有父子，然后有君臣。有君臣，然后有上下。有上下，然后礼义有所错。"《序卦传》又接着说明，如何下经中每一卦之后都是性质相反的一卦。

第六十三卦是既济，既济是已经完成的意思。《序卦传》在此说："物不可穷也，故受之以未济，终焉。"

照这样解释，六十四卦的顺序安排至少有三点含义：（一）宇宙中的一切，包括自然界、人类社会，形成一个自然序列的连续链条；（二）在演变过程中，每个事物都包含自己的否定；（三）在演化过程中，"物不可穷也"。

《易传》和《老子》一样认为，要取得胜利，就一定要注意不要过分的胜利；要避免丧失某物，就一定要在此物中补充一些与它相反的东西。所以《系辞传下》说："危者，安其位者也。亡者，保其存者也。乱者，有其治者也。是故君子安而不忘危，存而不忘亡，治而不忘乱，是以身安而国家可保也。"

《易传》还和《老子》一样认为,谦卑是美德。谦卦《彖辞》说:"天道亏盈而益谦,地道变盈而流谦……人道恶盈而好谦。谦,尊而光,卑而不可逾:君子之终也。"

中、和

"中"的观念在《中庸》里充分发展。"中"很像亚里士多德的"黄金中道"的观念。有人可能把它理解为做事不要彻底,这就完全错了。"中"的真正含义是既不太过,又不不及。比方说由华盛顿去纽约,停在纽约为恰好,走过去停在波士顿为太过,没走到就停在费城为不及。公元前3世纪宋玉描写一位美女说:"增之一分则太长,减之一分则太短,著粉则太白,施朱则太赤。"(《登徒子好色赋》)这番描写是说她的身体、容颜恰到好处。"恰到好处"即儒家所谓的"中"。

时间,在"恰到好处"的观念中是个重要因素。冬天穿皮袄是恰好,夏天穿皮袄就不是了。所以儒家常常将"时"字与"中"字连用,如"时中"。孟子说孔子"可以仕则仕,可以止则止;可以久则久,可以速则速"(《孟子·公孙丑上》),所以"孔子,圣之时者也"(《孟子·万章下》)。

《中庸》说:"喜怒哀乐之未发,谓之中;发而皆中节,谓之和。中也者,天下之大本也;和也者,天下之达道也。致中和,天地位焉,万物育焉。"（第一章）情感完全没有发生的时候，心的活动就无所谓太过、不及，而恰到好处。这是中的一个例子。情感发生了，而无所乖戾，这也是中，因为和是中的结果，中是来调和那些搞不好就会不和的东西的。

以上是就情感说，所说的也适用于欲望。在个人行为和社会关系中，都有些适中之点，作为满足欲望和表现情感的恰当的限度。一个人、一切欲望和情感都满足和表达到恰当的限度，他的内部就达到和谐，在精神上很健康。一个社会也同样，其中各式各样的人的一切欲望和情感，都满足和表现到恰当的限度，这个社会的内部就达到和谐，安定而有秩序。

和是调和不同以达到和谐的统一。《左传·昭公二十年》记载晏子（？—公元前493）一段话，其中区分了"和"与"同"。他说："和，如羹焉。水、火、醯、醢、盐、梅，以烹鱼肉。"由这些作料产生了一种新的滋味，它既不只是醯（醋）的味，也不只是醢（酱）的味。另一方面，同"若以水济水""若琴瑟之专一"，没有产生任何新的东西。同与异是不相容的，和与异不是不相容的；相反，只有几种异合在一起形成统一时才有和。但是要达到和，合在一起的各种异都要按适当的比例，这就是中。所以中的作用是达到和。

一个组织得很好的社会，是一个和谐的统一，在其中具有各种才能、各种职业的人都有适当的位置，发挥适当的作用，人人都同样地感到满意，彼此没有冲突。《中庸》说："万物并育而不相害，道并行而不相悖……此天地之所以为大也。"（第三十章）

这种"和"，若不只是包括人类社会，而且弥漫全宇宙，就叫做"太和"。乾卦《彖辞》说："大哉乾元！……保合太和，乃利贞。"

庸、常

《中庸》说:"天命之谓性,率性之谓道,修道之谓教。道也者。不可须臾离也;可离,非道也。"(第一章)我们在此接触到"普通而平常"的重要性的思想,这是《中庸》的另一个重要概念。这个概念就是《中庸》的"庸"字,意思是普通或平常。

每个人都知道天天要吃、要喝。所以吃喝是人类普通而平常的活动。它们普通而平常,正由于它们重要,没有人能够没有它。人伦和道德也是如此。它们在有些人看来,简直普通而平常得没有价值。可是它们之所以如此,正由于它们重要,没有人能够离开它。吃饭、喝水、维护人伦、实行道德,都是"率性",即遵循天性。这不是别的,就是"道"。所谓"教"不过就是"修道"。

既然"道"是人不可离的,事实上也没有离的,为什么还需要修道,需要教呢?回答是这样:虽然所有人实际在某种程度上都遵循"道",但是并不是所有人都充分觉悟到事实是如此。《中庸》说:"人莫不饮食也,鲜能知味也。"(第四章)教的作用,就是使人们了解他们都在不同程度地实际遵循"道",使他们对于自己正在做的觉悟起来。

还有一层,虽然所有人由于实际需要不得不在某种程度上遵循"道",但是并不是所有人都能完全地遵循之。所以固然没有人能够完全不顾人伦而在社会中生活,可是同时也只有极少数的人能够完全符合这些人伦提出的条件。教的作用,就是使人把事实上已经不同程度地在做的事,做完全。

所以《中庸》说:"君子之道,费而隐。夫妇之愚,可以与知焉。及其至也,虽圣人亦有所不知焉。夫妇之不肖,可以能行焉。及其至也,

>>> 每个人都知道天天要吃、要喝。所以吃喝是人类普通而平常的活动。它们普通而平常，正由于它们重要，没有人能够没有它。图为清代金廷标（款）《农耕图》。

虽圣人亦有所不能焉。……君子之道,造端乎夫妇,及其至也,察乎天地。"(第十二章)所有的人,即使有的愚而不肖,都在某种程度上遵循"道",虽然如此,教仍然需要,才能使人觉悟而完全,也就是明而诚。

明、诚

在《中庸》里,诚和明是连在一起的。《中庸》说:"自诚明,谓之性。自明诚,谓之教。诚则明矣,明则诚矣。"(第二十一章)这就是说,一个人若是明白了日常生活中普通而平常的活动的一切意义,诸如饮食人伦的意义,他就已经是圣人。一个人若是把他所明白的完全做到了,他也是圣人。如果做不到,也就不可能完全明白其意义。如果不完全明白其意义,也就不可能完全做到。

《中庸》还说:"诚者,非自成己而已也,所以成物也。成己,仁也;成物,知也。性之德也,合内外之道也。"(第二十五章)这段话的意义很清楚,我倒是怀疑,"仁"字、"知"字是不是该互换一下。

《中庸》又说:"唯天下至诚,为能尽其性。能尽其性,则能尽人之性。能尽人之性,则能尽物之性。能尽物之性,则可以赞天地之化育。可以赞天地之化育,则可以与天地参矣。"(第二十二章)

成己的同时,一定要看到还要成人。不管成人,也就不能成己。这是因为,只有通过人伦,即在社会领域内,才能尽其性。这就回到孔子、孟子的传统了,就是为了成己,必须行忠、恕,即行仁,这就包含着助人。成己，就是尽其性，即尽其受之于天者；助人，就是赞天地之化育。完全明白了这些意义，就可以与天地参。完全明白了意义，就是《中庸》所说的明；如此与天地参，就是它所说的诚。

为了达到与天地参，是不是需要做非常的事呢？不需要。仅只需要做普通而平常的事，做得恰到好处，而且明白其全部意义。这样做，就可以达到合内外，这不仅是人与天地参，而且是人与天地合一。用这种方法可以达到出世，而同时仍然入世。后来的新儒家发展了这个思想，并且就是用这个思想攻击佛教的出世哲学。

这就是儒家的方法，这种方法把人的精神提高到同天的境界。它与道家的方法不同，道家的方法是通过否定知识，把人的精神提高到超脱人世间的"彼""此"分别。儒家的方法不是这样，它是通过推广仁爱，把人的精神提高到超脱寻常的人我和物我分别。

第十六章

世界政治和世界哲学

有句话说:"历史决不会重演。"又有句话说:"日光之下无新事。"这两句话结合起来也许含有全面的真理。从中国的观点看,在国际政治的范围内,当代的世界史以及近几百年的世界史就像重演春秋战国时代的中国史。

秦统一前的政治状况

春秋时代（公元前722—前481）是由《春秋》所包括的年代而得名。战国时代是由当时各国战争激烈而得名。我们已经知道，封建时代人的行为受礼的约束。其实，礼不仅约束个人行为，而且约束各国行为。有些礼适用于和平时期，有些礼适用于战争时期。一个国家在对外关系中遵循的平时和战时的礼，等于我们现在所谓的"国际法"。

我们看到，在现代"国际法"越来越无效。近年来，已经有许多实例：一国进攻别国而事前不发最后通牒，不宣战。一国的飞机轰炸别国的医院，却装作没有看见红十字。在春秋战国时代，我们也看到相似的"国际法"无效的局面，这就是礼的衰微。

春秋时代，还有人尊重国际的礼。《左传》记载了公元前638年宋国与楚国的"泓水之战"。古板的宋襄公亲自指挥宋军。在楚军正在渡河的时候，又在楚军渡了河还未排列成阵的时候，宋军司令官两次请求襄公下令攻击，襄公都说"不可"，还说不攻击不成阵势的队伍。结果宋军惨败，襄公本人也受伤。尽管如此，襄公仍然辩护他原来的决定，还说"君子不重伤，不禽二毛"。宋军司令官恼怒地说："若爱重伤，则如勿伤；爱其二毛，则如服焉！"（《左传·僖公二十二年》）宋襄

>>> 秦国以其"耕战"优势,又在六国内广泛运用"第五纵队"战术,经过一系列的血战,一个一个地胜利地征服了六国,最后于公元前221年统一了全中国。图为当代卢雨《秦王扫六合》。

公所说的符合传统的礼，代表封建武士的骑士精神；宋国司令官所说的代表动乱年代的实际。

今天各国政治家用来维持国际和平的方法，与春秋战国时各国政治家试用过而未成功的方法，何其相似。注意到这一点是有趣的，也是令人丧气的。例如，公元前551年在宋国召开过十四国"弭兵"会议（见《左传·襄公二十七年》）。后来，将当时的"天下"划分为两个"势力范围"，东方归齐国控制，西方归秦国控制。公元前288年齐王为东帝，秦王为西帝（见《史记·田敬仲完世家》）。各国之间也有各种联盟。战国时代，联盟归结为两大类型：由北而南的"纵"，由西而东的"横"。当时有七个主要国家，其中的秦国最富于侵略性。纵的联盟是六国对付秦国的，由于秦国在最西，六国分布在东，由北而南，故名"合纵"。横的联盟是秦国与六国中的一国或数国结成以进攻其余国家的，所以是由西而东地扩张，故名"连横"。

秦国的政策是"远交近攻"。用这种方法它总是终于破坏了反秦的合纵而获胜。秦国以其"耕战"优势，又在六国内广泛运用"第五纵队"战术，经过一系列的血战，一个一个地胜利地征服了六国，最后于公元前221年统一了全中国。于是秦王自定尊号为"秦始皇帝"，以此名垂于青史。同时他废除了封建制度，从而在历史上第一次创建了中央集权的中华王朝，号称"秦朝"。

中国的统一

中国的实际统一虽然是到秦始皇才实现,可是这种统一的愿望全国人民早就有了。《孟子》记载:梁惠王问孟子:"天下恶乎定?"孟子回答说:"定于一。"王又问:"孰能一之?"孟子回答说:"不嗜杀人者能一之。"(《梁惠王上》)"一"就是"统一"。这段对话清楚地表现了时代的愿望。

这里用world(世界)翻译中文的"天下","天下"的字面意义是"普天之下"。有些人将"天下"译为empire(帝国),因为他们认为,古代中国人称之为"天下"者,只限于中国封建诸国的范围。这完全属实。但是我们不可以把一个名词的内涵,与某个时代的人们所了解的这个名词的外延,混淆起来。就外延说,它限于当时的人所掌握的对事实的知识;就内涵说,它是个定义的问题。举例来说,古代汉语的"人"字,当时所指的实际是限于中国血统的人,可是并不能因此就在把它译成现代汉语时译作"中国人"。古代中国人说"人"意思确实是想说人类,不过当时对人类的了解只限于在中国的人。同样的道理,古代中国人说"天下",意思是想说"世界",不过当时对世界的了解还没有超出中国的范围。

从孔子时代起,一般的中国人,特别是中国政治思想家,就开始考虑世界范围内的政治问题。所以秦朝的统一中国,在当时人的心目中,就好像是今天在我们心目中的统一全世界。秦朝统一以后的两千多年,中国人一直在一个天下、一个政府之下生活,只有若干短暂的时期是例外,大家都认为这些例外不是正常情况。因此中国人已经习惯于有一个中央集权的机构,保持天下太平,即世界和平。但是近几十年来,中国又被拖进一个世界,其国际政治局面,与遥远的春秋战国时代的局面相似。在这个过程中,中国人已经被迫改变其思想和行动的习惯。在中国人的眼里,这一方面又是历史的重演,造成了现在的深重的苦难(参看本章末的注)。

《大学》

作为中国哲学的国际性的例证,我们现在举出《大学》的某些观念。《大学》和《中庸》一样,也是《礼记》中的一篇。到了宋朝(960—1279),新儒家把《大学》《中庸》和《论语》《孟子》放在一起,称为"四书",作为新儒家哲学的基本经典。

新儒家说《大学》是曾子所作,曾子是孔子的得到真传的学生。不过说它是曾子所作,并没有实际证据。新儒家认为《大学》是道学的重要的入门书。它的第一章说:

> 大学之道,在明明德,在亲民,在止于至善。……古之欲明明德于天下者,先治其国;欲治其国者,先齐其家;欲齐其家者,先修其身;欲修其身者,先正其心;欲正其心者,先诚其意;欲诚其意者,先致其知;致知在格物。
>
> 物格而后知至,知至而后意诚,意诚而后心正,心正而后身修,身修而后家齐,家齐而后国治,国治而后天下平。

这些话又叫做《大学》的"三纲领""八条目"。照后来的儒家说，三纲领实际上只是一纲领，就是"明明德"。"亲民"是"明明德"的方法，"止于至善"是"明明德"的最后完成。

同样，八条目实际上只是一条目，就是"修身"。格物、致知、诚意、正心这些步骤，都是修身的道路和手段。至于齐家、治国、平天下这些步骤，则是修身达到最后完成的道路和手段。所谓达到最后完成，就是"止于至善"。人只有在社会中尽伦尽职，才能够尽其性，至于完成。如果不同时成人，也就不可能成己。

"明明德"与"修身"是一回事，前者是后者的内容。于是几个观念归结成一个观念，这是儒家学说的中心。

一个人并不一定要当了国家或天下的元首，然后才能做治国、平天下的事。他仅仅需要作为国家一分子，为国尽力而为；作为天下一分子，为天下尽力而为。只要这样，他就是尽到了治国、平天下的全部责任。他如此诚实地尽力而为，他就是"止于至善"了。

按本章的要求，只要指出《大学》的作者是为世界政治和世界和平着想，也就够了。他并不是第一个为此着想的人，但是很有意义的是，他竟做得如此的有系统。在他看来，光是治好自己本国，并不是为政的最后目的，也不是修身的最后目的。

也不必在这里讨论，格物怎么能够成为修身的道路和手段。这个问题到以后讲新儒家的时候再来讨论。

《荀子》的折中趋势

在中国哲学的领域里，在公元前3世纪后半叶有一个强大的调和折中的趋势。杂家的主要著作《吕氏春秋》就是这时候编著的。但是这部著作虽然把其时的各家大都涉及了，偏偏没有对于折中主义自己的观念予以理论的根据。可是儒家、道家的著作家都提出了这样的理论，它表明两家尽管各有不同之处，然而都反映了那个时代的折中精神。

这些著作家都同意有一个唯一的、绝对的真理，名叫"道"。各家大都有所见于"道"的某一方面，在这个意义上对于"道"的阐明都有所贡献。可是儒家的著作家主张，唯有孔子见到了全部真理，所以其他各家都在儒家之下，虽然在某种意义上也是儒家的补充。道家的著作家则相反，主张只有老子、庄子见到了全部真理，因而道家应当在其他各家之上。

《荀子》有一篇题为《解蔽》，其中说：

> 昔宾孟之蔽者，乱家是也。墨子蔽于用而不知文，宋子蔽于欲而不知得，慎子蔽于法而不知贤，申子蔽于势而不知知，惠子蔽于辞而不知实，庄子蔽于天而不知人。
>
> 故由用谓之，道尽利矣；由欲谓之，道尽慊矣；由法谓之，道尽数矣；由势谓之，道尽便矣；由辞谓之，道尽论矣；由天谓之，道尽因矣；此数具者，皆道之一隅也。
>
> 夫道者，体常而尽变，一隅不足以举之。曲知之人，观于道之一隅而未之能识也。……孔子仁知且不蔽，故学乱术足以为先王者也。

荀子又在《天论》中说："慎子有见于后，无见于先；老子有见于诎，无见于信；墨子有见于齐，无见于畸；宋子有见于少，无见于多。"照荀子的看法，哲学家的"见"和"蔽"是连在一起的。他有所见，可是常常同时为其见所蔽。因而他的哲学的优点同时是它的缺点。

《庄子》的折中趋势

《庄子》最后一篇《天下》的作者，提出了道家的折中观点。这一篇实际上是先秦哲学的总结。我们不能肯定这位作者是谁，这并不妨碍他真正是先秦哲学的、最好的历史学家和批评家。

这一篇首先区分全部真理和部分真理。全部真理就是"内圣外王之道"，对于它的研究称为"道术"；部分真理是全部真理的某一方面，对于它的研究称为"方术"。这一篇说："天下之治方术者多矣，皆以其有为不可加矣。古之所谓道术者，果恶乎在？……圣有所生，王有所成，皆原于一。"

这个"一"就是"内圣外王之道"。这一篇继续在"道"内区分本、末、精、粗。它说："古之人其备乎！……明于本数，系于末度，六通四辟，小大精粗，其运无乎不在。其明而在数度者，旧法世传之史，尚多有之。其在于《诗》《书》《礼》《乐》者，邹鲁之士，缙绅先生，多能明之。《诗》以道志，《书》以道事，《礼》以道行，《乐》以道和，《易》以道阴阳，《春秋》以道名分。"

因此《天下》以为儒家与"道"有某些联系。但是儒家所知的限于"数度",而不知所含的原理。这就是说,儒家只知道"道"的粗的方面和细枝末节,而不知其精,不知其本。

《天下》继续说:"天下大乱,贤圣不明,道德不一。天下多得一,察焉以自好,譬如耳目鼻口,皆有所明,不能相通。犹百家众技也,皆有所长,时有所用。虽然,不该不遍,一曲之士也。……是故内圣外王之道,暗而不明,郁而不发。"

《天下》接着做出了各家的分类,肯定每一家都对于"道"的某一方面有所"闻",但是同时尖锐地批评了这一家的缺点。老子和庄子都受到高度的赞扬。可是很值得注意的是,这两位道家领袖的道术,也和别家一样,被说成"古之道术有在于是者",也只是"道术"的一方面。这是含蓄的批评。

由此看来,《天下》的含意似乎是说,儒家知道具体的"数度",而不知所含的原理;道家知道原理,而不知数度。换句话说,儒家知道"道"之末,而不知其本;道家知其本,而不知其末。只有两家的结合才是全部真理。

司马谈、刘歆的折中主义

这种折中的趋势一直持续到汉朝。《淮南子》又名《淮南王书》,与《吕氏春秋》一样具有折中性质,只是更倾向于道家。除了《淮南子》,

还有两位历史学家司马谈和刘歆（本书第三章曾提到他们），也表现出折中的趋势。司马谈是一位道家，他的《论六家要旨》说："《易大传》：'天下一致而百虑，同归而殊涂。'夫阴阳、儒、墨、名、法、道德，此务为治者也，直所从言之异路，有省不省耳。"（《史记·太史公自序》）他往下指出了六家的优点和缺点，但是结论以为道家兼采了各家的一切精华，因此居于各家之上。

刘歆则不同，是一位儒家。他的《七略》，基本上保存在《汉书·艺文志》里。他论列了十家之后，写了一段结论，其中也引用了司马谈引过的《易大传》的那句话，然后接着说："今异家者各推所长，穷知究虑，以明其指。虽有蔽短，合其要归，亦六经之支与流裔。……若能修六艺之术，而观此九家（十家中略去小说家）之言，舍短取长，则可以通万方之略矣。"（《汉书·艺文志》）

这一切说法反映了，甚至在思想领域里也存在着强烈的统一愿望。公元前3世纪的人，苦于长期战祸，渴望政治统一；他们的哲学家也就试图实现思想统一。折中主义是初步尝试，可是折中主义本身不可能建立一个统一的系统。折中主义者相信有全部真理，希望用选取各家优点的办法得到这个真理，也就是"道"。可是他们由此而得的"道"，只怕也只是许多根本不同的成分凑成的大杂烩，没有任何有机联系和一贯原则，所以与他们所加的崇高称号"道"，完全不配。

【注】 关于中国人的民族观念

对于"中国的统一"这一节末段的论断，布德博士提出怀疑。他写道："六朝（公元3世纪至6世纪）、元朝（1280—1367）、清朝（1644—1911），实际上为时之久，足以使中国人在思想上对于分裂或异族统治感到司空见惯，尽管这种局面从理论上讲也许不是'正统'。况且即使在'正统'的统一时期，也还是常有怀柔或征服一系列的外族，如匈奴等，以及镇压国内叛乱的事。所以我不认为目前的内忧外患是中国人在春秋战国以后所不熟悉的局面，当然目前的忧患的确具有世界规模，其后果更加严重。"

布德博士所提到的历史事实无疑都是对的，不过我在这一节所要讲的不是历史事实本身，而是中国人直到19世纪，甚至20世纪初，对于这些历史事实的感受。强调元朝、清朝是外来的统治，这一点是用现代的民族主义眼光提出来的。从先秦以来，中国人鲜明地区分"中国"或"华夏"，与"夷狄"，这当然是事实，但是这种区分是从文化上来强调的，不是从种族上来强调的。中国人历来的传统看法是，有三种生灵：华夏、夷狄、禽兽。华夏当然最开化，其次是夷狄，禽兽则完全未开化。

蒙古人和满人征服了中国的时候，他们早已在很大程度上接受了中国文化。他们在政治上统治中国，中国在文化上统治他们。中国人最关切的是中国文化和文明的继续和统一，而蒙古人和满人并未使之明显中断或改变。所以在传统上，中国人认为，元代和清朝，只不过是中国历史上前后相继的许多朝代之中的两个朝代而已。这一点可以从官修的各朝历史看出来。例如，明朝在一定意义上代表着反元的民族革命，可是明朝官修的《元史》，把元朝看作继承纯是中国人的宋朝正统的朝代。同样，在黄宗羲（1610—1695）编著的《宋元学案》中，并没有从道德上訾议诸如许衡（1209—1281）、吴澄（1249—1333）这些学者，他们虽是汉人，却在元朝做了高官，而黄宗羲本人则是最有民族气节的反满的学者之一。

民国也有一部官修的《清史稿》，把清朝看作继承明朝正统的朝代。它对于有关辛亥革命的一些事件的处理，民国政府认为不妥，把它禁了。如果再有一部官修的新《清史》，写法就可能完全不同。可是我在此要讲的，是传统的观点。就传统的观点而论，元朝、清朝正如其他朝代一样，都是"正统"。人们或许说中国人缺乏民族主义，但是我认为这正是要害。中国人缺乏民族主义是因为他们惯于从天下即世界的范围看问题。

中国人历来不得不同匈奴等非华夏人搏斗，对于这件事，中国人历来觉得，他们有时候不得不同夷狄搏斗，正如有时候不得不同禽兽搏斗。他们觉得，像匈奴那些人不配同中国分享天下，正如美国人觉得红印第安人不配同他们分享美洲。

由于中国人不大强调种族区别，结果就造成公元3世纪、4世纪期间允许各种外族自由移入中国。这种移入现在叫做"向内殖民"，是六朝政治动乱的一个主要原因。

佛教的输入似乎使许多中国人认识到除了中国人也还另外有文明人存在，不过在传统上对印度有两种看法。反对佛教的中国人相信印度人不过是另一种夷狄。信仰佛教的中国人则认为印度是"西方净土"。他们对印度的称赞，是作为超世间的世界来称赞。所以佛教的输入，尽管对中国人的生活产生巨大影响，也并没有改变中国人自以为是人间唯一的文明人的信念。

由于有这些看法，所以中国人在16世纪、17世纪开始与欧洲人接触时，就认为他们也是与以前的夷狄一样的夷狄，称他们为夷。因此中国人并不感到多大的不安，即使在交战中吃了败仗也是如此。可是一发现欧洲人具有的文明虽与中国的不同，然而程度相等，这就开始不安了。情况的新奇之处不在于存在着不同于中国人的人群，而在于存在着不同于中国文明的文明，而已有相等的力量和重要性。中国历史上只有春秋战国时期有与此相似的情况，当时的各国虽不相同，但是文明程度相等，互相攻战。中国人现在感觉到是历史重演，原因就在此。

如果读一读19世纪的大臣如曾国藩（1811—1872）、李鸿章（1823—1901）的文章，更能够证实他们对于西方冲击的感受的确如此。这个注试图说明他们如此感受的原因。

第十七章

将汉帝国理论化的哲学家：董仲舒

孟子说过，不喜欢杀人的人能够统一天下（见《孟子·梁惠王上》）。他似乎说错了，因为数百年后，正是秦国统一了全中国。秦国在"耕""战"两方面，也就是经济上、军事上，都超过其他诸侯国。当时秦国是出名的"虎狼之国"。它全靠武力，又加上法家残忍的意识形态，胜利地征服了一切敌国。

阴阳家和儒家的混合

不过孟子也没有完全说错,因为秦朝于公元前221年建立之后,只存在了大约十五年。始皇帝死后不久,发生一系列的造反,反抗暴秦统治,帝国崩溃了,取而代之的是汉朝(公元前206年至公元220年)。汉朝继承秦朝政治统一的思想,继续秦朝未竟的事业,就是建立政治与社会的新秩序。

董仲舒(约公元前179—约前104),就是按照这样的意图进行理论化的大理论家。他是广川(今河北省南部)人。汉朝"罢黜百家、独尊儒术",他在其中起了很大作用。为了儒家的正统而创建基本制度,他也起了重要作用:著名的考试制度,就是从他的时代开始形成的。在这个制度下,进入仕途的各级政府官员就不靠出身高贵,不靠财富,而靠通过一系列定期考试。这些考试由政府主持,在全国同时举行,对于社会的所有成员都敞开大门,只有极少数人除外。当然,这些考试在汉朝仍是雏形,在数百年后才真正普遍实行。这个制度是董仲舒第一个发起的,更有意义的是他主张以儒家经典作为这些考试的基础。

据说董仲舒专精学业,曾经"三年不窥园",结果写出了巨著《春秋繁露》。又说他"下帷讲诵,弟子传以久次相授业,或莫见其面",

>>> 汉朝继承秦朝政治统一的思想,继续秦朝未竟的事业就是建立政治与社会的新秩序。董仲舒就是按照这样的意图进行理论化的大理论家,汉朝"罢黜百家、独尊儒术",他在其中起了很大作用。图为当代张国琳《汉代太学与独尊儒术》。

就是说，新学生只从老学生受业，不一定亲自见到他。（见《汉书·董仲舒传》）

董仲舒所要做的就是为当时政治、社会新秩序提供理论根据。照他的说法，由于人是天的一部分，所以人行为的根据，一定要在天的行为中寻找。他采用了阴阳家的思想，认为天与人之间存在密切联系。从这个前提出发，他把主要来源于阴阳家的形上学的根据，与主要是儒家的政治、社会哲学结合起来。

汉语的"天"字，有时译为 Heaven（主宰之天），有时译为 Nature（自然之天）。然而这两种译法都不十分确切，在董仲舒哲学中尤其如此。我的同事金岳霖教授曾说："我们若将'天'既解为自然之天，又解为主宰自然的上帝之天，时而强调这个解释，时而强调另一个解释，这样我们也许就接近了这个中国名词的几分真话。"（未刊稿）这个说法对某些情况似不适合，例如就不适合老子、庄子，但是完全适合董仲舒。在本章之内出现"天"字时，请读者想起金教授这段话，作为董仲舒哲学中"天"字的定义。

我在第十二章指出过，先秦思想有两条不同的路线：阴阳的路线，五行的路线。他们各自对宇宙的结构和起源做出了积极的解释。可是这两条路线后来混合了，在董仲舒那里这种混合特别明显。所以在他的哲学中既看到阴阳学说，又看到五行学说。

宇宙发生论的学说

据董仲舒说,宇宙由十种成分组成:天、地、阴、阳,五行的木、火、土、金、水,最后是人(见《春秋繁露·天地阴阳》,以下只注篇名)。他的阴阳观念很具体,他说:"天地之间,有阴阳之气,常渐人者,若水常渐鱼也。所以异于水者,可见与不可见耳。"(《如天之为》)

董仲舒所定的五行顺序,与《洪范》所定的(见本书第十二章)不同。他定的顺序是:第一是木、第二是火、第三是土、第四是金、第五是水(《五行之义》)。五行"比相生而间相胜"(《五行相生》)。木生火,火生土,土生金,金生水,水生木(《五行之义》),这是"比相生"。木胜土,土胜水,水胜火,火胜金,金胜木(《五行相胜》),这是"间相胜"。

董仲舒和阴阳家一样,以木、火、金、水各主管四季的一季,四方的一方。木主管东方和春季,火主管南方和夏季,金主管西方和秋季,水主管北方和冬季。土主管中央并且扶助木、火、金、水。四时变换用阴阳运行来解释(《五行之义》)。

阴阳的盛衰遵循固定的轨道,轨道是经过四方的圆圈。阴初盛的时候,它就去扶助东方的木,形成了春。阳全盛的时候,它就去南方扶助火,形成了夏。但是根据物极必反的宇宙规律,如《老子》和《易传》所讲的,它当然盛极必衰。阳盛极而衰的时候,阴就同时开始盛了。阴初盛的时候,它到东方(不是西方,虽然西方是与秋相配的。据董氏说法,其原因是天"任阳不任阴")扶助金,形成了秋。阴极盛的时候,它到北方扶助水,形成了冬。阴盛极而衰,阳同时开始盛,于是又有了新的循环。

所以四季变化来自阴阳的盛衰，四季循环实际是阴阳循环。董仲舒说："天道之常，一阴一阳。阳者天之德也，阴者天之刑也。……是故天之道，以三时（春、夏、秋）成生，以一时（冬）丧死。"（《阴阳义》）

照董仲舒的说法，这是表明"天之任阳不任阴，好德不好刑"（《阴阳位》）。也是表明"天亦有喜怒之气，哀乐之心，与人相副。以类合之，天人一也"（《阴阳义》）。

因此，无论在肉体或精神方面，人都是天的副本（见《为人者天》）。既然如此，人就高于宇宙其他一切的物。"天、地、人，万物之本也。天生之，地养之，人成之。"（《立元神》）人何以成之？董仲舒说通过礼、乐，就是说，通过文明和文化。假使真的没有文明和文化，宇宙就好像是个未成品，宇宙本身也会感到不完全的痛苦。所以他说，天、地、人"三者相为手足，合以成体，不可一无也"（《立元神》）。

人性学说

由于天有其阴阳，人是天的副本，所以人心也包含两个成分：性、情。董仲舒用"性"字，有时取广义，有时取狭义。就狭义说，性与情分开而且相对；就广义说，性包括情。在广义上，董仲舒有时候以性为"质"："性者，质也。"（《深察名号》）人的这种"质"，包括性（狭义）和情。由性而有仁，由情而有贪。狭义的性，相当于天的阳；情相当于天的阴（见《深察名号》）。

与此相联系，董仲舒谈到争论已久的老问题，就是人性，即人的质，是善是恶的问题。他不同意孟子的性善说，他说："善如米，性如禾。禾虽出米，而禾未可谓米也。性虽出善，而性未可谓善也。米与善，人之继天而成于外也，非在天所为之内也。天所为，有所至于止。止之内谓之天，止之外谓之王教。王教在性外，而性不得不遂。"（《实性》）

董仲舒因此强调人为和教化的作用，只有教化才使人与天、地同等。在这方面，他接近荀子。但是他又和荀子不同，不同之处在于，他不认为人的质已经是恶的。善是性的继续，不是性的逆转。

董仲舒以为教化是性的继续，这一点他又接近孟子。他写道："或曰：性有善端，心有善质，尚安非善？应之曰：非也。茧有丝而茧非丝也。卵有雏而卵非雏也。比类率然，有何疑焉。"（《深察名号》）问题的提出，代表孟子的观点。问题的回答，董仲舒把他自己和孟子清楚地分开了。

但是这两位哲学家的不同，实际上不过是用语不同。董仲舒自己就说："孟子下质于禽兽之所为，故曰性之已善；吾上质于圣人之所善，故谓性未善。"（《深察名号》）孟子与董仲舒的不同，就这样归结为两个用语"已善"和"未善"的不同。

社会伦理学说

照董仲舒的说法，阴阳学说也是社会秩序的形上学根据。他写道：

"凡物必有合。合,必有上,必有下,必有左,必有右,必有前,必有后,必有表,必有里。……有寒必有暑,有昼必有夜,此皆其合也。阴者阳之合,妻者夫之合,子者父之合,臣者君之合。物莫无合,而合各有阴阳。……君臣父子夫妇之义,皆与诸阴阳之道。君为阳,臣为阴;父为阳,子为阴;夫为阳,妻为阴。……王道之三纲,可求于天。"(《基义》)

这个时期以前的儒家认为,社会有五伦,即君臣、父子、夫妇、兄弟、朋友。董仲舒从中选出三伦,称为"三纲"。"纲"字的意义是网的大绳,所有的细绳都连在大绳上。君为臣纲,就是说,君为臣之主。夫为妻纲,父为子纲,都是这个意思。

三纲之外,还有五常,都是儒家坚持的。"常"有不变的意思,五常是儒家所讲的五种不变的德性:仁、义、礼、智、信。董仲舒本人虽然没有特别强调这一点,但是所有的汉儒都共同主张,这五种德性与五行相合。仁与东方的木合,义与西方的金合,礼与南方的火合,智与北方的水合,信与中央的土合。(见《白虎通义》卷八)

五常是个人的德性,三纲是社会的伦理。旧时"纲""常"二字连用,意指道德,或一般道德律。人发展人性必须遵循道德律,道德律是文化与文明的根本。

政治哲学

可是,不是一切人都能自己做到这一点,所以政府的职能就是帮助

发展人性。董仲舒写道："天生民性，有善质而未能善，于是为之立王以善之，此天意也。"（《深察名号》）

王者以庆、赏、罚、刑为"四政"，相当于四季。董仲舒说："庆赏刑罚与春夏秋冬，以类相应也，如合符。故曰王者配天，谓其道。天有四时，王有四政，四政若四时，通类也，天人所同有也。"（《四时之副》）

政府的组织也是以四季为模型。照董仲舒说，政府官员分为四级，是模仿一年有四季。每级每个官员下面有三个副手，也是模仿一季有三月。官员像这样分为四级，又是因为人的才能和德性也是自然地分为四等。所以政府选出那些应该当选的人，再按他们德才的自然等级而加以任用。"故天选四时、十二（月），而人变尽矣。尽人之变，合之天，唯圣人者能之。"（《官制象天》）

天人关系既然如此密切，所以董仲舒认为，社会上政治的过失必然表现为自然界的异常现象。阴阳家早已提出这种学说，董仲舒则提供目的论的和机械论的解释。

从目的论上讲，人间的政治过失必然使天生气、发怒。天怒的表现，是通过自然界的灾异，诸如地震、日食、月食、旱灾、水灾。这都是天的警告，要人主改正错误。

从机械论上讲，照董仲舒所说，则是"百物去其所与异，而从其所与同"，"物固以类相召也"（《同类相动》）。所以人的异常必然引起自然界的异常。董仲舒认为这完全是自然规律，毫无超自然的因素，这就与他在别处所讲的目的论学说矛盾了。

历史哲学

在第十二章我已经讲到邹衍如何以五德终始的学说解释改朝换代。某个朝代,因为它用某德,必须用合乎此德的方式进行统治。董仲舒修改了这个学说,认为朝代的更迭不是根据五德运行,而是根据他所说的"三统"顺序。三统是黑统、白统、赤统。每统各有其统治系统,每个朝代各正一统(见《三代改制质文》)。

照董仲舒的说法,在实际历史上,夏朝(传说公元前2205年至前1766年)正黑统,商朝(约公元前1766年至约前1122年)正白统,周朝(约公元前1122年至前255年)正赤统。这形成历史演变的循环。周朝以后的新朝代又要正黑统,照此循环下去。

有趣的是,我们看到,在现代也用颜色表示社会组织的各种不同的系统,它也正是董仲舒所用的那三种颜色。按照他的学说,我们也许可以说,法西斯主义正黑统,资本主义正白统,共产主义正赤统。

当然,这只不过是巧合。照董仲舒所说,三统并无根本不同。他认为,新王建立新朝代,是由于他受命于天。所以他必须做出某些外表上的改变,以显示他受了新命。这些改变包括"徙居处,更称号,改正朔,易服色"。董仲舒说:"若夫大纲、人伦、道理、政治、教化、习俗、文义尽如故,亦何改哉?故王者有改制之名,无改制之实。"(《楚庄王》)

改制并没有改变基本原则,董仲舒称之为"道"。他说:"道之大原出于天,天不变,道亦不变。"(《汉书·董仲舒传》)

王者受命于天的学说并不是新学说。《书经》中已有此说,孟子则把它说得更清楚。但是董仲舒把它纳入他的总体的天人哲学中,使之更加明确了。

在封建时代，君主都是从祖先继承权威，即使是秦始皇帝也不例外。创建汉朝的刘邦则不然，他出身平民，却取得了天下。这需要某种理论根据，董仲舒就提供了这种根据。

董仲舒的王者受命于天的学说，既为行使皇权提供根据，又对行使皇权有所限制。皇帝必须注视天的喜怒表现，依照它来行事。汉朝的皇帝，以及以后各朝皇帝也或多或少地是一样，就是用这一点检验他自己和他的政策，一旦出现灾异使之不安的时候，就试图改正。

董仲舒的三统说也对每个朝代的统治有所限制。一个皇家，无论多么好，其统治时间是有限的。终点一到，它就得让位给新朝，新朝的创建者又是受新命于天的。儒家就是用这样的一些措施，试图对专制君主的绝对权力加以约束。

对《春秋》的解释

照董仲舒说，直接继承周朝的既不是秦朝，也不是汉朝。他断言，实际上是孔子受天命继周而正黑统。孔子不是实际的王，却是合法的王。

这是一个奇怪的学说，但是董仲舒及其学派竟然坚持它、相信它。《春秋》本是孔子故乡鲁国的编年史，却被他们（不正确地）认为是孔子的重要政治著作。他们说孔子在《春秋》中行使新王的权力。孔子正黑统，按照黑统进行了一切改制。董仲舒以解释《春秋》而著名，能够引用《春秋》来证实他哲学的各方面。实际上，他不过是引《春秋》以为他的权威的主要来源。他的著作名为《春秋繁露》，原因就在此。

董仲舒分春秋时代（公元前722年至前481年）为三世：孔子所见世，所闻世，所传闻世。据董仲舒说，孔子作《春秋》时，用不同的词语记载这三世发生的事件。通过这些不同的"书法"就可以发现《春秋》的"微言大义"。

社会进化的三个阶段

以前有三部重要的解释《春秋》的书，即三传从汉朝起这"三传"本身也成了经典。它们是《左传》（可能本来不是整个地为解释《春秋》而作，到后来才归附上去）、《公羊传》《谷梁传》。三传都是以据说是作者的姓氏命名。其中以《公羊传》的解释，特别与董仲舒的学说相合。在《公羊传》中有相同的三世说。东汉后期，何休（129—182）为《公羊传》作解诂，进一步对这个学说进行了加工。

照何休的说法，《春秋》所记的过程，是孔子在理想上变"衰乱世"为"升平世"，再变为"太平世"的过程。何休以"所传闻世"与"衰乱世"相配合，这是第一阶段。在此阶段，孔子集中他的全部注意于自己的鲁国，以鲁为改制中心。何休以"所闻世"与"升平世"相配合，这是第二阶段。在此阶段，孔子已经治好了本国，进而将安定和秩序传到"中国"境内的其他华夏国家。最后，第三阶段，何休以"所见世"与"太平世"相配合。在此阶段，孔子不仅将安定和秩序传到诸夏之国，而且开化了周围的夷狄之国。在此阶段，何休说："天下远近大小若一。"（《春秋公羊传注》）当然，何休的意思不是说，这些事孔子都实际完成了。他的意思是说，如果孔子当真有了权力、权威，他就会完成这些事。可是，即使如此，这个学说也仍然是荒诞的，因为孔子只活在《春秋》三世的后期，怎么可能做前期的事呢？

何休阐明的道路，是孔子从本国做起，进而治平天下。这条道路，与《大学》阐明的治国、平天下的步骤相似。所以在这一方面，《春秋》成了《大学》的例证。

这种将社会进化分为三阶段的学说，又见于《礼记》的《礼运》。照《礼运》所说，第一阶段是乱世，第二阶段是"小康"之世，第三阶段是"大同"之世。《礼运》描述的"大同"如下：

> 大道之行也，天下为公。选贤与能，讲信修睦。故人不独亲其亲，不独子其子。使老有所终，壮有所用，幼有所长，矜寡孤独废疾者皆有所养，男有分，女有归。货恶其弃于地也，不必藏于己；力恶其不出于身也，不必为己。是故谋闭而不兴，窃切乱贼而不作，故外户而不闭。是谓大同。

虽然《礼运》作者说这种"大同"是在过去的黄金时代，它实际上代表了汉朝人当时的梦想。汉朝人看到的单纯是政治统一，他们一定希望看到更多方面的统一，像大同那样的统一。

第十八章

儒家的独尊和道家的复兴

汉朝不仅在年代上继承秦朝，而且在许多方面也是继承秦朝。它巩固了秦朝首次实现的统一。

统一思想

为达到巩固统一的目的,秦采取了许多政策,其中最重要的是统一思想的政策。秦统一六国之后,丞相李斯上书始皇帝,说:"古者天下散乱,莫能相一。……人善其所私学,以非上所建立。今陛下并有天下,辨白黑而定一尊。而私学乃相与非法教之制。……如此不禁,则主势降乎上,党与成乎下。"(见《史记·李斯列传》)

然后李斯提出极端严厉的建议:一切史记,除了秦记;一切"百家"思想的著作和其他文献,除了由博士官保管的,除了医药、卜筮、种树之书,都应当送交政府烧掉。至于任何个人若想求学,他们都应当"以吏为师"(见《史记·秦始皇本纪》)。

始皇帝批准了李斯的建议,于公元前213年付诸实施。这虽然是彻底扫荡,实际上却不过是长期存在的法家思想合乎逻辑的应用而已。韩非早已说过:"明主之国,无书简之文,以法为教;无先王之语,以吏为师。"(《韩非子·五蠹》)

李斯建议的目的很明白,他肯定是希望只有一个天下、一个政府、一个历史、一个思想。所以医药之类实用方技之书免于焚烧,用我们现在的话说,是因为它们是技术书籍,与"意识形态"无关。

可是，正是秦朝的残暴促使它迅速垮台，汉朝继之而兴，大量的古代文献和"百家"著作又重见天日。汉朝统治者们虽然不赞成其前朝的极端措施，可是他们也感到，如果要维持政治上的统一，还是一定要统一国内的思想。这是统一思想的第二次尝试，是沿着与秦朝不同的路线进行的。

汉武帝（公元前140年至前87年在位）进行了这一番新的尝试，他采纳了董仲舒的建议。

公元前136年左右，董仲舒在对策中说："《春秋》大一统者，天地之常经，古今之通谊也。今师异道，人异论，百家殊方，指意不同，是以上无以持一统。"他在对策的结论中建议："诸不在六艺之科、孔子之术者，皆绝其道，勿使并进。"（见《汉书·董仲舒传》）

武帝采纳了这个建议，正式宣布儒学为国家官方学说，"六经"在其中占统治地位，当然，儒家要巩固这个新获得的地位，需要用相当时间从其他对立的各家中择取许多思想，从而使儒学变得与先秦儒学很不相同。前一章我们已经讲到，这个折中混合的过程是怎样进行的。而且自从武帝以后，政府总是使儒家比别家有更好的机会来阐发他们的学说。

董仲舒所说的大一统原则，也在《春秋公羊传》中讨论过。《春秋》第一句是："元年，春，王正月。"《公羊传》的解释中说："何言乎'王正月'？大一统也。"据董仲舒和公羊学派所说，这个"大一统"，就是孔子作《春秋》时为他的理想中的新朝代制定的纲领之一。

武帝根据董仲舒建议而实施的措施，比起李斯向始皇帝建议的措施，要积极得多，也温和得多，虽然两者的目的同样地在于统一整个帝国的思想。汉朝的措施，不是像秦朝的措施那样不加区别地禁绝一切学派的思想，造成思想领域的真空，而是从"百家"之中选出一家，即儒家，给予独尊的地位，作为国家的教义。还有一点不同，汉朝的措施没有颁布对于私自教授其他各家思想的刑罚。它仅只规定，凡是希望做官的人都必须学习六经和儒学。以儒学为国家教育的基础，也就打下了中国的著名的考试制度的基础,这种制度是用于扩充政府新官员的。这样一来,汉朝的措施实际上是秦朝的措施与以前的私学相调和的产物。这种私学,自孔子以后越来越普遍了。有趣的是,中国第一个私学教师,现在变成了中国第一个国学教师。

孔子在汉代思想中的地位

这样做的结果,孔子的地位在公元前1世纪中叶就变得很高了。大约在这个时期,出现了一种新型的文献,名叫"纬书"。纬,是与经相对的,譬如织布,有经有纬。汉朝许多人相信,孔子作了六经,还有些意思没有写完,他们以为,孔子后来又作了六纬,与六经相配,以为补充。所以,只有六经与六纬的结合,才构成孔子的全部教义。当然,这些纬书实际上都是汉朝人伪造的。

在纬书中,孔子的地位达到了空前绝后的高度。例如,有一篇春秋纬,名叫《汉含孳》,它写道:"孔子曰:丘览史记,援引古图,推集天变,为汉帝制法。"另一篇春秋纬,名叫《演孔图》,说孔子是黑帝的儿子,还列举了孔子生平的许多奇迹。这都是荒诞的虚构。这些纬书把孔子说成超人,说成神,能预知未来。这些说法若真正统治了中国,孔子的地位就类似耶稣的地位,儒家就成为地道的宗教了。

可是不久以后,儒家中具有现实主义和理性主义头脑的人,针对这些关于孔子和儒学的"非常可怪之论",提出了抗议。他们认为,孔子既不是神,也不是王,只是一个圣人。孔子既没有预知有汉,更没有为任何朝代制法。他不过继承了过去伟大传统的文化遗产,使之具有新的精神,传之万世罢了。

古文学派和今文学派之争

儒家中的这些人形成了一派,名为古文学派。这个学派的得名,是由于它声称拥有"秦火"焚书之前密藏的经书,都是用古文字体书写的。相对立的一派,有董仲舒等人,称为今文学派,其得名是由于所用的经书是用汉朝通行的字体书写的。

这两个学派的争论,是中国学术史上最大的争论之一,这里不必详说。这里必须说的只有一点,就是古文学派的兴起,是对今文学派的反动,也是革命。西汉末年,古文学派得到刘歆(约公元前46—公元23)的支持。刘歆是当时最大的学者之一。由于他全力支持古文学派,到了后来,今文学派的人就攻击他一手伪造了全部古文经,这是很冤枉的。

近年来,我看出这两派的来源很可能上溯到先秦儒家的两派,今文学派可能是先秦儒家理想派的继续,古文学派可能是先秦儒家现实派的继续。换句话说,今文学派出于孟子学派,古文学派出于荀子学派。

《荀子》有一篇《非十二子》,其中说:"略法先王而不知其统……案往旧造说,谓之五行,甚僻违而无类,幽隐而无说,闭约而无解。

……子思唱之，孟轲和之。"

这一段话，现代学者长期困惑莫解。《中庸》据说是子思作的，可是在《中庸》里，在《孟子》里，都没有提到五行。但是在《中庸》里，还是有这样的话："国家将兴，必有祯祥；国家将亡，必有妖孽。"（第二十四章）《孟子》里也这样说过："五百年必有王者兴。"（《公孙丑下》）这些话似乎可以表明，孟子和《中庸》的作者（如果不是子思本人，也一定是子思门人）在某种程度上的确相信天人感应和历史循环。我们会想起，这些学说在阴阳五行家中都是很显著的。

若把董仲舒看成与孟子一派有一定的联系，那么，上述的荀子对子思、孟子的非议就更加有意义了。因为董仲舒观点的原型如果真的出于孟子一派，则董仲舒是孟子一派的新发展，根据董仲舒来判断孟子，则孟子也的确可以说是"僻违"而"幽隐"了。

这个假说，还有事实可以增加它的力量。这就是，孟子和董仲舒都以为《春秋》是孔子所作，都特别重视《春秋》。孟子说："孔子惧，作《春秋》。《春秋》，天子之事也。是故孔子曰：'知我者，其唯《春秋》乎；罪我者，其唯《春秋》乎。'"（《滕文公下》）孟子的说法是，孔子作《春秋》，是做天子所做的事。从这个说法，很容易得出董仲舒的说法，说是孔子果真受天命为天子。

还有一个事实，就是董仲舒阐明他的人性学说时，总是毫不隐讳地拿它与孟子的人性学说做比较。在前一章已经指出，二人的人性学说的不同，实际上只是用语的不同。

如果我们接受了这个假说，认为今文学派是儒家理想派即孟子一派的继续，那么就只有假定古文学派是儒家现实派即荀子一派的继续，才合乎道理。正因为如此，所以公元1世纪的古文学派思想家，都具有与荀子和道家相似的自然主义的宇宙观（在这方面，荀子本人是受道家影响，前面已经讲过了）。

扬雄和王充

扬雄(公元前53—公元18),是古文学派成员,就是持有自然主义宇宙观的实例。他著的《太玄》在很大程度上充满了"反者道之动"的思想,这正是《老子》和《易经》的基本思想。

扬雄还写了一部《法言》,在其中攻击阴阳家。当然,他在《法言》中也称赞了孟子。不过这也无碍于我的假说,因为孟子虽有某些阴阳家的倾向,可是从未走到像汉代今文学派那样的极端。

古文学派最大的思想家无疑是王充(公元27—约100),他以惊人的科学的怀疑精神,反对偶像崇拜。他的主要著作是《论衡》。他谈到这部著作特有的精神时写道:"《诗》三百,一言以蔽之,曰'思无邪'。《论衡》篇以十数,亦一言也,曰'疾虚妄'。"(《论衡·佚文篇》)又说:"事莫明于有效,论莫定于有证。"(《论衡·薄葬篇》)

王充用这种精神有力地攻击了阴阳家的学说,特别是天人感应的学说,无论是目的论的,还是机械论的。关于天人感应论的目的论方面,他写道:"夫天道,自然也,无为。如谴告人,是有为,非自然也。黄老之家,论说天道,得其实矣。"(《论衡·谴告篇》)

关于此论的机械论方面,他说:"人在天地之间,犹蚤虱之在衣裳之内,蝼蚁之在穴隙之中。蚤虱蝼蚁为顺逆横从,能令衣裳穴隙之间气变动乎?蚤虱蝼蚁不能,而独谓人能,不达物气之理也。"(《论衡·变动篇》)

道家与佛学

所以王充为后一世纪的道家复兴开辟了道路。在这里,要再一次强调"道教"与"道家"的区别,前者是宗教,后者是哲学。我们要讲的是道家哲学的复兴,这种复兴的道家哲学,我称之为"新道家"。

有趣的是,我们看到,汉朝末年,道教也开始产生了。现在有人把这种民间的道教叫做新的道家。古文学派清除了儒家中的阴阳家成分,这些成分后来与道家混合,形成一种新型的杂家,叫做道教。在这个过程中,孔子的地位由神的地位还原为师的地位,老子则变成教主,这种宗教模仿佛教,终于也有了庙宇、神职人员、宗教仪式。它变成一种有组织的宗教,几乎完全看不出先秦道家哲学,所以只能叫做道教。

在这以前,佛教已经从印度经过中亚传入中国。这里也必须强调"佛教"与"佛学"的区别,前者是宗教,后者是哲学。刚才说过,佛教在制度组织方面极大地启发了道教。在宗教信仰方面,道教的发展则是受到民族情绪的极大刺激,人们愤怒地注视着外来的佛教竟然胜利地侵入中国。有些人的确以为佛教是夷狄之教。所以道教是中国本地的信仰,而且在一定程度上是作为取代佛教的本地宗教而发展起来的,在这个过程中,它又从它的外来对手借用了大量的东西,包括制度、仪式,以至大部分经典的形式。

但是,佛教除了是一个有组织的宗教,还有它的哲学,即佛学。道教虽然一贯反对佛教,但是道家却以佛学为盟友。当然,在出世方面,道家不及佛学。可是在神秘的形式上,二者很有相似之处。道家的"道",道家说是不可名的;佛学的"真如",佛学也说是不可言说的。它既不是"一",也不是"多";既不是"非一",也不是"非多"。这样的

>>> 在这以前,佛教已经从印度经过中亚传入中国。这里也必须强调"佛教"与"佛学"的区别,前者是宗教,后者是哲学。图为明代丁观鹏《白马驮经图》。

名词术语，正是中国话所说的"想入非非"。

在公元3世纪、4世纪，中国著名的学者一般都是道家，他们又常常是著名的佛教和尚的亲密朋友。这些学者一般都精通佛典，这些和尚一般都精通道家经典，特别是《庄子》。他们相聚时的谈话，当时叫做"清谈"。他们谈到了"非非"的时候，就一笑无言，正是在无言中彼此了解了。

在这类场合，就出现了"禅"的精神。禅宗是中国佛教的一支，它真正是佛学和道家哲学最精妙之处的结合。它对后来中国的哲学、诗词、绘画都有巨大的影响。我们将在第二十二章详细讨论它。

政治社会背景

现在，让我们回到汉朝独尊儒家和尔后复兴道家的政治社会背景上来。儒家的胜利不是仅仅由于当时某些人的运气或爱好。当时存在的一定的环境，使儒家的胜利简直是不可避免的。

秦国征服六国，靠的是以法家哲学为基础的残酷无情的精神，这在对内控制和对外关系中都表现出来。秦朝亡了以后，人人就谴责法家的苛刻，完全不讲儒家的仁义道德。武帝于公元前140年就宣布，凡是治申不害、商鞅、韩非以及苏秦、张仪之学的人一律不准举为贤良做官。（见《汉书·武帝纪》）

法家如是变成秦的替罪羊。在其他各家中，与法家距离最远的是儒家和道家，所以很自然地发生了有利于儒家、道家的反作用。汉朝初期，所谓"黄老之学"的道家，实际上十分盛行。例如武帝的祖父文帝（公元前179年至前157年在位）就深爱"黄老"，大历史学家司马谈在其《论六家要旨》中对道家评价最高。

按照道家的政治哲学来说，好的政府不要多管事情，而要尽可能少管事情。所以圣王在位，如果他的前王管事过多造成恶果，他就要尽量消除。这恰好是汉初的人所需要的，因为秦朝造成的苦难之一，就是管得过多。所以建立汉朝的高祖刘邦率领他的起义军队，进入秦朝首都长安的时候，就与人民约法三章：杀人者死；伤人及盗抵罪；除此以外，秦朝的苛法全部废除（见《史记·高祖本纪》）。汉朝的创建人就是这样地实行"黄老之学"，虽然实行了，无疑是完全不自觉的。

所以道家哲学正好符合汉初统治者的需要，他们的政策是除秦苛法，与民休息，使国家在长期的耗尽一切的战争后恢复元气。到了元气恢复了，道家哲学就不再适用了，而需要一个进一步建设的纲领。统治者们在儒家学说中找到了它。

儒家的社会、政治哲学是保守的，同时又是革命的。它保守，就在于它本质上是贵族政治的哲学；它又革命，就在于它给予这种贵族政治以新的解释。它维护君子与小人的区别，这一点是孔子时代的、封建的中国所普遍接受的。但是它同时坚决主张，君子与小人的区别不应当像原先那样根据血统，而应当根据才德。因此它认为，有德有才的人应当就是在社会中居于高位的人，这样是完全正确的。

第二章已经指出，中国古代社会以家族制度为骨干，儒家学说给予家族制度以理论根据。随着封建制度的解体，老百姓从封建主手里解放出来，但是旧有的家族制度仍然存在。因而儒家学说作为现存社会制度的理论根据也仍然存在。

废除封建制度的主要后果，是政治权力与经济权力正式分开。当然，事实上新的地主们在当地社会上拥有很大势力，包括政治势力。可是至少在职务上他们不是当地的政治统治者,虽然他们通过财富和声望时常能够对国家任命的官员施加影响。这总算前进了一步。

新的贵族,如官僚和地主,有许多人远远不是儒家所要求的有德有才的人,可是他们全都需要儒家专门提供的一些知识。这就是有关繁文缛礼的知识,要靠这些来维持社会差别。汉朝的创建者刘邦降伏了他的一切对手之后,第一个行动就是命令儒者叔孙通,和他的门徒一起,制定朝仪。首次试行新的朝仪之后,刘邦满意地说:"吾乃今日知为皇帝之贵也!"(见《史记·刘敬叔孙通列传》)

叔孙通的做法,他的同行儒者有些人很不赞成,但是成功了,由此可以看出为什么新的贵族喜欢儒家学说,即便是对于它的真正精神他们也许反对,也许不知。

可是最为重要的,是我在第三章指出的一个事实,就是西方人把儒家称为"孔子学派"很不确切,须知儒家就是"儒"家。这种"儒"不仅是思想家,而且是学者,他们精通古代文化遗产,这种双重身份是别家所不具备的。他们教授古代文献,保存伟大的文化传统,对它们做出他们能够做出的最好的解释。在一个农业国家,人们总是尊重过去,所以这些儒也总是最有影响。

至于法家,虽然成了秦的替罪羊,可是也从未全部被人抛弃。在第十三章,我已经指出,法家是些现实的政治家,他们是能够针对新的政治状况提出新的统治法术的人。所以,随着中华王朝版图的扩展,统治者们不能不依靠法家的理论和技术。这就使得汉朝以来的正统儒家,总是责备各朝的统治者是"儒表法里"。但是在实际上,不论儒家学说、法家学说,各有其应用的适当范围。儒家学说的专用范围是社会组织、精神的和道德的文明,以及学术界。法家学说的专用范围则限于实际政治的理论和技术。

道家也有行时的机会。中国历史上有几个时期,政治、社会秩序大乱,人们对于古代经典的研究一无时间,二无兴趣,很自然地倾向于批评现存的政治、社会制度。在这样的时代，儒家学说自然衰落，道家学说自然兴盛。这时候道家学说提供尖锐的批评，以反对现存的政治、社会制度；还提供逃避现实的思想体系，以避开伤害和危险。这些正适合生于乱世的人们的需要。

汉朝亡于公元 220 年，接着是长期的分裂和混乱，直到公元 589 年隋朝统一全国才告结束。这四个世纪，有两个特征。一个特征是频繁的战争和朝代的更迭，一系列的朝代统治中国的中部和南部，一系列的朝代统治中国的北部。另一个特征是几个游牧民族的兴起，有的是用武力越过长城，定居华北；有的是和平移入的。北方的几个朝代就是他们建立的，其势力始终未能扩展到长江。由于这些政治特征，这四个世纪通称六朝，又称南北朝。

这是一个在政治、社会方面的黑暗世纪，悲观主义极为流行。有些方面它很像欧洲的中世纪，时间也有一段是同时。这时候，在欧洲，基督教成为统治力量；在中国，新的宗教佛教迅速发展。可是，若是说，这是文化低落的世纪，那就完全错了，有些人就是这样说的。恰恰相反，如果我们取"文化"一词的狭义，那就可以说，在这个世纪，在几个方面，我们达到了中国文化的一个高峰。绘画、书法、诗歌和哲学在这个时期都是极好的。

下面两章就来讲这个时期主要的本国哲学，这个哲学我名为"新道家"。

第十九章

新道家：主理派

"新道家"是一个新名词,指的是公元3世纪、4世纪的玄学。"玄"是黑色,又有微妙、神秘等意思。《老子》第一章说:"玄之又玄,众妙之门。"所以"玄学"这个名称表明它是道家的继续。

名家兴趣的复兴

在本书第八章至第十章,我们看到,名家将"超乎形象"的观念,贡献给道家。在公元3世纪、4世纪,随着道家的复兴,名家的兴趣也复兴了。新道家研究了惠施、公孙龙,将他们的玄学与他们所谓的名理结合起来,叫做"辨名析理"(见郭象《庄子注·天下篇注》)。我们在第八章已经看到,公孙龙也就是这样做的。

《世说新语》这部书,下一章将更多地提到,其中说:"客问乐令'指不至'者。乐亦不复剖析文句,直以麈尾柄确几曰:'至不?'客曰:'至。'乐又举麈尾曰:'若至者,那得去?'"(《文学》)"指不至"是《庄子·天下》所载公孙龙一派的人辩论的论点之一。"指"字的字面意义是手指,但是在第八章我把它译为universal(共相)。可是在这里,乐广(乐令)显然是取其字面意义,解作手指。麈尾不能至几,犹如手指不能至几。

以手指或别的东西触几,平常都认为是至几。可是在乐广看来,若至是真至,就不能离去。既然麈尾柄能够离去,可见它似至而非真至。乐广就这样用辩"至"的名的方法,析"至"的理。这是当时所谓"谈名理"的一个实例。

重新解释孔子

值得注意的是新道家,至少有一大部分新道家,仍然认为孔子是最大的圣人。其原因,一部分是由于孔子在中国的先师地位已经巩固了;一部分是由于有些重要的儒家经典,新道家已经接受了,只是在接受过程中按照老子、庄子的精神对它们重新做了解释。

例如,《论语·先进》中说:"子曰:回也其庶乎,屡空。"孔子这句话的意思是,颜回的学问、道德差不多了吧,可是常常穷得没有办法。"空"是缺少财货。可是《庄子·大宗师》里有一个虚构的颜回"坐忘"的故事。太史叔明(474—546)心里想着这个故事,对孔子这句话做了以下解释:"颜子……遗仁义,忘礼乐,隳支体,黜聪明,坐忘大通,此忘有之义也。忘有顿尽,非空如何?若以圣人验之,圣人忘忘,大贤不能忘忘。不能忘忘,心复为未尽。一未一空,故屡名生也焉。"(见皇侃《论语义疏》卷六)

顾欢(420—483)对孔子这句话的解释是:"夫无欲于无欲者,圣人之常也;有欲于无欲者,贤人之分也。二欲同无,故全空以目圣;一有一无,故每虚以称贤。贤人自有观之,则无欲于有欲;自无观之,则有欲于无欲。虚而未尽,非屡如何?"(见皇侃《论语义疏》卷六)

新道家,尽管是道家,却认为孔子甚至比老子、庄子更伟大。他们认为,孔子没有说忘,因为他已经忘了忘;孔子也没有说无欲,因为他已无欲于无欲。《世说新语》记载了裴徽与王弼(辅嗣)一段这样的"清谈"。王弼是玄学的大师之一,他的《老子注》《周易注》,都已经成为经典。这段谈话是:"王辅嗣弱冠诣裴徽,徽问曰:'夫无者,诚万物之所资。圣人莫肯致言,而老子申之无已。何耶?'弼曰:'圣人体无,无又不可以训,故言必及有。老庄未免于有,恒训其所不足。'"(《文学》)这个解释,也就是《老子》第五十六章中"知者不言,言者不知"的意思。

向秀和郭象

郭象(约252—312)的《庄子注》,如果不是这个时期最伟大的哲学著作,至少也是最伟大的哲学著作之一。这里有一个历史问题,就是这部著作是不是真是郭象的,因为与他同时的人有人说他是剽窃向秀(约221—约300)的。事情似乎是这样的:两人都写了《庄子注》,思想大都相同,过了一段时间,这两部"注"可能就合成了一部书。刘孝标在《世说新语·文学》的注中说,当时解释《庄子·逍遥游》的,主要有两派,一派是支遁义,一派是向郭义。向郭义就是向秀、郭象二人的解释。现在的《庄子注》,虽然只署郭象的名,却像是《庄子》的向郭义,可能是他们二人的著作。所以《晋书·向秀传》可能是对的,它说向秀作《庄子注》,后来郭象又"述而广之"。

据《晋书》所说,向秀、郭象的籍贯都在现在的河南省,都是玄学和清谈的大师。这一章以这两位哲学家为新道家唯理派的代表,并且沿用《世说新语》的用语,以《庄子注》为向郭义,称为"向郭注"。

"道"是"无"

向郭注对于老子、庄子原来的道家学说做了若干极重要的修正。第一个修正是，道是真正的无。老庄也说道是无，但是他们说无是无名。就是说，老庄以为，道不是一物，所以不可名。但是向郭注以为，道是真正的无，道"无所不在，而所在皆无也"（《大宗师》"在太极之先而不为高……"注）。

向郭注又说："谁得先物者乎哉？吾以阴阳为先物，而阴阳者即所谓物耳。谁又先阴阳者乎？吾以自然为先之，而自然即物之自尔耳。吾以至道为先之矣，而至道者乃至无也。既以无矣，又奚为先？然则先物者谁乎哉？而犹有物，无已，明物之自然，非有使然也。"（《知北游》"有先天地生者物耶……"注）

向郭注还说："世或谓罔两待景，景待形，形待造物者。请问：夫造物者，有耶？无耶？无也，则胡能造成哉？有也？则不足以物众形。……故造物者无主，而物各自造。物各自造而无所待焉，此天地之正也。"（《齐物论》"恶识所以然……"注）

老庄否认有人格的造物主存在，代之以无人格的道，而道生万物。向郭则更进一步，认为道是真正的无。照向郭的说法，先秦道家所说的道生万物，不过是说万物自生。所以他们写道："道，无能也。此言得之于道，乃所以明其自得耳。"（《大宗师》"傅说得之……"注）

同样，先秦道家所说的万物生于有，有生于无，也不过是说有生于自己。向郭注说："非唯无不得化而为有也，有亦不得化而为无矣。是以夫有之为物，虽千变万化，而不得一为无也。不得一为无，故自古无未有之时而常存也。"（《知北游》"无古无今……"注）

万物的"独化"

万物自生,向郭谓之"独化"。这个理论认为,万物不是任何造物主所造的,可是物与物之间并不是没有关系。关系是存在的,这些关系都是必要的。向郭注说:"人之生也,形虽七尺而五常必具。故虽区区之身,乃举天地以奉之。故天地万物,凡所有者,不可一日而相无也。一物不具,则生者无由得生;一理不至,则天年无缘得终。"(《大宗师》"知人之所为者……"注)

每一物需要其他的每一物,但是每一物的存在都是为它自己,而不是为其他的任何一物。向郭注说:"天下莫不相与为彼我,而彼我皆欲自为,斯东西之相反也。然彼我相与为唇齿,唇齿未尝相为,而唇亡则齿寒。故彼之自为,济我之功弘矣,斯相反而不可以相无者也。"(《秋水》"以功观之……"注)照向郭的说法,物与物之间的关系,就像两支同盟国军队之间的关系。每支军队各为自己的国家而战,同时也帮助了另一支军队,一支军队的胜败不能不影响另一支军队。

存在于宇宙的每一事物,需要整个宇宙为其存在的必要条件,可是它的存在并不是直接由任何另外某物造成的。只要一定的条件或环境出现了,一定的物就必然产生。但是这并不是说它们是任何唯一的造物主或个体造成的。换句话说,物是一般的条件造成的,不是任何另外特殊的物造成的。比方说,社会主义是一定的一般经济条件的产物,而不是马克思或恩格斯制造的,更不是《共产党宣言》制造的。在这个意义上,我们可以说,物自生,而不是他物所生。

所以物不能不是它已经是的样子。向郭注说:"故人之生也,非误生也;生之所有,非妄有也。天地虽大,万物虽多,然吾之所遇,适在于是。""故凡所不遇,弗能遇也;其所遇,弗能不遇也。凡所不为,弗能为也;其所为,弗能不为也。故付之而自当矣。"(《德充符》"死生存亡……"注)

社会现象也是如此。向郭注说:"物无非天也,天也者,自然者也。……治乱成败……非人为也,皆自然耳。"(《大宗师》"庸讵知吾所谓天之非人乎……"注)"皆自然耳",向郭是指它们都是一定条件或环境的必然结果。《庄子·天运》讲到圣人乱天下,向郭注说:"承百代之流,而会乎当今之变,其弊至于斯者,非禹也,故曰天下耳。言圣知之迹非乱天下,而天下必有斯乱。"(《天运》"人自为种而天下耳"注)

制度和道德

向郭认为宇宙处于不断的变化之中。他们说:"夫无力之力,莫大于变化者也。故乃揭天地以趋新,负山岳以舍故。故不暂停,忽已涉新,则天地万物无时而不移也。……今交一臂而失之,皆在冥中去矣。故向者之我,非复今我也。我与今俱往,岂常守故哉!"(《大宗师》"然而夜半有力者负之而走……"注)

社会也是处于不断的变化之中,人类的需要都是经常变化的。在某一时代好的制度和道德,在另一时代可能不好。向郭注说:"夫先王典礼,所以适时用也。时过而不弃,即为民妖,所以兴矫效之端也。"(《天运》"围于陈蔡之间……"注)

又说:"法圣人者,法其迹耳。夫迹者,已去之物,非应变之具也,奚足尚而执之哉!执成迹以御乎无方,无方至而迹滞矣。"(《胠箧》"然而田成子一旦杀齐君而盗其国"注)

社会随形势而变化。形势变了,制度和道德应当随之而变。如果不变,"即为民妖",成为人为的桎梏。新的制度和新的道德应当是自生的,这才自然。新与旧彼此不同是由于它们的时代不同。它们各自适合各自时代的需要,所以彼此并无优劣可言。向郭不像老庄那样,反对制度和道德本身。他们只反对过时的制度和道德,因为它们对于现实社会已经不自然了。

"有为"和"无为"

因此向郭对于先秦道家天、人的观念,有为、无为的观念,都做了新的解释。社会形势变化了,新的制度和道德就自生了。任它们自己发展,就是顺着天和自然,就是无为,反对它们,固执过时的旧制度和旧道德,就是人和人为,就是有为。向郭注说:"夫高下相受,不可逆之流也;小大相群,不得已之势也;旷然无情,群知之府也。承百流之会,居师人之极者,奚为哉?任时世之知,委必然之事,付之天下而已。"(《大宗师》"以知为时者……"注)

一个人在他的活动中,让他的自然才能充分而自由地发挥,就是无为;反之是有为。向郭注说:"夫善御者,将以尽其能也。尽能在于自任。……若乃任驽骥之力，适迟疾之分，虽则足迹接乎八荒之表，而众马之性全矣。而惑者闻任马之性，乃谓放而不乘；闻无为之风，遂云行不如卧；何其往而不返哉！斯失乎庄生之旨远矣。"（《马蹄》"饥之渴之……"注）虽然这样批评，其实这些人对庄子的理解似乎并不是错得很远。不过向郭对庄子的解释，的确是高明的创见。

向郭还对先秦道家的"纯素之道"做出了新的解释。他们说："苟以不亏为纯，则虽百行同举，万变参备，乃至纯也。苟以不杂为素，则虽龙章凤姿，倩乎有非常之观，乃至素也。若不能保其自然之质而杂乎外饰，则虽犬羊之鞹，庸得谓之纯素哉！"（《刻意》"故素也者……"注）

知识和模仿

老庄都反对社会上通常公认的那种圣人。在先秦道家文献中，"圣人"一词有两个意义：一个意义是完全的人（按道家的标准），一个意义是有一切种类知识的人。老庄攻击知识，因之也攻击这后一种圣人。但是由上述可知，向郭没有反对那些是圣人的人，他所反对的是那些企图模仿圣人的人。柏拉图生来就是柏拉图，庄子生来就是庄子。他们的天资就像龙章凤姿一样的自然，他们就像任何一物一样的纯素。他们写《理想国》《逍遥游》，也若无事然，因为他们写这些东西，不过是顺乎自己的自然。

这个观点在向郭注中是这样阐明的："故知之为名，生于失当，而灭于冥极。冥极者，任其至分而无毫铢之加。是故虽负万钧，苟当其所能，则忽然不知重之在身。"（《养生主》"而知也无涯"注）如果按这个意义来理解知识，那么，不论是柏拉图还是庄子，都不能认为是有任何知识。

只有那些模仿的人才有知识。向郭似乎以为，模仿是错误的，他们有三个理由。

第一，模仿是无用的。向郭注写道："当古之事，已灭于古矣，虽或传之，岂能使古在今哉！古不在今，今事已变，故绝学任性，与时变化而后至焉。"（《天道》"古之人与其不可传也死矣……"注）"学"就是模仿。每件事物都在变。每天都有新问题、新需要，碰到新情况。我们应当有新方法来对付新情况、新问题、新需要。即使是在已知的一瞬间，不同的人，其情况、问题、需要也各不相同，他们的方法也一定不相同。既然如此，模仿有什么用呢？

第二，模仿是没有结果的。向郭注告诉我们："有情于为离旷而弗能也，然离旷以无情而聪明矣；有情于为贤圣而弗能也，然贤圣以无情而贤圣矣。岂直贤圣绝远而离旷难慕哉？虽下愚聋瞽及鸡鸣狗吠，岂有情于为之，亦终不能也。"（《德充符》"庄子曰道与之貌……"注）某物是什么，它就是什么。一物总不能是另一物。

第三，模仿是有害的。向郭注又说，有些人"不能止乎本性，而求外无已。夫外不可求而求之，譬犹以圆学方，以鱼慕鸟耳"。"此愈近，彼愈远，实学弥得，而性弥失。"（《齐物论》"五者圆而几向方矣"注）

还有，"爱生有分，而以所贵引之，则性命丧矣。若乃毁其所贵，弃彼任我，则聪明各全，人含其真也"（《胠箧》"擢乱六律……"注）。模仿别人，不仅不能成功；而且正由于模仿别人，就有极大可能丧失自己的自然本性。这是模仿的害处。

所以模仿是无用的，没有结果的，有害的。唯一合理的生活方式是

"任我",这也就是实践"无为"。

"齐物"

但是一个人若能真正"任我""毁其所贵",这就意味着他已经能够去掉向郭所说的"偏尚之累"(《齐物论》"五者圆而几向方矣"注)。换句话说,他已经能够懂得"齐物"即万物同等的道理,能够从更高的观点看万物了。他已经登上了通向混沌一体没有差别的境界的康庄大道。

《庄子·齐物论》中强调了这个没有差别的学说,尤其是强调了没有是非差别。向郭注发挥了这个学说,更加富于辩才。《齐物论》中说:"天地一指也,万物一马也。"向郭注:"将明无是无非,莫若反复相喻。反复相喻,则彼之与我,既同于自是,又均于相非。均于相非,则天下无是;同于自是,则天下无非。……何以明其然耶?是若果是,则天下不得复有非之者也。非若果非,则天下亦不得复有是之者也。今是非无主,纷然淆乱,明此区区者各信其偏见而同于一致耳。仰观俯察,莫不皆然。是以至人知天地一指也,万物一马也,故浩然大宁,而天地万物各当其分,同于自得,而无是无非也。"

绝对的自由和绝对的幸福

一个人若能超越事物的差别,他就能享受绝对的自由和绝对的幸福,如《庄子·逍遥游》中所描写的。这一篇提到大鹏、小鸟、蝉;"小知"的朝生暮死的朝菌,"大知"的万古千秋的大椿;小官的有限才能,列子的乘风而行。向郭注:"苟足于其性,则虽大鹏无以自贵于小鸟,小鸟无羡于天池,而荣愿有余矣。故小大虽殊,逍遥一也。"(《逍遥游》"蜩与学鸠笑之曰……"注)

可是它们的幸福,只是相对的幸福。如果某物只在其有限的范围内自得其乐,则其乐也一定是有限的。所以庄子在这些故事后面又讲了一个关于正真独立的人的故事,他超越有限,而与无限合一,从而享受无限而绝对的幸福。由于他超越有限而与无限同一,所以他"无己"。由于他顺物之性,让万物自得其乐,所以他"无功"。由于他与道合一,而道不可名,所以他"无名"。

这个思想,向郭注阐述得很清楚、很雄辩。它说:"物各有性,性各有极,皆如年知……历举年知之大小,各信其一方,未有足以相倾者也。"庄子列举各种不同的例证之后,归结到独立无待之人,他忘记自己和他的对立面,也不理一切差别。万物在其自己的范围内自得其乐,但是独立无待的人无功无名。"是故统小大者,无小无大者也。苟有乎大小,则虽大鹏之与斥鷃,宰官之与御风,同为累物耳。齐死生者,无死无生者也。苟有乎死生,则虽大椿之与蟪蛄,彭祖之与朝菌,均于短折耳。故游于无小无大者,无穷者也。冥乎不死不生者,无极者也。若夫逍遥而系于有方,则虽放之使游而有所穷矣,未能无待也。"(《逍遥游》"小知不及大知,小年不及大年"注)

《庄子·逍遥游》中说，真正独立的人"乘天地之正，而御六气之变，以游无穷"。向郭注："天地者，万物之总名也。天地以万物为体，而万物必以自然为正。自然者，不为而自然者也。故大鹏之能高，斥鷃之能下，椿木之能长，朝菌之能短，凡此皆自然之所能，非为之所能也。不为而自能，所以为正也。故乘天地之正者，即是顺万性之性也；御六气之变者，即是游变化之涂也。如斯以往，则何往而有穷哉！所遇斯乘，又将恶乎待哉！此乃至德之人玄同彼我者之逍遥也。……苟有待焉，则虽列子之轻妙，犹不能以无风而行，故必得其所待，然后逍遥耳，而况大鹏乎！夫唯与物冥而循大变者，为能无待而常通，岂独自通而已哉！又顺有待者，使不失其所待。所待不失，则同于大通矣。""通"就是"自由"。

在向郭的体系里，"道"是真正的"无"。在这个体系中，"天"或"天地"（这里译为 universe）才是最重要的观念。天是万物的总名，所以是一切存在的全体。从天的观点看万物，使自己与天同一，也就是超越万物及其差别。用新道家的话说，就是"超乎形象"。

所以向郭注除了对原来的道家做了重要的修正，还把庄子只是暗示了一下的东西讲得更加明确，但是谁若只爱暗示不爱明确，当然会同意禅宗某和尚所说的："曾见郭象注庄子，识者云：却是庄子注郭象。"（本书第一章已引）

第二十章

新道家：主情派

在《庄子注》中，向秀与郭象对于具有超越事物差别之心，"弃彼任我"而生的人，做出了理论的解释。这种人的品格，正是中国的人叫做"风流"的本质。

"风流"和浪漫精神

为了理解"风流",我们就要转回到《世说新语》(简称《世说》)上。这部书是刘义庆(403—444)撰,刘峻(463—521)作注。魏晋的新道家和他们的佛教朋友,以清谈出名。清谈的艺术在于,将最精粹的思想,通常就是道家思想,用最精粹的语言,最简洁的语句,表达出来。所以它是很有讲究的,只能在智力水平相当高的朋友之间进行,被人认为是一种最精妙的智力活动。《世说》记载了许多这样的清谈,记载了许多著名的清谈家。这些记载,生动地描绘了公元3世纪、4世纪信奉"风流"思想的人物。所以自《世说》成书之后,它一直是研究"风流"的主要资料。

那么,"风流"是什么意思?它是最难捉摸的名词之一,要说明它就必须说出大量的含义,却又极难确切地翻译出来。就字面讲,组成它的两个字的意思是 wind(风)和 stream(流),这对我们似乎没有多大帮助。虽然如此,这两个字也许还是提示出一些自由自在的意味,这正是"风流"品格的一些特征。

我承认,我还没有懂得英文 romanticism(浪漫主义)或 romantic(罗曼蒂克)的全部含义,但是我揣摩着,这两个词与"风流"真正是大致相当。"风流"主要是与道家有关。我为什么在本书第二章说,中国历史上儒家与道家的传统,在某种程度上,相当于西方的古典主义与浪漫主义的传统,这也是原因之一。

汉(公元前206—公元220)、晋(265—420),不仅是中国历史上两个不同朝代的名称,而且由于它们的社会、政治、文化特征很不相同,它们还指文学艺术的两种不同风格,以及两种不同的生活态度。汉人风度是庄严、雄伟,晋人风度是放达、文雅。文雅也是风流的特征之一。

《列子》的《杨朱》

在这里必须首先讲一讲道家著作《列子》的《杨朱》这一篇。本书第六章已经说过,这个《杨朱》并不代表先秦那个真正的杨朱的思想。现在中国学者认为,《列子》是公元3世纪的著作。所以《杨朱》也一定是这个时期的著作。它很符合这个时期思想的总趋势,事实上是风流的一个方面的表现。

《杨朱》中区分了"外"和"内"。这个假冒的杨朱说:"生民之不得休息,为四事故。一为寿,二为名,三为位,四为货。有此四者,畏鬼畏人,畏威畏刑。此谓之遁人也,可杀可活,制命在外。不逆命,何羡寿。不矜贵,何羡名。不要势,何羡位。不贪富,何羡货。此之谓顺民也,天下无对,制命在内。"

《杨朱》有一段虚构了子产与其兄、弟的谈话。子产是公元前6世纪郑国著名的政治家。据说子产治国三年,治理得很好,可是其兄、弟不听他的，其兄好酒，其弟好色。

一天，子产对其兄、弟说："人之所以贵于禽兽者智虑。智虑之所将者礼义，礼义成则名位至矣。若触情而动，耽于嗜欲，则性命危矣。"

其兄、弟回答说："夫善治外者，物未必治而身交苦；善治内者，物未必乱而性交逸。以若之治外，其法可暂行于一国，未合于人心；以我之治内，可推之于天下，君臣之道息矣。"

《杨朱》所说的治内，相当于向郭所说的任我；所说的治外，相当于向郭所说的从人。人活着，应当任我，不应当从人。就是说，人活着应当任从他自己的理性或冲动，不应当遵从当时的风俗和道德。用公元3世纪、4世纪常用的话来说，就是应当任"自然"，不应当循"名教"。这一切，新道家都是一致同意的。但是新道家之中仍有主理派与主情派的区别。前者以向郭为代表，强调遵从理性而生；后者以下面讲到的人们为代表，强调任从冲动而生。

任从冲动而生的思想，在《杨朱》中以极端的形式表现出来。此篇有一段是：

> 晏平仲问养生于管夷吾（晏婴、管仲，先秦齐国著名政治家，在历史上并不同时）。
>
> 管夷吾曰："肆之而已，勿壅勿阏。"
>
> 晏平仲曰："其目奈何？"
>
> 夷吾曰："恣耳之所欲听，恣目之所欲视，恣鼻之所欲向，恣口之所欲言，恣体之所欲安，恣意之所欲行。夫耳之所欲闻者音声，而不得听，谓之阏聪；目之所欲见者美色，而不得视，谓之阏明；鼻之所欲向者椒兰，而不得嗅，谓之阏颤；口之所欲道者是非，而不得言，谓之阏智；体之所欲安者美厚，而不得从，谓之阏适；意之所为者放逸，而不得行，谓之阏性。凡此诸阏，废虐之主。去废虐之主，熙熙然以俟死，一日一月，一年十年：吾所谓养。拘此废

虐之主,录而不舍,戚戚然以至久生,百年千年万年:非吾所谓养。"

管夷吾曰:"吾既告子养生矣,送死奈何?"

晏平仲曰:"送死略矣……既死,岂在我哉?焚之亦可,沈之亦可,瘗之亦可,露之亦可,衣薪而弃诸沟壑亦可,衮衣绣裳而纳诸石椁亦可,唯所遇焉。"

管夷吾顾谓鲍叔、黄子曰:"生死之道,吾二人进之矣。"

任从冲动而生活

以上《杨朱》描写的固然代表晋人精神,但是并不是晋人精神的全部,更不是其中最好的。由以上引文可见,感兴趣的似乎大都是追求肉体的快乐。当然,按照新道家所说,追求这样的快乐,也并不是必然要遭到鄙视。然而,如果以此为唯一目的,毫不理解"超乎形象"的东西,那么,用新道家的话说,这就不够风流(就"风流"的最好的意义而言)。

《世说》中有刘伶(约221—约300)的一个故事,他是"竹林七贤"之一。故事说:"刘伶恒纵酒放达,或脱衣裸形在屋中。人见讥之。伶曰:'我以天地为栋宇,屋室为裈衣,诸君何为入我裈中!'"(《世说·任诞》)刘伶固然追求快乐,但是对于超乎形象者有所感觉,即有超越感。这种超越感是风流品格的本质的东西。

具有这种超越感,并以道家学说养心即具有玄心的人,必然对于快乐具有妙赏能力,要求更高雅的快乐,不要求纯肉感的快乐。《世说》记载了当时"名士"的许多古怪行为。他们纯粹任从冲动而行,但是丝毫没有想到肉感的快乐。《世说》有一则说:"王子猷居山阴,夜大雪,眠觉,开室,命酌酒。四望皎然,因起彷徨,咏左思《招隐》诗。忽忆戴安道,时戴在剡。即便夜乘小船就之。经宿方至,造门,不前而返。人问其故,王曰:'吾本乘兴而行,兴尽而返,何必见戴。'"(《任诞》)

《世说》另一则说:"钟士季精有才理,先不识嵇康,钟要于时贤俊之士,俱往寻康。康方大树下锻,向子期为佐鼓排。康扬槌不辍,傍若无人,移时不交一言。钟起去。康曰:'何所闻而来?何所见而去?'钟曰:'闻所闻而来,见所见而去。'"(《简傲》)

晋人盛赞大名士的体质美和精神美。嵇康(223—262)"风姿特秀",人比之为"松下风",说他"若孤松""若玉山"(《世说·容止》)。钟会(225—264)所闻所见也许就是这些吧。

《世说》另一则说:"王子猷出都,尚在渚下。旧闻桓子野善吹笛,而不相识。遇桓于岸上过,王在船中,客有识之者,云是桓子野。王便令人与相闻云:'闻君善吹笛,试为我一奏。'桓时已贵显,素闻王名,即便回,下车,踞胡床,为作三调。弄毕,便上车去。客主不交一言。"(《任诞》)

他们不交一言,因为他们要欣赏的只是纯粹的音乐美。王徽之要求桓伊为他吹笛,因为他知道他能吹得好;桓伊也就为他吹,因为他知道他能欣赏他所吹的。既然如此,吹完听完以后,还有什么别的要交言呢。

《世说》另一则说:"支公好鹤。住剡东岇山,有人遗其双鹤。少时,翅长,欲飞。支意惜之,乃铩其翮。鹤轩翥,不复能飞,乃反顾翅,垂头,视之如有懊丧意。林曰:'既有凌霄之姿,何肯为人作耳目近玩!'养令翮成,置使飞去。"(《言语》)

阮籍(210—263)、阮咸是叔侄,都是"竹林七贤"中的人。"诸阮皆能饮酒。仲容至宗人间共集,不复用常杯斟酌,以大瓮盛酒,围坐,相向大酌。时有群猪来饮,直接上去,便共饮之。"(《世说·任诞》)

支遁(314—366)对鹤的同情,诸阮对猪的一视同仁,说明他们具

>>> 刘伶是"竹林七贤"之一,他固然追求快乐,但是对于超予形象者有所感觉,即有超越感。这种超越感是风流品格的本质的东西。阮籍、阮咸是叔侄,都是"竹林七贤"中的人。图为明代仇英《竹林七贤》。

有物我无别、物我同等的感觉。要有风流的品格，这种感觉也是本质的东西。要成为艺术家，这种感觉也是本质的东西。真正的艺术家一定能够把他自己的感情投射到他所描绘的对象上，然后通过他的工具媒介把它表现出来。支遁本人也许就不愿意做别人的玩物，他把这种感情投射到鹤的身上了。虽然没有人说他是艺术家，可是在这个意义上，他正是个真正的艺术家。

情的因素

　　本书第十章已经讲过，庄子认为圣人无情。圣人高度理解万物之性，所以他的心不受万物变化的影响。他"以理化情"。《世说》记载许多人而无情的故事。最著名的是谢安（320—385）的故事。他任晋朝丞相时，北方的秦国大举攻晋。秦帝亲任统帅，自夸将士之多，投鞭长江，可以断流。晋人大为震恐，但是谢安镇静、寂然，指派他的一个侄儿谢玄，领兵抵抗侵略。公元383年进行了历史上有名的"淝水之战"，谢玄赢得决定性胜利，赶走了秦军。最后胜利的消息送到谢安那里的时候，他正在和一位朋友下棋。他拆信看了以后，把信搁在一边，和先前一样，继续下棋。这位朋友问前线来了什么消息。谢安还是那样平静，答道："小儿辈大破贼。"（《世说·雅量》）

　　《三国志·魏书·钟会传》附《王弼传》的注中，记载了何晏（约190—249）与王弼（226—249）关于情的讨论："何晏以为'圣人无喜怒哀乐'，其论甚精，钟会等述之。弼与不同，以为'圣人茂于人者，神明也；同于人者，五情也。神明茂，故能体冲和以通无；五情同，故不能无哀乐以应物。然则圣人之情，应物而无累于物者也。今以其无累，便谓不复应物。失之多矣'。"

王弼的理论，可以归结为一句话：圣人有情而无累。这句话的确切意义，王弼没有讲清楚。它的含义，后来的新儒家大为发挥了，我们将在第二十四章加以分析。现在只需要指出：虽然新道家有许多人是主理派，可是也有许多人是主情派。

前面说过，新道家强调妙赏能力。有了这种能力，再加上前面提到的自我表现的理论，于是毫不奇怪，道家的许多人随地排遣了他们的情感，又随时产生了这些情感。

"竹林七贤"之一的王戎（234—305），《世说》里有他的一个故事，就是例子。王戎丧儿，"山简往省之。王悲不自胜。简曰：'孩抱中物，何至于此？'王曰：'圣人忘情，最下不及情；情之所钟，正在我辈。'简服其言，更为之恸"（《伤逝》）。

王戎的这番话，很好地说明了为什么新道家有许多人是主情派。可是在绝大多数情况下，他们的动情，倒不在于某种个人的得失，而在于宇宙人生的某些普遍的方面。例如，《世说》有这一则卫玠（286—312）的故事："卫洗马初欲渡江，形神惨悴，语左右云：'见此茫茫，不觉百端交集。苟未免有情，亦复谁能遣此！'"（《言语》）

《世说》还有一则说："桓子野每闻清歌，辄唤：'奈何！'谢公闻之，曰：'子野可谓一往有深情。'"（《任诞》）

由于有这种妙赏能力，这些有风流精神的人往往为之感动的事物，其他的普通人也许并不为之感动。他们有情，固然有关于宇宙人生总体的情，也有关于他们自己的个人感触的情。《世说》有一则说："王长史登茅山，大恸哭曰：'琅琊王伯舆终当为情死！'"（《任诞》）

性的因素

在西方,浪漫主义往往有性的成分在里面。中国的"风流"一词也有这种含义,尤其是在后来的用法上。可是,晋代新道家的人对于性的态度,似乎纯粹是审美的,不是肉感的。例如,《世说》有一则说:"阮公邻家妇,有美色,当垆酤酒。阮与王安丰常从妇饮酒。阮醉,便眠其妇侧。夫始殊疑之,伺察,终无他意。"(《任诞》)

《世说》又有一则说:"山公与嵇阮,一面契若金兰。山妻韩氏,觉公与二人异于常交,问公。公曰:'我当年可以为友者,唯此二生耳。'"当时中国的风俗,一位夫人是不可以介绍给她丈夫的朋友的。因此韩氏对她丈夫说,这两位朋友下次来了,她想在暗中窥看一下。"他日,二人来,妻劝公止之宿,具酒肉。夜,穿墉以视之,达旦忘反。公入,曰:'二人何如?'妻曰:'君才致殊不如,正当以识度相友耳。'公曰:'伊辈亦常以我度为胜。'"(《贤媛》)

阮籍、山涛(205—283)妻韩氏,都是欣赏异性的美,而不含任何性爱。或者可以说,他们只是欣赏美,忘了性的成分。

像这些都是晋代新道家风流精神的特征。照他们的看法,风流来于自然,自然反对名教,名教则是儒家的古典的传统。不过,即便是在这个儒家衰微的时期,还是有个名士和著作家乐广(?—304)这样说:"名教中自有乐地。"(《世说·德行》)我们将在第二十四章看到,新儒家就是在名教中寻求此乐的一种尝试。

第二十一章

中国佛学的建立

佛教传入中国，是中国历史中最重大的事件之一。从它传入以后，它就是中国文化的重要因素，在宗教、哲学、文学、艺术等方面有其特殊影响。

佛教的传入及其在中国的发展

佛教传入的确切年代是一个有争论的问题,历史学家们仍未解决,大概是发生在公元 1 世纪上半叶。传统的说法是在东汉明帝(公元 58 年至 75 年在位)时,但是现在有证据说明明帝以前在中国已经听说有佛教了。尔后佛教的传播是一个漫长而逐步的过程。从中国的文献资料看,在公元 1 世纪、2 世纪,佛教被人认为是有神秘法术的宗教,与阴阳家的和后来道教的神秘法术没有多大不同。

在公元 2 世纪,有一个说法是,佛不过是老子弟子而已,这个说法在一定范围内传开了。这个说法是受到《史记·老子列传》的启发,其中说老子晚年出关,"莫知其所终"。道家中的热心人就这句话大加发挥,创作了一个故事,说老子去到西方,到达印度,教了佛和其他印度人,总共有二十九个弟子。这个说法的含意是,佛经的教义不过是《道德经》即《老子》的外国变种罢了。

在公元 3 世纪、4 世纪,比较有形上学意义的佛经,翻译的更多了,对佛学的了解也进了一步。这时候认为,佛学很像道家哲学,尤其是庄子哲学,而不像道教。佛学著作往往被人用道家哲学的观念进行解释。这种方法叫做"格义",就是用类比来解释。

>>> 相宗是著名的到印度取经的玄奘引进中国的。像相宗这样的宗派,都只能叫做"在中国的佛学"。它们的影响,只限于少数人和短暂的时期,并没有进入广大知识界的思想中。图为玄奘像。

这样的方法，当然不会准确，容易造成曲解。于是在公元5世纪，这时候翻译的佛经大量地迅速地增加，这才坚决不用类比解释了。可是仍然存在这样的情况，就是5世纪的佛学大师，甚至包括印度来的鸠摩罗什在内，继续使用道家的术语，诸如"有""无""有为""无为"，来表达佛学的观念。这样做与类比解释不同，后者只是语词的表面相似，前者则所用语词与其表达的观念有内在联系。所以从这些著作的内容来判断，作者们继续使用道家术语，并没有造成对佛学的误解或曲解，倒是造成印度佛学与道家哲学的综合，导致中国形式的佛学的建立。

这里必须指出："中国的佛学"与"在中国的佛学"，二者所指的不一定是一回事，即不一定是同义语。因为佛教中有些宗派，规定自己只遵守印度的宗教和哲学传统，而与中国的不发生接触。相宗又称唯识宗，就是一个例子。相宗是著名的到印度取经的玄奘（596—664）引进中国的。像相宗这样的宗派，都只能叫做"在中国的佛学"。它们的影响，只限于少数人和短暂的时期。它们并没有进入广大知识界的思想中，所以在中国的精神的发展中，简直没有起作用。

"中国的佛学"则不然，它是另一种形式的佛学，它已经与中国的思想结合，它是联系着中国的哲学传统发展起来的。往后我们将会看到，佛教的中道宗与道家哲学有某些相似之处。中道宗与道家哲学相互作用，产生了禅宗。禅宗虽是佛教，同时又是中国的。禅宗虽是佛教的一个宗派，可是它对于中国哲学、文学、艺术的影响，却是深远的。

佛学的一般概念

随着佛教的传入中国,有些人为佛经的汉译做了巨大的努力。小乘、大乘的经文都翻译过来了,但是只有大乘在中国的佛学中获得永久的地位。

总的说来,大乘佛学对中国人影响最大者是它的宇宙的心的概念,以及可以称为它的形上学的负的方法。对这些进行讨论之前,必须首先考察一下佛学的几个一般概念。

虽说佛教有许多宗派,每个宗派都提出了某些不同的东西,可是所有的宗派一致同意,他们都相信"业"的学说。业,通常解释为行为、动作。但是业的实际含义更广,不只限于外部的行动,而且包括一个有情物说的和想的。照佛学的说法,宇宙的一切现象,或者更确切地说,一个有情物的宇宙的一切现象,都是他的心的表现。不论何时,他动,他说,以至于他想,这都是他的心做了点什么,这点什么一定产生它的结果,无论在多么遥远的将来。这个结果就是业的报应。业是因,报是果。一个人的存在,就是一连串的因果造成的。

一个有情物的今生,仅只是这个全过程的一个方面。死不是他的存在的终结,而只是这个过程的另一个方面。今生是什么,来自前生的业;今生的业,决定来生是什么。如此,今生的业,报在来生;来生的业,报在来生的来生;以至无穷。这一连串的因果报应,就是"生死轮回"。它是一切有情物的痛苦的主要来源。

照佛学的说法,这一切痛苦,都起于个人对事物本性的根本无知。宇宙的一切事物都是心的表现,所以是虚幻的、暂时的,可是无知的个人还是渴求它们、迷恋它们。这种根本无知,就是"无明"。无明生贪嗔痴恋；由于对于生的贪恋，个人就陷入永恒的生死轮回，万劫不复。

要逃脱生死轮回，唯一的希望在于将"无明"换成觉悟，觉悟就是梵语的"菩提"。佛教一切不同的宗派的教义和修行，都是试图对菩提有所贡献。从这些对菩提的贡献中，个人可以在多次再生的过程中，积累不再贪恋什么而能避开贪恋的业。个人有了这样的"业"，其结果就是从生死轮回中解脱出来，这种解脱叫做"涅槃"。

那么，涅槃状态的确切意义是什么呢？它可以说是个人与宇宙的心的同一，或者说与所谓的佛性的同一；或者说，它就是了解了或自觉到个人与宇宙的心的固有的同一。他是宇宙的心，可是以前他没有了解或自觉这一点。佛教的大乘宗派，中国人称作性宗的，阐发了这个学说。（在性宗中，性和心是一回事。）在阐发之中，性宗将宇宙的心的观念引入了中国思想。所以性宗可译为 School of Universal Mind（"宇宙的心"宗）。

佛教大乘的其他宗派，如中国人称为空宗又称为中道宗的，却不是这样描述涅槃的。它们的描述方法，我称之为负的方法。

二谛义

中道宗提出所谓"二谛义"，即二重道理的学说：认为有普通意义的道理，即"俗谛"；有高级意义的道理，即"真谛"。它进一步认为，不仅有这两种道理，而且都存在于不同的层次上。于是低一层次的真谛，在高一层次就只是俗谛。此宗的大师吉藏（549—623），描述此说有如下三个层次的"二谛"：

第一，普通人以万物为实"有"，而不知"无"。诸佛告诉他们，万物实际上都是"无""空"。在这个层次上，说万物是"有"，这是俗谛；说万物是"无"，这是真谛。

第二，说万物是"有"，这是片面的；但是说万物是"无"，也是片面的。它们都是片面的，因为它们给人们一个错误印象："无"只是没有了"有"的结果。殊不知事实上是，"有"同时就是"无"。例如，我们面前的桌子，要表明它正在停止存在，并不需要毁掉它。事实上，它无时无刻不是正在停止其存在。其原因在于，你开始毁桌子，你所想毁的桌子已经停止存在了。此一刻的桌子不再是前一刻的桌子了，桌子只是看着好像前一刻的桌子。因此在二谛的第二层次上，说万物是"有"与说万物是"无"，都同样是俗谛。我们只应当说，不片面的中道，在于理解万物非有非无。这是真谛。

第三，但是，说"中道"在于不片面（即非有非无），意味着进行区别，而一切区别的本身就是片面的。因此在第三层次上，说万物非有非无，说"不片面的中道"即在于此，这些说法又只是俗谛了。真谛就在于说：万物非有非无，而又非非有非非无；中道不片面，而又非不片面（见《二谛章》卷上，载《大藏经》卷四十五）。

由以上所用的"有""无"二字，当时的思想家可以看出或者感到，佛学讨论的中心问题，与道家讨论的中心问题，有相似之处，都是突出"有""无"二字。当然，一深入分析，就知道这种相似在某些方面是表面的相似；可是，在道家将"无"说成"超乎形象"，佛家将"无"说成"非非"的时候，却是真正的相似。

还有一个真正相似之处：佛教此宗与道家所用的方法，以及用这种方法所得的结论，都是相似的。这种方法是，利用不同的层次，进行讨论。一个层次上的说法，马上被高一层次上的说法否定了。我们在第十章已经看到，《庄子·齐物论》所用的也是这种方法，它就是以上刚才讨论的方法。

一切都否定了,包括否定这个"否定一切",就可以达到庄子哲学中相同的境界,就是忘了一切,连这个"忘了一切"也忘了。这种状态,庄子称之为"坐忘",佛家称之为"涅槃"。我们不可以问佛教此宗,涅槃状态确切的是什么,因为照它说的,达到第三层次的真谛,就什么也不能说了。

僧肇的哲学

公元5世纪,在中国的佛教此宗大师之一是鸠摩罗什。他是印度人,出生在今新疆。他于401年到长安(今陕西省西安),在此定居,直到413年逝世。在这十三年中,他将许多佛经译为汉文,教了许多弟子,其中有些人很出名、很有影响。这一章只讲他的两个弟子:僧肇和道生。

僧肇(384—414),京兆(今陕西省西安附近)人。他先研究老庄,后来成为鸠摩罗什的弟子。他写了几篇论文,后人辑成一集,称为《肇论》。《肇论》第二论是《不真空论》,其中说:"然则万物果有其所以不有,有其所以不无。有其所以不有,故虽有而非有;有其所以不无,故虽无而非无。……所以然者,夫有若真有,有自常有,岂待缘而后有哉?譬彼真无,无自常无,岂待缘而后无也?若有不能自有,待缘而后有者,故知有非真有。……万物若无,则不应起,起则非无。……欲言其有,有非真生;欲言其无,事象既形。象形不即无,非真非实有。然

>>> 一切都否定了,包括否定这个"否定一切",就可以达到庄子哲学中相同的境界,就是忘了一切,连这个"忘了一切"也忘了。这种状态,庄子称之为"坐忘",佛家称之为"涅槃"。图为明代吴彬《涅槃图》。

则不真空义，显于兹矣。"（见《大藏经》卷四十五）

《肇论》的第一论题为《物不迁论》，其中说："夫人之所谓动者，以昔物不至今，故曰动而非静。我之所谓静者，亦以昔物不至今，故曰静而非动。动而非静，以其不来；静而非动，以其不去。……求向物于向，于向未尝无；责向物于今，于今未尝有。……是谓昔物自在昔，不从今以至昔；今物自在今，不从昔以至今。……果不俱因，因因而果。因因而果，因不昔灭；果不俱因，因不来今。不灭不来，则不迁之致明矣。"（见《大藏经》卷四十五）

意思就是说，万物每刻都在变化。在任何特定的时刻存在的任何事物，实际上是这个时刻的新事物，与过去存在的这个事物，不是同一个事物。《物不迁论》中还说："梵志出家，白首而归，邻人见之曰：'昔人尚存乎？'梵志曰：'吾犹昔人，非昔人也。'"梵志每时每刻存在着。此刻的梵志不是从过去来的梵志；过去的梵志，不是从现在回到过去的梵志。从每物每时变化来看，我们说有动而无静；从每物此时尚在来看，我们说有静而无动。

僧肇的理论，具体化了第二层次的二谛。在这个层次上，说万物是有是静，说万物是无是动，都是俗谛。说万物非有非无，非动非静，是真谛。

僧肇还提出了论证，具体化了第三层次即最高层次的二谛。这些论证见于《肇论》的《般若无知论》。僧肇把"般若"描写成圣智，可是他又说圣智实际上是无知。因为要知某一事物，就要选出这个事物的某一性质，以此性质作为知的对象。但是圣智是要知"无"，它"超乎形象"，没有性质，所以"无"根本不能成为知的对象。要知"无"，只有与"无"同一。这种与"无"同一的状态，就叫做涅槃。涅槃和般若，是一件事情的两个方面。正如涅槃不是可知之物，般若是不知之知（见《般若无知论》，载《大藏经》卷四十五）。所以在第三层次上，什么也不能说，只有保持静默。

道生的哲学

僧肇三十岁就死了,否则他的影响会更大。道生(355—434),钜鹿(今河北省西北部)人,寓居彭城(在今江苏省北部),与僧肇在鸠摩罗什门下同学。他学识渊博,颖悟而雄辩,据说讲起佛学来,顽石为之点头。晚年在庐山讲学,庐山是当时佛学中心,高僧如道安(312—385)、慧远(334—416)都在那里讲过学。道生提出许多理论,又新又革命,曾被一些保守的和尚赶出了南京。

道生提出的理论中,有"善不受报"义,原文已失传。僧祐(445—518)编的《弘明集》,收有慧远的《明报应论》,这篇论文可能代表道生观点的某些方面,因为它也讲善不受报。其总的思想是,将道家"无为""无心"的观念应用于形上学。无为的意思并不是真正无所作为,而是无心而为。只要遵循无为、无心的原则,对于物也就无所贪恋迷执,即使从事各种活动也是如此。既然"业"而受报,是由于贪恋和迷执,现在没有贪恋和迷执,当然"业"不受报了(《弘明集》卷五,载《大藏经》卷五十二)。慧远的这个理论,无论与道生原意是否相同,也是道家理论向佛家形上学的扩展。道家的"无为""无心"原来只有社会伦理的意义,进入佛学就有形上学的意义了,这一点是很有趣的。由此看来,它确实是中国佛学的一个重要发展,后来的禅宗就是遵循这个发展而发展的。

道生提出的理论中,还有"顿悟成佛"义,原文亦失传,谢灵运(385—433)的《辩宗论》阐述了道生此义。顿悟成佛的理论,与渐修成佛的理论相对立。后者认为,只有通过逐步积累学习和修行,即通过积学,才能成佛。道生、谢灵运都不否认积学的重要性,但是他们认为,积学的功夫不论多么大，也只是一种准备功夫，积学的本身并不足以使人成佛。成佛是一瞬间的活动，就像是跃过鸿沟。要么是一跃成功，达到彼岸，刹那之间完全成佛；要么是一跃而失败，仍然是原来的凡夫俗子。其间没有中间的步骤。

"顿悟成佛"义的理论根据是，成佛就是与"无"同一，也可以说是与宇宙的心同一。由于"无""超乎形象"，"无"自身不是一"物"，所以它不可能分成若干部分。因此不可能今天修得它的一部分，明天修得它的另一部分。同一，就是与其全体同一。少了任何一点，就不是同一。

关于这个问题，谢灵运与其他人有许多辩论，《辩宗论》都有记载。有个和尚名叫僧维，他问道，学者若已经与"无"同一，当然不再说"无"了，但是他若要学"无"，用"无"除掉"有"，那么，这样学"无"岂不是渐悟的过程吗？谢灵运回答道，学者若仍在"有"的境界中，他所做的一切都是学，不是悟。当然，学者要能够悟，必须首先致力于学。但是悟的本身一定是超越了"有"。

僧维又问，学者若致力于学，希望借此与"无"同一，他是否会逐渐进步呢？如果不逐渐进步，他又何必学呢？如果是逐渐进步，岂不就是渐悟吗？谢灵运答，致力于学，在压制心中的污垢方面，会有积极效果。这样的压制，好像是消灭了污垢，实际上并没有消灭。只有一旦顿悟，才能"万滞同尽"。

僧维又问，学者若致力于学，能否与"无"暂同呢？如果能够，暂同也胜于完全不同，这岂不就是渐悟吗？谢灵运答，这样的暂同，只是假同。真同在本性上是永久的。把暂同当成真同，就跟把压制心中的污垢当成消灭心中的污垢，是一样的谬误。

《辩宗论》附有道生的《答王卫军书》，这封信完全赞成谢灵运的论点。《辩宗论》载在道宣（596—667）编的《广弘明集》中（卷十八，载《大藏经》卷五十二）。

道生还有一个理论，主张"一切众生，莫不是佛，亦皆涅槃"（《法华经疏》），即每个有感觉的生物都有佛性，或宇宙的心。他的关于这个问题的论文也失传了，他这方面的观点还散见于几部佛经的注疏里。从这些注疏看来，他认为众生都有佛性，只是不认识自己有佛性。这就是"无明"，这种"无明"使之陷入生死轮回。因此他必须首先认识到他有佛性，佛性是他本性里面本有的，然后通过学习和修行，自己见自己的佛性。这个"见"便是顿悟，因为佛性不可分，他只能见其全体，或是毫无所见。这样的"见"也就意味着与佛性同一，因为佛性不是可以从外面看见的东西。这个意思就是道生所说的"返迷归极，归极得本"（《涅槃经集解》卷一）。得本的状态，就是涅槃的状态。

但是，涅槃并不是外在于、迥异于生死轮回，佛性也不是外在于、迥异于现象世界。一旦顿悟，后者立刻就是前者。所以道生说："夫大乘之悟，本不近舍生死，远更求之也。斯在生死事中，即用其实为悟矣。"（见僧肇《维摩经注》卷七）佛家用"到彼岸"的比喻，表示得涅槃的意思。道生说："言到彼岸：若到彼岸，便是未到。未到、非未到，方是真到。此岸生死，彼岸涅槃。"（见僧肇《维摩经注》卷九）他还说："若见佛者，未见佛也。不见有佛，乃为见佛耳。"（见僧肇《维摩经注》）

这大概也就是道生的佛无"净土"论的意思，这是他的又一个理论。佛的世界，就正在眼前的这个世界之中。

有一篇论文题为《宝藏论》，传统的说法是僧肇所作，但很可能不是他作的。其中说："譬如有人，于金器藏中，常观于金体，不睹众相。虽睹众相，亦是一金。既不为相所惑，即离分别。常观金体，无有虚谬。喻彼真人，亦复如是。"（《大藏经》卷四十五）意思是说：假设有个人在贮藏金器的宝库内，看见了金器，但是没有注意金器的形状。或者即使注意了金器的形状，他还是认出了它们都是金子。他没有被各种不同的形状所迷惑，所以能够摆脱它们的表面区别。他总是看得出它们内涵的本质是金子，而不为任何幻象所苦。这个比喻说明了真人是什么。

这个说法，可能不是出于僧肇；但是作为比喻，后来佛家经常使用。

佛性的实在性本身就是现象世界，正如金器的本身就是金子。现象世界之外别无实在性，正如金器之外别无金子。有些人，由于"无明"，只见现象世界，不见佛性的实在性。另有些人，由于觉悟，见到佛性，但是这个佛性仍然是现象世界。这两种人所见的都是同一个东西，但是觉悟的人所见的，与无明的人所见的，具有完全不同的意义。这就是中国佛学常说的："迷则为凡，悟则为圣。"

道生的理论中，还有"一阐提人（即反对佛教者）皆得成佛"义。这本是一切有情皆有佛性的逻辑结论。但是这与当时所见的《涅槃经》直接冲突，由于道生提出此义，就将他赶出首都南京。若干年后，当大本《涅槃经》译出后，其中有一段证实了道生此义。慧皎（497—554）在道生的传记中写道："时人以生推阐提得佛，此语有据；顿悟、不受报等，时亦宪章。"（《高僧传》卷七）

慧皎还告诉我们，道生曾说："夫象以尽意，得意则象忘；言以诠理，入理则言息。……若忘筌取鱼，始可与言道矣。"（《高僧传》卷七）这也就是庄子说的："筌者所以在鱼，得鱼而忘筌；蹄者所以在兔，得兔而忘蹄。"（《庄子·外物》）中国哲学的传统，把用词叫做"言筌"。按照这个传统，最好的言说是"不落言筌"的言说。

我们已经知道，在吉藏"二谛义"中，到了第三层次，简直无可言说。在第三层次，也就没有落入言筌的危险。可是道生说到佛性时，他几乎落入言筌，因为他把它说成了"心"，他给人一种印象：定义的限制还可以加之于它。在这方面，他是受了《涅槃经》的影响；《涅槃经》很强调佛性，所以他接近性宗（"宇宙的心"宗）。

由此可见，在道生时代，已经为禅宗做了理论背景的准备，在下一章便知其详。可是禅宗的大师们，仍然需要在这个背景上，把本章所讲的各项理论，纳入他们的"高浮雕"（在此比喻理论结构）之中。

在以上所说的理论中，也可以发现几百年后的新儒家的萌芽。道生的人皆可以成佛的理论，使我们想起孟子所说的"人皆可以为尧舜"（《孟子·告子下》）。孟子也说："尽其心者，知其性也。知其性，则知天矣。"（《孟子·尽心上》）但是孟子所说的"心""性"，都是心理的，不是形上学的。沿着道生的理论所提示的路线，给予心、性以形上学的解释，就达到了新儒家。

"宇宙的心"的观念，是印度对中国哲学的贡献。佛教传入以前，中国哲学中只有"心"，没有"宇宙的心"。道家的"道"，虽如老子所说，是"玄之又玄"，可是还不是"宇宙的心"。在本章所讲的时期以后，在中国哲学中不仅有"心"，而且有"宇宙的心"。

第二十二章

禅宗：静默的哲学

"禅"或"禅那"是梵文 Dhyana 的音译，原意是沉思、静虑。佛教禅宗的起源，按传统说法，谓佛法有"教外别传"，除佛教经典的教义外，还有"以心传心，不立文字"的教义，从释迦牟尼佛直接传下来，传到菩提达摩，据说已经是第二十八代。达摩于梁武帝时（约520年至526年）到中国，为中国禅宗的初祖。

禅宗传述的宗系

达摩将心传传给慧可（486—593），为中国禅宗二祖。如此传到五祖弘忍（605—675），他有两个大弟子，分裂为南北二宗。神秀（约606—706）创北宗，慧能（638—713）创南宗。南宗不久超过了北宗，慧能被认为六祖。禅宗后来一切有影响的派别，都说它们是慧能的弟子们传下来的（见道原《传灯录》卷一）。

这种传述的早期部分可靠到什么程度，是很值得怀疑的，因为还没早于11世纪的文献支持它。本章的目的不是对这个问题做学术的考证。只说这一点就够了，现在并没有学者认真看待这种传述。因为中国禅宗的理论背景，早已有人如僧肇、道生创造出来了，这在前一章已经讲了。有了这种背景，禅宗的兴起就几乎是不可避免的，实在用不着把神话似的菩提达摩看作它的创始人。

可是，神秀和慧能分裂禅宗，却是历史事实。北宗与南宗的创始人的不同，代表性宗与空宗的不同，如前一章描述的。这可以从慧能的自序里看出来。从这篇自序里我们知道慧能是今广东省人，在弘忍门下为僧。自序中说，有一天弘忍自知快要死了，把弟子们召集在一起，说现在要指定一个继承人，其条件是写出一首最好的偈，把禅宗的教义概括

>>> 达摩将心传传给慧可,为中国禅宗二祖。如此传到五祖弘忍,他有两个大弟子,分裂为南北二宗。神秀创北宗,慧能创南宗。南宗不久超过了北宗,慧能被认为六祖。禅宗后来一切有影响的派别,都说它们是慧能的弟子们传下来的。图为明代戴进《达摩六代祖师像》。

起来。当下神秀作偈云：

> 身如菩提树，心如明镜台。
> 时时勤拂拭，莫使染尘埃。

针对此偈，慧能作偈云：

> 菩提本无树，明镜亦非台。
> 本来无一物，何处染尘埃。

据说弘忍赞赏慧能的偈，指定他为继承人，是为六祖（见《六祖坛经》卷一）。

神秀的偈强调宇宙的心，即道生所说的佛性。慧能的偈强调僧肇所说的无。禅宗有两句常说的话："即心即佛""非心非佛"。神秀的偈表现了前一句，慧能的偈表现了后一句。

第一义不可说

后来禅宗的主流，是沿着慧能的路线发展的。在其中，空宗与道家的结合，达到了高峰。空宗所谓的第三层真谛，禅宗谓之为"第一义"。我们在前一章已经知道，在第三层次，简直任何话也不能说。所以第

>>> 据说弘忍赞赏慧能的偈,指定他为继承人,是为六祖。图为宋代梁楷《六祖撕经图》。

一义，按它的本性，就是不可说的。文益禅师（885—958）《语录》云："问：'如何是第一义？'师云：'我向尔道，是第二义。'"

禅师教弟子的原则，只是通过个人接触。可是有些人没有个人接触的机会，为他们着想，就把禅师的话记录下来，叫做语录。这个做法，后来新儒家也采用了。在这些语录里，我们看到，弟子问到佛法的根本道理时，往往遭到禅师一顿打，或者得到的回答完全是些不相干的话。例如，他也许回答说，白菜值三文钱。不了解禅宗目的的人，觉得这些回答都是顺口胡说。这个目的也很简单，就是让他的弟子知道，他所问的问题是不可回答的。他一旦明白了这一点，他也就明白了许多东西。

第一义不可说，因为对于"无"什么也不能说。如果把它叫做心或别的什么名字，那就是立即给它一个定义，因而给它一种限制。像禅宗和道家说的，这就落入了"言筌"。马祖（709—788）是慧能的再传弟子，僧问马祖："和尚为什么说即心即佛？曰：'为止小儿啼。'曰：'啼止时将如何？'曰：'非心非佛。'"（《古尊宿语录》卷一）又，庞居士问马祖："不与万法为侣者是什么人？"马祖云："待汝一口吸尽西江水，即向汝道。"（《古尊宿语录》卷一）一口吸尽西江水，这显然是不可能的，马祖以此暗示，所问的问题是不可回答的。事实上，他的问题也真正是不可回答的。因为不与万物为侣者，即超越万物者。如果真的超越万物，又怎么能问他"是什么人"呢？

有一些禅师，用静默来表示无，即第一义。例如，慧忠国师（675—775）"与紫璘供奉论议。既升座，供奉曰：'请师立义，某甲破。'师曰：'立义竟。'供奉曰：'是什么义？'曰：'果然不见，非公境界。'便下座"（《传灯录》卷五）。慧忠立的义，是静默的义。他无言说，无表示，而立义，其所立正是第一义。关于第一义，或"无"，不可以有任何言说，所以表示第一义的最好方法是保持静默。

从这个观点看来，一切佛经都与第一义没有任何真正的联系。所以，建立临济宗的义玄禅师（？—约866）说："你如欲得如法见解，

但莫授人惑。向里向外，逢着便杀。逢佛杀佛，逢祖杀祖……始得解脱。"（《古尊宿语录》卷四）

修行的方法

第一义的知识是不知之知，所以修行的方法也是不修之修。据说马祖在成为怀让（677—744）弟子之前，住在衡山（在今湖南省）上。"独处一庵，唯习坐禅，凡有来访者都不顾。"怀让"一日将砖于庵前磨，马祖亦不顾。时既久，乃问曰：'作什么？'师云：'磨作镜。'马祖云：'磨砖岂能成镜？'师云：'磨砖既不成镜，坐禅岂能成佛？'"（《古尊宿语录》卷一）马祖闻言大悟，于是拜怀让为师。

因此照禅宗所说，为了成佛，最好的修行方法，是不做任何修行，就是不修之修。有修之修，是有心的作为，就是有为。有为当然也能产生某种良好效果，但是不能长久。黄檗（希运）禅师（？—约855）说："设使恒沙劫数，行六度万行，得佛菩提，亦非究竟。何以故？为属因缘造作故。因缘若尽，还归无常。"（《古尊宿语录》卷三）他还说："诸行尽归无常，势力皆有尽期。犹如箭射于空，力尽还坠，都归生死轮回。如斯修行，不解佛意，虚受辛苦，岂非大错？"（《古尊宿语录》卷三）他还说："若未会无心，著相皆属魔业。……所以菩提等法，本不是有。如来所说，皆是化人。犹如黄叶为金钱，权止小儿啼。……但随缘消旧业，莫更造新殃。"（《古尊宿语录》卷三）

不造新业，并不是不做任何事，而是做事以无心。因此最好的修行方法就是以无心做事。这正是道家所说的"无为"和"无心"。这就是慧远的理论的意思，也可能就是道生的"善不受报"义。这种修行方法的目的，不在于做事以求好的结果，不管这些结果本身可能有多么好。毋宁说它的目的，在于做事而不引起任何结果。一个人的行为不引起任何结果，那么在他以前积累的业消除净尽以后，他就能超脱生死轮回，达到涅槃。

以无心做事，就是自然地做事，自然地生活。义玄说："道流佛法，无用功处。只是平常无事，屙屎送尿，著衣吃饭，困来即卧。愚人笑我，智乃知焉。"（《古尊宿语录》卷四）有些人刻意成佛，却往往不能顺着这个自然过程，原因在于他们缺乏自信。义玄说："如今学者不得，病在甚处？病在不自信处。你若自信不及，便茫茫地徇一切境转，被它万境回换，不得自由。你若歇得念念驰求心，便与祖佛不别。你欲识得祖佛吗？只你面前听法的是。"（《古尊宿语录》卷四）

所以修行的道路，就是要充分相信自己，其他一切放下，不必于日用平常行事外，别有用功，别有修行。这就是不用功的用功，也就是禅师们所说的不修之修。

这里有一个问题：果真如以上所说，那么，用此法修行的人，与不做任何修行的人，还有什么不同呢？如果后者所做的，也完全是前者所做的，他就也应该达到涅槃，这样，就总会有一个时候，完全没有生死轮回了。

对这个问题可以这样回答：虽然穿衣吃饭本身是日用平常事，却不见得做起来的都是完全无心，因而没有任何滞着。例如，有人爱漂亮的衣服，不爱难看的衣服，别人夸奖他的衣服他就感到高兴。这些都是由穿衣而生的滞着。禅师们所强调的，是修行不需要专门的行为，诸如宗教制度中的礼拜、祈祷。只应当于日常生活中无心而为，毫无滞着；也只有在日用寻常行事中，才能有修行的结果。在开始的时候，需要努力，其目的是无须努力；需要有心，其目的是无心；正像为了忘记，先需要记住必须忘记。可是后来时候一到，就必须抛弃努力，达到无须努力；抛弃有心，达到无心；正像终于忘记了记住必须忘记。

所以不修之修本身就是一种修，正如不知之知本身也是一种知。这样的知，不同于原来的无明；不修之修，也不同于原来的自然。因为原来的无明和自然，都是自然的产物；而不知之知，不修之修，都是精神的创造。

顿悟

修行，不论多么长久，本身只是一种准备工作。为了成佛，这种修行必须达到高峰，就是顿悟，如在前一章描述的，它好比飞跃。只有发生飞跃之后才能成佛。

这样的飞跃，禅师们常常叫做见道。南泉禅师普愿（748—834）告诉他的弟子说："道不属知不知，知是妄觉，不知是无记。若真达不疑之道，犹如太虚廓然，岂可强是非也。"（《古尊宿语录》卷十三）达道就是与道同一。它如太虚廓然，也不是真空；它只是消除了一切差别的状态。

这种状态，禅师们描写为"智与理冥，境与神会，如人饮水，冷暖自知"（《古尊宿语录》卷三十二）。后两句最初见于《六祖坛经》，后来为禅师们广泛引用。意思是，只有经验到经验者与被经验者冥合不分的人，才真正知道它是什么。

在这种状态，经验者已经抛弃了普通意义上的知识，因为这种知识假定有知者与被知者的区别。可是他又不是"无知"，因为他的状态不同于南泉所说的"无记"。这就是所谓的"不知之知"。

一个人若到了顿悟的边缘，这就是禅师最能帮助他的时刻。一个人即将发生这种飞跃，这时候，无论多么小的帮助，也是重大的帮助。这时候，禅师们惯于施展他们所谓"棒喝"的方法，帮助发生顿悟的人"一跃"。禅宗文献记载许多这样的事情：某位禅师要他的弟子考虑某个问题，然后突然用棒子敲他几下，或向他大喝一声。如果棒喝的时机恰好，结果就是弟子发生顿悟。这些事情似乎可以这样解释：施展这样的物理和生理动作，震动了弟子，使他发生了准备已久的心理觉悟。

禅师们用"如桶底子脱"的比喻，形容顿悟。桶底子脱了，则桶中所有之物，都顿时脱出。同样，一个人顿悟了，就觉得以前所有的各种问题，也顿时解决。其解决并不是具体解决，而是在悟中了解此等问题，本来都不是问题。所以悟后所得之道，为"不疑之道"。

无得之得

顿悟之所得，并不是得到什么东西。舒州禅师清远（1067—1120）说："如今明得了，向前明不得的，在什么处？所以道，向前迷的，便是即今悟的；即今悟的，便是向前迷的。"（《古尊宿语录》卷三十二）在前一章我们已经知道，按僧肇和道生的说法，真实即现象。禅宗有一句常用的话："山是山，水是水。"在你迷中，山是山，水是水；在你悟时，山还是山，水还是水。

禅师们还有一句常说的话："骑驴觅驴。"意思是指，于现象之外觅真实，于生死轮回之外觅涅槃。舒州说："只有二种病，一是骑驴觅驴，一是骑驴不肯下。你道骑却驴了，更觅驴，可杀，是大病。山僧向你道，不要觅。灵利人当下识得，除却觅驴病，狂心遂息。……既识得驴了，骑了不肯下，此一病最难医。山僧向你道，不要骑。你便是驴，尽山河大地是个驴，你怎么生骑？你若骑，管取病不去。若不骑，十方世界廓落地。此二病一时去，心下无一事，名为道人，复有什么事？"（《古尊宿语录》卷三十二）若以为悟后有得，便是骑驴觅驴，骑驴不肯下。

黄檗说："语默动静，一切声色，尽是佛事。何处觅佛？不可更头上安头，嘴上安嘴。"（《古尊宿语录》卷三）只要悟了，则尽是佛事，无地无佛。据说有个禅僧走进佛寺，向佛像吐痰。他受到批评，他说，你指给我无佛的地方吧！（见《传灯录》卷二十七）

所以在禅宗看来，圣人的生活，无异于平常人的生活；圣人做的事，也就是平常人做的事。他自迷而悟，从凡入圣。入圣之后，又必须从圣再入凡。禅师们把这叫做"百尺竿头，更进一步"。"百尺竿头"，象征着悟的成就的顶点。"更进一步"，意谓既悟之后，圣人还有别的事要做。可是他所要做的，仍然不过是平常的事。就像南泉说的："直向那边会了，却来这里行履。"（《古尊宿语录》卷十二）

虽然圣人继续生活在这里，然而他对那边的了解也不是白费。虽然他所做的事只是平常人所做的事，可是对于他却有不同的意义。如百丈禅师怀海（749—814）所说："未悟未解时名贪瞋，悟了唤作佛慧。故云：'不异旧时人，异旧时行履处。'"（《古尊宿语录》卷一）最后一句，看来一定有文字上的讹误。百丈想说的显然是：只异旧时人，不异旧时行履处。

人不一样了，因为他所做的事虽然也是其他平常人所做的事，但是他对任何事皆无滞着，禅宗的人常说："终日吃饭，未曾咬着一粒米"；"终日著衣，未曾挂着一缕丝"（《古尊宿语录》卷三、卷十六）。就是这个意思。

可是还有另外一句常说的话："担水砍柴，无非妙道。"（《传灯录》卷八）我们可以问：如果担水砍柴，就是妙道，为什么"事父事君"就不是妙道？如果从以上分析的禅宗的教义，推出逻辑的结论，我们就不能不做肯定的回答。可是禅师们自己，没有做出这个合乎逻辑的回答。这只有留待新儒家来做了，以下四章就专讲新儒家。

第二十三章

新儒家:宇宙发生论者

公元589年，中国经过数世纪的分裂之后，又由隋朝（590—617）统一起来。可是不久隋朝又被唐朝（618—906）取代，唐朝是一个强大的高度集中的皇朝。唐代在文化上、政治上都是中国的黄金时代，可与汉代媲美，在某些方面又超过了汉代。

儒家经典占支配地位的选拔官员的考试制度，于622年重建起来。628年，唐太宗（627年至649年在位）命令在太学内建孔庙；630年，他又命令学者们准备出儒家经典的官方版。这项工作的一部分，是从前代浩繁的注释中选出标准的注释，再为标准注释作疏。然后皇帝以命令颁布这些经典正文及其官方注疏，在太学里讲授。以这种方式，儒家又被重新确立为国家的官方教义。

这时候，儒家表现在孟子、荀子、董仲舒等人著作中的活力早已丧失。经典原文俱在，注疏甚至更多，可是都不能满足时代的精神兴趣和需要。道家复兴和佛教传入之后，人们变得对于形上学问题，以及我所说的超道德价值，或当时称为性命之学的问题，比较有兴趣。我们于第四、第七、第十五等章看到，关于这些问题的讨论，在儒家经典如《论语》《孟子》《中庸》，特别是《易经》中已经不少。可是，这些经典都需要真正是新的解释和发挥，才能解决新时代的问题。当时尽管有皇家学者们的努力，仍然缺乏这样的解释和发挥。

韩愈和李翱

直到唐代的后半叶,才出了两个人,韩愈(768—824)与李翱(772—约841),他们做出了真正的努力,为了回答他们当代的问题而重新解释《大学》《中庸》。韩愈在其文《原道》里写道:"斯吾所谓道也,非向所谓老与佛之道也。尧以是传之舜,舜以是传之禹,禹以是传之汤,汤以是传之文、武、周公,文、武、周公传之孔子,孔子传之孟轲。轲之死,不得其传焉。荀与扬也,择焉而不精,语焉而不详。"(《昌黎先生文集》卷十一)

李翱在《复性书》中写的也很相似:"昔者圣人以之传于颜子。……子思,仲尼之孙,得其祖之道,述《中庸》四十七篇,以传于孟轲。……呜呼!性命之书虽存,学者莫能明,是故皆入于庄、列、老、释。不知者谓夫子之徒不足以穷性命之道,信之者皆是也。有问于我,我以吾之所知而传焉。而缺绝废弃不扬之道几可以传于时。"(《李文公集》卷二)

这种"道统说",孟子早已说了一个大概(见《孟子·尽心下》),韩愈、李翱所说的显然又是受到禅宗传述的宗系的重新启发。禅宗的说法是,佛的心传,经过历代佛祖,一脉相传,传到弘忍和慧能。后来新

>>> 直到唐代的后半叶,才出了两个人,韩愈与李翱,他们做出了真正的努力,为了回答他们当代的问题而重新解释《大学》《中庸》。图为现代陈少梅《韩愈立像》。

儒家的程子，也就毫不含糊地说《中庸》"乃孔门传授心法"（朱熹《中庸章句》前言引）。人们普遍地相信，这个道统传到孟子，就失传了。可是李翱，显然感到他自己对道统颇有了解，通过他的传授，他也就俨然成为孟子的继承者。要做到这一点，成了在李翱以后的一切新儒家的抱负。他们都接受了韩愈的道统说，并且坚持说他们自己是上承道统。他们这样说也不是没有根据的，因为新儒家的确是先秦儒家理想派的继续，特别是孟子的神秘倾向的继续，这在以下几章就可以看出来。正因为这个缘故，这些人被称为"道学家"，他们的哲学被称为"道学"。"新儒家"这个名词，是一个新造的西洋名词，与"道学"完全相等。

新儒家的主要来源可以追溯到三条思想路线。第一，当然是儒家本身。第二是佛家，包括以禅宗为中介的道家，因为在佛家各宗之中，禅宗在新儒家形成时期是最有影响的。在新儒家看来，禅与佛是同义语；前一章已经讲过，在某种意义上，可以说新儒家是禅宗的合乎逻辑的发展。第三是道教，道教有一个重要成分是阴阳家的宇宙发生论。新儒家的宇宙发生论主要是与这条思想路线联系着。

这三条思想路线是异质的，在许多方面甚至是矛盾的。所以，哲学家要把它们统一起来，这种统一并不是简单的折中，而是形成一个同质的整体的真正系统，这当然就需要时间。因此，新儒家的开端虽然可以上溯到韩愈、李翱，可是它的思想系统直到11世纪才明确地形成。这已经是宋代（960—1279）最繁荣的年代了。宋朝是唐朝灭亡后经过了一段混乱分裂时期而重新统一中国的。最早的新儒家，主要兴趣在于宇宙发生论。

周敦颐的宇宙发生论

第一个讲宇宙发生论的新儒家哲学家是周敦颐,号濂溪先生(1017—1073)。他是道州(在今湖南省)人。晚年住在庐山,就是第二十一章说过的慧远、道生讲佛经的地方。在他以前很久,有些道教的人画了许多神秘的图,以图式描绘秘传的道,他们相信得此秘传的人便可成仙。据说周敦颐得到了一张这样的图,他予以重新解释,并修改成自己设计的图,以表示宇宙演化过程。这倒不如说,是他研究和发挥了《易传》中的观念,再用道教的图表示出来。他画的图名为《太极图》,他做的解释名为《太极图说》。《太极图说》不必与《太极图》对照,读起来也很好懂。《太极图说》云:

无极而太极。太极动而生阳,动极而静,静而生阴。静极复动。一动一静,互为其根;分阴分阳,两仪立焉。

阳变阴合,而生水火木金土,五气顺布,四时行焉。

五行一阴阳也,阴阳一太极也。太极本无极也。五行之生也,各一其性。

无极之真,二五之精,妙合而凝"乾道成男,坤道成女。"二气交感,化生万物。万物生生,而变化无穷焉。

唯人也得其秀而最灵。形既生矣,神发知矣!五性感动而善恶分,万事出矣!圣人定之以中正仁义,而主静(无欲故静)。立人极焉。

(《周濂溪集》卷一)

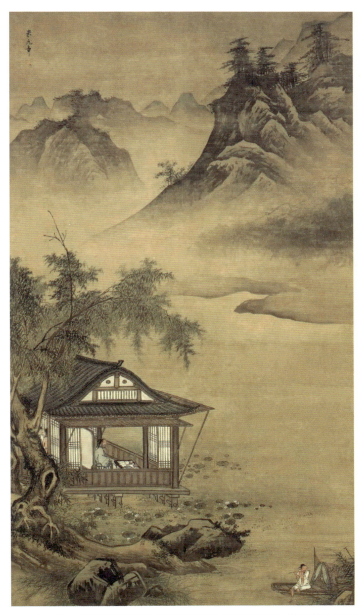

>>> 第一个讲宇宙发生论的新儒家哲学家是周敦颐,他对前人的图予以重新解释,并修改成自己设计的图,他画的图名为《太极图》,他做的解释名为《太极图说》。图为明代刘俊《周敦颐赏莲图》。

《易传》的《系辞传上》说:"易有太极,是生两仪。"《太极图说》就是这个观念的发展。它虽然很短,却是朱熹(1130—1200)的宇宙发生论的基本提纲。朱熹如果不是新儒家最大的哲学家,也是新儒家最大的哲学家之一。在第二十五章将要比较详细地讲他。

精神修养的方法

佛家的最终目的是教人怎样成佛。怎样成佛,是那个时代的人最关心的问题。新儒家的最终目的是教人怎样成为儒家的圣人。佛家的佛与儒家的圣人,区别在于,佛必须在社会和人世间之外提高精神修养,圣人则必须在社会关系之内提高精神修养。中国佛学的最重要的发展,是企图降低佛教固有的出世性质。禅宗说:"担水砍柴,无非妙道。"说这个话,就是这个企图接近成功了。但是,如我在前一章所说的,他们没有把这个话推到逻辑的结论,就是"事父事君,亦是妙道"。当然,原因也很明显,如果他们真的这样说,他们的教义就不是佛家的教义,他们就不用出家了。

怎样成为圣人,是新儒家的主要问题之一,周敦颐的回答是"主静",他又进一步说"主静"就是"无欲"的状态。他的第二篇主要著作是《通书》,在《通书》中可以看出,他说的"无欲",与道家和禅宗说的"无为"和"无心",是基本一样的,可是,他用"无欲",不用"无为""无心",这表明他企图撇开佛家的出世性质。若就这些名词来说,"无欲"

的"无",并不如"无心"的"无"那样概括一切。

《通书》中说:"无欲则静虚动直。静虚则明,明则通。动直则公,公则溥。明通公溥,庶矣乎!"(《周濂溪集》卷五)。

新儒家的"欲"字常指私欲,或径指自私。有时候在"欲"字前面加上"私"字,是为了使意义更明白些。周敦颐这段话的意思,可以以《孟子》的一段话为例来说明,这个例子是新儒家常常引用的。《孟子》这段话是:"今人乍见孺子将入于井,皆有怵惕恻隐之心,非所以纳交于孺子之父母也,非所以要誉于乡党朋友也,非恶其声而然也。"(《孟子·公孙丑上》)

照新儒家的说法,孟子在这里所描述的是,任何人在这种场合的自然自发的反应。人在本性上根本是善的。因此,他固有的状态,是心中没有私欲的状态,或如周敦颐说的"静虚"状态。应用到行动上,它会引起立即要救孺子的冲动,这类直觉的行动就是周敦颐所说的"动直"。可是,如果这个人不按照他的"第一冲动"而行动,而是停下来想一想,他可能想到,这个孺子是他的仇人之子,不该救他;或者这个孺子是他的友人之子,应该救他。不论是哪一种情况,他都是受"第二私念"即转念所驱使,因而丧失了固有的静虚状态以及随之而有的动直状态。

照新儒家的说法,心无欲,则如明镜,总是能够立即客观地反映面前的任何对象。镜的明,好比心的"明";镜的立即反映,好比心的"通"。心无欲,则对于外来刺激的自然反应,落实在行动上都是直的。由于直,所以"公";由于公,所以一视同仁,也就是"溥"。

这就是周敦颐提出的怎样成为圣人的方法,也就是像禅僧的方法一样:自然而生,自然而行。

邵雍的宇宙发生论

另一个讲宇宙发生论的新儒家哲学家，要在本章提到的是邵雍，号康节先生（1011—1077）。他是今河南省人。他的宇宙发生论，虽与周敦颐的略有不同，也是由《易经》发展而来，也是利用图解说明他的理论。

在第十八章已经讲过，汉代出现许多纬书，据说是补充原有的"六经"。在《易纬》中，有所谓"卦气"说，认为六十四卦的每一卦，在一年中各有一段时间"用事"。按照卦气说，十二月的每一月，各在几个卦的管辖之下，其中有一卦是"主卦"，又名"天子卦"。这些主卦是：复☷、临☷、泰☷、大壮☷、夬☷、乾☰、姤☰、遁☰、否☰、观☷、剥☷、坤☷。它们之所以重要，是由于它们的图像表示出阴阳消长之道。

在第十二章已经讲过，在这些卦中连线代表阳，与热联系；断线代表阴，与寒联系。复☷卦五条断线在上，一条连线在下，表示阴极阳生，是中国旧历十一月的主卦，冬至在此月。乾☰卦是六条连线，是旧历四月的主卦，阳达到极盛。姤☰卦五条连线在上，一条断线在下，表示阳极阴生，是旧历五月的主卦，夏至在此月。坤☷卦是六条断线，是旧历十月的主卦，阴达到极盛，下个月就冬至阳生。其余的卦表示阴阳消长的中间阶段。

这十二卦连在一起形成一个循环。阴达到极盛，下一卦的第一爻便出现阳。阳逐步上升，一月一月地、一卦一卦地越来越盛，一直达到极盛。于是下一卦的第一爻又出现阴，逐步上升而达到极盛。接着又轮到阳生，一年内的循环，各卦的循环，又重新开始。这样的循环是不可避免的自然进程。

要注意的是，邵雍关于宇宙的理论，进一步阐明了关于十二主卦的

>>> 另一个讲宇宙发生论的新儒家哲学家是邵雍，他的宇宙发生论，也是由《易经》发展而来，也是利用图解说明他的理论。图为明代杜堇《邵雍像》。

理论。周敦颐是从《易传》的"易有太极，是生两仪，两仪生四象，四象生八卦"（《系辞传上》）这些话，演绎出他的系统。为了说明这个过程，邵雍画出如下的图：

太柔　太刚　少柔　少刚　少阴　少阳　太阴　太阳
　　柔　　　　　刚　　　　　阴　　　　　阳
　　　　　　静　　　　　　　　　　动

图的第一层或最下层，表示两仪。在邵雍的系统中，两仪不是阴阳，而是动静。第二层，与第一层连着看，表示四象。例如，将第二层阳下的连线，与第一层动下的连线连着看，即得四象中的阳。这就是说，在邵雍的系统中，阳不是以一条连线"—"表示，而是以两条一连接"⚌"表示。同样地，将第二层阴下的断线，与第一层动下的连接连着看，即得四象中的阴。这就是说，四象中的阴不是"--"，而是"⚍"。

同样地，第三层或最上层，与第二层、第一层连着看，表示八卦。例如，将第三层太阳下的连线，与第二层阳下的连线以及第一层动下的连线连着看，即得由三条连线组成的乾三卦。同样地，将第三层太阴下的断线，与第二层阳下的连线以及第一层动下的连线连着看，即行兑三卦。将第三层少阳下的连线，与第二层阴下的断线以及第一层动下的连线连着看，即得离三卦。用同样的程序可得全部八卦，其顺序为：乾☰、兑☱、离☲、震☳、巽☴、坎☵、艮☶、坤☷。八卦各代表一定的原则或势力。

这些原则，实体化为天地及宇宙万物。邵雍说："天生于动者也，地生于静者也，一动一静交而天地之道尽之矣。动之始则阳生焉，动之极则阴生焉，一阴一阳交而天之用尽之矣。静之始则柔生焉。静之极则刚生焉，一刚一柔交而地之用尽之矣。"（《皇极经世·观物内篇》）像其他术语一样，"刚""柔"也是邵雍从《易传》中借用的，其中说："立天之道，曰阴与阳。立地之道，曰柔与刚。立人之道，曰仁与义。"（《说卦传》）

邵雍进一步写道："太阳为日，太阴为月，少阳为星，少阴为辰，日月星辰交而天之体尽之矣。……太柔为水，太刚为火，少柔为土，少刚为石，水火土石交而地之体尽之矣。"（《说卦传》）

这就是邵雍的关于宇宙起源的理论，这是从他的图严格地演绎出来的。在这个图中，太极本身没有实际画出来，但是可以这样理解：第一层下面的空白就象征着太极。邵雍写道："太极一也，不动；生二，二则神也。神生数，数生象，象生器。"（《皇极经世·观物外篇》）这些数和象都在图中得到了说明。

事物的演化规律

若在上图上方增加第四、第五、第六层，并用同样的组合程序，可得六十四卦全图。再将此图分为相等的两半，每半弯成半圆，再将这两个半圆合为一圆，即得邵雍的另一张图，名叫《六十四卦圆图方位图》。

考察这张图（为了简明，将六十四卦减为十二"主卦"），可以看出十二"主卦"在图中固定的顺序如下（由中看起，顺时针方向）：

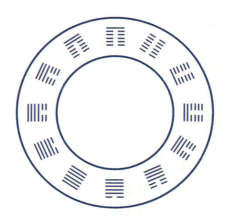

  这个序列可用所谓"加一倍法"自动地达成，因为图中每层符号的数目总是比下一层符号的数目加一倍，所以最上层即第六层的符号数目是六十四，六层组成六十四卦。这个简单的级数，使这张图显得很自然，同时又很神秘。因此，它作为邵雍的一项最伟大的发现而受到绝大多数新儒家的人欢呼，据说在这项发现内可以找到万物演化的规律和宇宙秘密的钥匙。

  这个规律不仅适用于一年四季的交替，而且适用于每二十四小时的昼夜交替。照邵雍与其他新儒家的说法，阴可以解释为只是阳的否定。所以，阳若是宇宙的成的力量，阴就是宇宙的毁的力量。用这个意义解释阴阳，则此图表示的规律是说宇宙万物都经过成和毁的阶段。所以，复䷗卦的初爻表示成的阶段的开始，乾䷀卦则表示成的阶段的完成。姤䷫卦的初爻表示毁的阶段的开始，坤䷁卦则表示毁的阶段的完成。此图用这样的方式，形象地说明了宇宙规律是：凡物都包含自己的否定。这个原理正是老子和《易传》所强调的。

  世界作为一个整体，绝不是这个宇宙规律的例外。所以邵雍认为，在复卦初爻，世界就开始存在了。到了泰卦，世界上的个体事物就开始产生了。这时候人出现了，到了乾卦就达到文明的黄金时代。接着就是不断毁坏的过程，到了剥卦，一切个体事物都毁灭了；到了坤卦，整个世界都不在了。然后又在复卦初爻再现时开始了另一个世界，又重复以上的全过程。每个世界的成毁各经历十二万九千六百年。

邵雍的主要著作是《皇极经世》，这部书里有我们现存世界的详细年谱。照这部年谱所说，我们这个世界的黄金时代早已过去了。那是在尧的时代，即公元前 24 世纪。我们现在是相当于剥卦的时代，是万物开始毁灭的时代。第十四章已经讲到，中国哲学家大都认为，历史是不断退化的过程，在这个过程中，现在的一切都不如理想的过去。邵雍的理论给予这种观点以形上学的根据。

关于凡物都包含自己的否定的理论，听起来好像黑格尔的理论。不过照黑格尔的说法，一个事物被否定，一个新事物在更高水平上开始了。但是照老子和《易传》的说法，一个事物被否定了，新事物只是重复旧事物。这是具有农业民族特征的哲学，我在第二章已经指出了这一点。

张载的宇宙发生论

本章要提到的第三个讲宇宙发生论的新儒家哲学家是张载，号横渠先生（1020—1077）。他是今陕西省人。他也是在《易传》基础上提出宇宙发生论，不过是从另一个观点提出的。在他的宇宙发生论里，特别强调"气"的观念，它在后来新儒家的宇宙发生论和形上学的理论中，越来越重要。"气"这个字，字面的意义是 gas（气体）或 ether（以太）。

在新儒家的哲学中，"气"字的意义有时候很抽象，有时候很具体，随着具体的哲学家们的不同系统而不同。当它的意义很抽象的时候，它接近"质料"的概念。"质料"的概念见于柏拉图和亚里士多德的哲学，与柏拉图的"理念"和亚里士多德的"形式"相对立。它这个意义是指原始的混沌的质料，一切个体事物都由它形成。然而当它的意义很具体的时候，它是指物理的物质，一切存在的个体的物，都是用它造成的。张载说的"气"，是这种具体的意义。

张载同前人一样，以《易传》的"易有太极，是生两仪"这句话为其宇宙发生论的基础。可是在他看来，太极不是别的，就是气。他的主要著作《正蒙》中写道："太和所谓道（指太极），中涵浮沉、升降、动静相感之性，是生絪缊、相荡、胜负、屈伸之始。"（《正蒙·太和篇》，见《张子全书》卷二）

太和是气的全体之名，又被形容为"游气"。浮、升、动之性都是阳性，沉、降、静之性都是阴性。气受到阳性的影响，就浮、升；受到阴性的影响，就沉、降。这就使得气永远在聚散。气聚，就形成具体的万物；气散，就造成万物的消亡。

《正蒙》中又写道："气聚，则离明得施而有形；不聚，则离明不得施而无形。方其聚也，安得不谓之客；方其散也，安得遽谓之无！"于是张载尽力排除佛老的无。他说："知太虚即气，即无无。"太虚实际上不是绝对真空；它只是气处于散的状态，再也看不见而已。

《正蒙》有一段特别有名，叫做《西铭》，因为张载曾将它单独地贴在书斋的西墙上，作为座右铭。在这一段文字中，张载以为，由于宇宙万物都是一气，所以人与其他的物都是同一个伟大身躯的一部分。我们应当事乾（天）如父，事坤（地）如母，把一切人当作自己的兄弟。我们应当推广孝道，通过事奉宇宙的父母（即乾坤父母）而实行孝道。事奉宇宙的父母也不需要做不同于平常的事。每一个道德行为，只要对它有觉解，就是一个事奉宇宙的父母的行为。例如，如果一个人爱别人，仅只因为别人与自己都是同一个社会的成员,那么他就是尽他的社会义务,事奉社会。但是如果他爱别人,不仅是因为他们都是同一个社会的成员,而且是因为他们都是宇宙的父母的孩子,那么他爱别人就不仅是事奉社会,而且同时是事奉整个宇宙的父母了。这一段的结语说:"生,吾顺事;没,吾宁也。""生,吾顺事"是说,活着的时候,我就顺从和事奉宇宙的父母。

对于《西铭》,后来新儒家的人极为称赞,因为它将儒家对人生的态度,与佛家、道家、道教对人生的态度,清楚地区别开来。张载在另外的地方写道:"太虚(即太和、道)不能无气,气不能不聚而为万物,万物不能不散而为太虚。循是出入,是皆不得已而然也。"(《正蒙·太和篇》,见《张子全书》卷二)圣人就是充分觉解这个过程的人。因此,他既不求在此过程以外,如佛家那样追求破除因果,结束生命;又不求长生不老,如道教那样追求修炼身体,尽可能地长留人世。圣人由于觉解宇宙之性,因而知道"生无所得""死无所丧"(《正蒙·诚明篇》,见《张子全书》卷三)。所以他只求过正常的生活。他活着,就做作为社会一员和作为宇宙一员的义务需要他做的事;一旦死去,他就安息了。他做每个人应该做的事,但是由于他的觉解,他做的事获得了新的意义。

新儒家建立了一个观点,从这个观点看来,原先儒家评定为道德的行为,都获得更高的价值,即超道德的价值。它们本身全都有禅宗称为"妙道"的性质。在这个意义上,新儒家确实是禅宗进一步的发展。

第二十四章

新儒家：两个学派的开端

新儒家接着分成两个主要的学派，真是喜人的巧合，这两个学派竟是兄弟二人开创的。他们号称"二程"。弟弟程颐（1033—1108）开创的学派，由朱熹（1130—1200）完成，称为"程朱学派"，或"理学"。哥哥程颢（1032—1085）开创的另一个学派，由陆九渊（1139—1193）继续，王守仁（1473—1529）完成，称为"陆王学派"，或"心学"。在"二程"的时代，还没有充分认识这两个学派不同的意义，但是到了朱熹和陆九渊，就开始了一场大论战，一直继续到今天。

在以下几章我们会看出，两个学派争论的主题，确实是一个带有根本性的重要哲学问题。用西方哲学的术语来说，这个问题是，自然界的规律是不是人心（或宇宙的心）创制的。这历来是柏拉图式的实在论与康德式的观念论争论的主题，简直可以说，形上学中争论的就是这个主题。这个问题若是解决了，其他一切问题都迎刃而解。这一章我不打算详细讨论这个争论的主题，只是提示一下它在中国哲学史中的开端。

程颢的"仁"的观念

程氏兄弟是今河南省人。程颢号明道先生,程颐号伊川先生。他们的父亲是周敦颐的朋友、张载的表兄弟。所以他们年少时受过周敦颐的教诲,后来又常与张载进行讨论。还有,他们住的离邵雍不远,时常会见他。这五位哲学家的亲密接触,确实是中国哲学史上的佳话。

程颢极其称赞张载的《西铭》,因为《西铭》的中心思想是"万物一体",这也正是程颢哲学的主要观念。在他看来,与万物合一,是仁的主要特征。他说:"学者须先识仁。仁者浑然与物同体,义礼知信皆仁也。识得此理,以诚敬存之而已,不须防检,不须穷索。……此道与物无对,大不足以名之,天地之用,皆我之用。孟子言万物皆备于我,须反身而诚,乃为大乐。若反身未诚,则犹是二物,有对,以己合彼,终未有之,又安得乐?《订顽》(即《西铭》)意思乃备言此体,以此意存之,更有何事。'必有事焉而勿正,心勿忘,勿助长',未尝致纤毫之力,此其存之之道。"(《河南程氏遗书》卷二上)

在第七章,对于在以上引文中提到的孟子的那句话,做过充分的讨论。"必有事焉""勿助长",这是孟子养浩然之气的方法,也是新儒家极其赞赏的方法。在程颢看来,人必须首先觉解他与万物本来是合一

程正公先生遺像
朱子贊先生像云頹且粹平
元矣君子展也大成有焜之文曩之
味知德者希載識其貴
先生諱頤字正叔與兄顥俱以德名顯
於時先生甚大學時胡翼之方主教學
常以顏子所好何學論試諸生浮先生
所試大驚即延見處以學職呂希哲諸
先生鄉齋資即師禮事焉既而四方之
士逐游者日益眾司馬光呂公著嘗言
於朝曰程頤之為人言必忠信動遵禮
義宜儒者之高蹈聖世之選民又曰頤
道德純儒學問淵博有經天緯地之才
有制禮作樂之具實天民之先覺聖代
之真儒也天觀元年卒年七十五號伊
川先生
壬午竹田舒篤

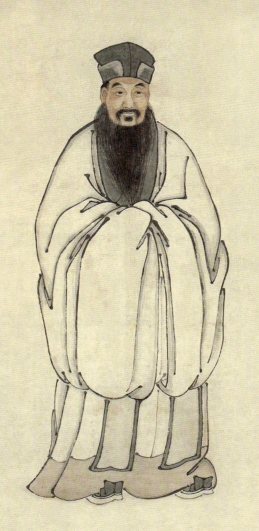

>>> 程氏兄弟是今河南省人。程颢号明道先生，程颐号伊川先生。他们的父亲是周敦颐的朋友、张载的表兄弟。他们年少时受过周敦颐的教诲，后来又常与张载进行讨论。他们住的离邵雍不远，时常还会见他。这五位哲学家的亲密接触，确实是中国哲学史上的佳话。图为清代上官周《程正公先生遗像》。

的道理。然后，他需要做的一切，不过是把这个道理放在心中，做起事来诚实地聚精会神地遵循着这个道理。这样的功夫积累多了，他就会真正感觉到他与万物合一。所谓"以诚敬存之"，就是"必有事焉"。可是达到这个"合一"，又必须毫无人为的努力。在这个意义上，他一定"未尝致纤毫之力"。

程颢与孟子的不同，在于程颢比孟子更多地给予仁以形上学的解释。《易传》中有句话："天地之大德曰生。"（《系辞传下》）这里的"生"字可以当"产生"讲，也可以当"生命"讲。在第十五章，把"生"字译作"产生"，是因为这个意思最合《易传》的原意。但是在程颢和其他新儒家看来，"生"的真正意义是"生命"。他们认为万物都有对生命的倾向，就是这种倾向构成了天地的"仁"。

中医把麻痹叫做"不仁"。程颢说："医书言手足痿痹为'不仁'，此言最善名状。仁者以天地万物为一体，莫非己也。认得为己，何所不至？若不有诸己，自不与己相干，如手足不仁，气已不贯，皆不属己。"（《河南程氏遗书》卷二上）

所以在程颢看来，从形上学上说，万物之间有一种内在的联系。孟子所说的"恻隐之心""不忍人之心"，都不过是我们与他物之间这种联系的表现。可是往往发生这样的情况，我们的"不忍人之心"被自私蒙蔽了，或者用新儒家的话说，被"私欲"，或简言之"欲"，蒙蔽了。于是丧失了本来的合一。这时候必须做的，也只是记起自己与万物本来是合一的，并"以诚敬存之"而行动。用这种方法，本来的合一就会在适当的进程中恢复。这就是程颢哲学的一般观念，后来陆九渊和王守仁详细地发挥了。

程朱的"理"的观念的起源

第八章已经讲过,在先秦时代,公孙龙早已清楚地区分了共相和事物。他坚持说,即使世界上没有本身是白的物,白(共相)也是白(共相)。看来公孙龙已经有一些柏拉图式的观念,即区分了两个世界:永恒的,和有时间性的;可思的,与可感的。可是后来的哲学家,没有发展这个观念,名家的哲学也没有成为中国思想的主流。相反,这个思想朝另一个方向发展。过了一千多年,中国哲学家的注意力,才再度转到永恒观念的问题上。这样做的主要有两个思想家,就是程颐、朱熹。

不过程朱哲学并不是名家的继续。他们并没有注意公孙龙,也没有注意第十九章讲的新道家所讨论的名理。他们直接从《易传》发展出他们的"理"的观念。我在第十五章已经指出,道家的"道"与《易传》的道存在着区别。道家的"道"是统一的、最初的"一",由它生出宇宙的万物。相反,《易传》的道则是"多",它们是支配宇宙万物每个单独范畴的原则。正是从这个概念,程朱推导出"理"的观念。

当然,直接刺激了程朱的,还是张载和邵雍。前一章我们看到,张载用气的聚散,解释具体的特殊事物的生灭。气聚,则万物形成并出现。但是这个理论无法解释,为什么事物有不同的种类。假定一朵花和一片叶都是气之聚,那么,为什么花是花、叶是叶?我们还是感到茫然。正是在这里,引起了程朱的"理"的观念。程朱认为,我们所见的宇宙,不仅是气的产物,也是理的产物。事物有不同的种类,是因为气聚时遵循不同的理。花是花,因为气聚时遵循花之理;叶是叶,因为气聚时遵循叶之理。

邵雍的图,也有助于提出理的观念。邵雍以为,他的图所表示的就是个体事物生成变化的规律。这种规律不仅在画图之先,而且在个体事物存在之先。邵雍以为，伏羲画卦之前，《易》早已存在。"二程"中有一位说："尧夫（邵雍的号）诗：'……须信画前原有《易》，自从删后更无《诗》。'这个意思古原未有人道来。"（《河南程氏遗书》卷二上）这种理论与新实在论者的理论相同，后者以为，在有数学之前已有一个"数学"。

程颐的"理"的观念

张载与邵雍的哲学联合起来，就显示出希腊哲学家所说的事物的"形式"与"质料"的区别。这个区别，程朱分得很清楚。程朱正如柏拉图、亚里士多德，以为世界上的万物，如果要存在，就一定要在某种材料中体现某种原理。有某物，必有此物之理。但是有某理，则可以有，也可以没有相应的物。原理，即他们所说的"理"；材料，即他们所说的"气"。朱熹所讲的气，比张载所讲的气，抽象得多。

程颐也区别"形而上"与"形而下"。这两个名词，源出《易传》："形而上者谓之道，形而下者谓之器。"（《系辞传上》）在程朱的系统中，这个区别相当于西方哲学中"抽象"与"具体"的区别。"理"是"形而上"的"道"，也可以说是"抽象"的；"器"，程朱指个体事物，是"形而下"的，也可以说是"具体"的。

照程颐的说法，理是永恒的，不可能加减。他说："这上头更怎生说得存亡加减。是它元无少欠，百理具备。"（《河南程氏遗书》卷二上）

又说："百理具在平铺放着。几时道尧尽君道，添得些君道多；舜尽子道，添得些子道多。元来依旧。"程颐还将"形而上"的世界描写为"冲漠无朕，万象森然"。它"冲漠无朕"，因为其中没有具体事物；它又"万象森然"，因为其中充满全部的理。全部的理都永恒地在那里，无论实际世界有没有它们的实例，也无论人是否知道它们，它们还是在那里。

程颐讲的精神修养方法，见于他的名言："涵养须用敬，进学则在致知。"（《河南程氏遗书》卷十八）我们已经知道，程颢也说学者必须首先认识万物本是一体，"识得此理，以诚敬存之"。从此以后，新儒家就以"敬"字为关键，来讲他们的精神修养的方法。于是"敬"字代替了周敦颐所讲的"静"字。在修养的方法论上，以"敬"代"静"，标志着新儒家进一步离开了禅宗。

第二十二章指出过，修养的过程需要努力。即使最终目的是无需努力，还是需要最初的努力以达到无需努力的状态。禅宗没有说这一点，周敦颐的"静"字也没有这个意思。可是用了"敬"字，就把努力的观念放到突出的地位了。

涵养需用敬，但是敬什么呢？这是新儒家两派争论的一个问题，在下面两章再回过来讲这个问题。

处理情感的方法

我在第二十章说，王弼所持的理论是，圣人"有情而无累"。《庄子》中也说:"至人之用心若镜,不将不迎,应而不藏,故能胜物而不伤。"(《应帝王》)王弼的理论似即庄子之言的发挥。

新儒家处理情感的方法,遵循着与王弼相同的路线。最重要的一点是不要将情感与自我联系起来。程颢说:"夫天地之常,以其心普万物而无心;圣人之常,以其情顺万事而无情。故君子之学,莫若廓然而大公,物来而顺应。……人之情各有所蔽,故不能适道,大率患在于自私而用智。自私则不能以有为为应迹,用智则不能以明觉为自然。……圣人之喜,以物之当喜;圣人之怒,以物之当怒。是圣人之喜怒,不系于心,而系于物也。"(《明道文集》卷三)

这是程颢答张载问定性的回信,后人题为《定性书》。程颢说的"廓然而大公,物来而顺应",勿"自私",勿"用智",与周敦颐说的"静虚动直"是一回事。讲周敦颐时所举的《孟子》中的例证,在这里一样适用。

从程颢的观点看,甚至圣人也有喜有怒,而且这是很自然的。但是因为他的心"廓然大公",所以一旦这些情感发生了,它们也不过是宇宙内的客观现象,与他的自我并无特别的联系。他或喜或怒的时候,那也不过是外界当喜当怒之物在他心中引起相应的情感罢了。他的心像一面镜子,可以照出任何东西。这种态度产生的结果是,只要对象消逝了,它所引起的情感也随之消逝了。这样,圣人虽有情,而无累。让我们回到以前举过的例子。假定有人看见一个小孩快要掉进井里。如果遵循他的自然冲动,他就会立即冲上去救那个小孩。他的成功一定使他欢喜,他的失败也一定使他悲伤。但是由于他的行为廓然大公,所以一旦事情做完了,他的情感也就消逝了。因此,他有情而无累。

新儒家常用的另一个例子,是孔子最爱的弟子颜回的例子,孔子曾说颜回"不迁怒"(《论语·雍也》)。一个人发怒的时候,往往骂人摔东西,而这些人和东西都显然与使他发怒的事完全不相干。这就叫"迁怒"。他将他的怒,从所怒的对象上迁移到不是所怒的对象上。新儒家非常重视孔子这句话,认为颜回的这个品质,是作为孔门大弟子最有意义的品质,并认为颜回是仅次于孔子的一个完人。因此程颐解释说:"须是理会得因何不迁怒。……譬如明镜,好物来时,便见是好;恶物来时,便见是恶;镜何尝有好恶也。世之人固有怒于室而色于市。……若圣人因物而未尝有怒。……君子役物,小人役于物。"(《河南程氏遗书》卷十八)

可见在新儒家看来,颜回不迁怒,是由于没有把他的情感与自我联系起来。一件事物的作用可能在他心中引起某种情感。正如一件东西可能照在镜子里,但是他的自我并没有与情感联系起来。因而也就无怒可迁。他只对于在他心中引起情感的事物做出反应,但是他的自我并没有为它所累。颜回被人认为是一个快乐的人,对于这一点,新儒家推崇备至。

寻求快乐

我在第二十章说过,新儒家试图在名教中寻求乐地。寻求快乐,的确是新儒家声称的目标之一。例如,程颢说:"昔受学于周茂叔(即周敦颐),每令寻仲尼、颜子乐处,所乐何事。"(《河南程氏遗书》卷二上)事实上,《论语》有许多章就是记载孔子及其弟子的乐趣,新儒家常常引用的包括有以下几章:

子曰:"饭疏食饮水,曲肱而枕之,乐亦在其中矣。不义而富且贵,于我如浮云!"

(《论语·述而》)

子曰:"贤哉!回也。一箪食,一瓢饮,在陋巷,人不堪其忧,回也不改其乐。贤哉!回也。"

(《论语·雍也》)

另一章说,有一次孔子与四位弟子一起闲坐,他要他们每个人谈谈自己的志愿。一位说他想当一个国家的"军政部长",一位想当"财政部长",一位想当赞礼先生。第四位名叫曾点,他却没有注意别人在说什么,只是在继续鼓瑟。等别人都说完了,孔子就要他说。他的回答是:"'暮春者,春服既成,冠者五六人,童子六七人,浴乎沂,风乎舞雩,咏而归。'夫子喟然叹曰:'吾与点也。'"(见《论语·先进》)

以上所引的第一章,程颐解释说,"饭疏食饮水"本身并没有什么可乐的。这一章意思是说,尽管如此贫穷,孔子仍然不改其乐(见《程氏经说》卷六)。以上所引的第二章,程颢解释说:"箪、瓢、陋巷,非可乐,盖自有其乐耳。'其'字当玩味,自有深意。"(《河南程氏遗书》卷十二)这些解释都是对的,但是没有回答其乐到底是什么。

再看程颐的另一段语录:"鲜于侁问伊川曰:'颜子何以能不改其乐?'正叔曰:'颜子所乐者何事?'侁对曰:'乐道而已。'伊川曰:'使颜子而乐道,不为颜子矣!'"程颐的这个说法,很像禅师的说法,所以朱熹编"二程"遗书时,不把这段语录编入遗书正文里,而把它编入"外书"里,似乎是编入"另册"。其实程颐的这个说法,倒是颇含真理。圣人之乐是他心境的自然流露,可以用周敦颐说的"静虚动直"来形容,也可以用程颢说的"廓然而大公,物来而顺应"来形容。他不是乐道,只是自乐。

新儒家对于圣人之乐的理解，从他们对于上面所引的第三章的解释可以看出来。朱熹的解释是："曾点之学，盖有以见夫人欲尽处，天理流行，随处充满，无少欠阙。故其动静之际，从容如此。而其言志，则又不过即其所居之位，乐其日用之常，初无舍己为人之意。而其胸次悠然，直与天地万物上下同流，各得其所之妙，隐然自见于言外。视三子之规规于事为之末者，其气象不侔矣。故夫子叹息而深许之。"（《论语集注》卷六）

我在第二十章曾说，风流的基本品质，是有个超越万物区别的心，在生活中只遵从这个心，而不遵从别的。照朱熹的解释，曾点恰恰是这种人。他快乐，因为他风流。在朱熹的解释里，也可以看出新儒家的浪漫主义成分。我说过，新儒家力求于名教中寻乐地。但是必须同时指出，照新儒家的看法，"名教"并不是"自然"的对立面，而毋宁说是"自然"的发展。新儒家认为，这正是孔孟的主要论点。

要实现这种思想，新儒家的人成功了没有呢？成功了。他们的成功，可以从以下两首诗看出来：一首是邵雍的诗，一首是程颢的诗。邵雍是个很快乐的人，程颢称他是"风流人豪"。他自名其住处为"安乐窝"，自号"安乐先生"。他的诗，题为《安乐吟》，诗云：

安乐先生，不显姓氏。
垂三十年，居洛之涘。
风月情怀，江湖性气。
色斯其举，翔而后至。
无贱无贫，无富无贵。
无将无迎，无拘无忌。
窘未尝忧，饮不至醉。
收天下春，归之肝肺。
盆池资吟，瓮牖荐睡。

小车赏心，大笔快志。
或戴接篱，或著半臂。
或坐林间，或行水际。
乐见善人，乐闻善事。
乐道善言，乐行善意。
闻人之恶，若负芒刺。
闻人之善，如佩兰蕙。
不佞禅伯，不谀方士。
不出户庭，直际天地。
三军莫凌，万钟莫致。
为快活人，六十五岁。

（见《伊川击壤集》卷十四）

程颢的诗题为《秋日偶成》，诗云：

闲来无事不从容，睡觉东窗日已红。
万物静观皆自得，四时佳兴与人同。
道通天地有形外，思入风云变态中。
富贵不淫贫贱乐，男儿到此是豪雄。

（见《明道文集》卷一）

这样的人是不可征服的，在这个意义上，他们真是"豪雄"。可是他们并不是普通意义上的"豪雄"，他们是"风流人豪"。

在新儒家中，有些人批评邵雍，大意是说他过分卖弄其乐；但是对程颢从来没有这样的批评。无论如何，我们还是在这里找到了中国的浪漫主义（风流）与中国的古典主义（名教）的最好的结合。

第二十五章

新儒家：理学

程颐死后只有二十二年，朱熹（1130—1200）就生于今福建省。这二十年中，政局变化是巨大的。宋代在文化上有卓越成就，可是在军事上始终不及汉唐强大，经常受到北方、西北方部落的威胁。宋朝最大的灾难终于到来，首都（今河南省开封）陷于来自东北的通古斯部落的女真之手，被迫南渡，1127年在江南重建朝廷。在此以前为北宋（960—1126），在此以后为南宋（1127—1279）。

朱熹在中国历史上的地位

朱熹,或称朱子,是一位精思、明辨、博学、多产的哲学家。只是他的语录就有一百四十卷。到了朱熹,程朱学派或理学的哲学系统才达到顶峰。这个学派的统治,虽然有几个时期遭到非议,特别是遭到陆王学派和清代某些学者的非议,但是它仍然是最有影响的、独一的哲学系统,直到近几十年西方哲学传入之前仍然如此。

我在第十七章已经说过,中国皇朝的政府,通过考试制度来保证官方意识形态的统治。参加国家考试的人,写文章都必须根据儒家经典的官版章句和注释。我在第二十三章又说过,唐太宗有一个重大行动,就是钦定经典的官版章句和"正义"。在宋朝,大政治家和改革家王安石(1021—1086)写了几部经典的"新义",宋神宗于1075年以命令来颁行,作为官方解释。不久,王安石的政敌控制了政府,这道命令就作废了。

这里再提一下,新儒家认为《论语》《孟子》《大学》《中庸》是最重要的课本,将它们编在一起,合称"四书"。朱熹为它们作注,他认为这是他最重要的著作。据说,甚至在他去世的前一天,他还在修改他作的注。他还作了《周易本义》《诗集传》。元仁宗于1313年发布命令,以"四书"为国家考试的主课,以朱注为官方解释。朱熹对其他经典的

>>> 朱熹是一位精思、明辨、博学、多产的哲学家，只是他的语录就有一百四十卷。到了朱熹，程朱学派或理学的哲学系统才达到顶峰。这个学派的统治，虽然有几个时期遭到非议，特别是遭到陆王学派和清代某些学者的非议，但是它仍然是最有影响的、独一的哲学系统，直到西方哲学传入之前仍然如此。图为朱熹与友人及其《行书翰文稿》。

解释，也受到政府同样的认可，凡是希望博得一第的人，都必须遵照朱注来解释这些经典。明、清两朝继续采取这种做法，直到1905年废科举、兴学校为止。

正如第十八章指出的，儒家在汉朝获得统治地位，主要原因之一是儒家成功地将精深的思想与渊博的学识结合起来。朱熹就是儒家这两个方面的杰出代表。他渊博的学识，使其成为著名学者；他精深的思想，使其成为第一流哲学家。尔后数百年中，他在中国思想界占统治地位，绝不是偶然的。

理

前一章已经考察了程颐关于"理"的学说，朱熹把这个学说讲得更为清楚明白。他说："形而上者，无形无影是此理。形而下者，有情有状是此器。"（《朱子语类》卷九十五）某物是其理的具体实例。若没有如此之理，便不可能有如此之物。朱熹说，做出那事，便是这里有那理。

一切事物，无论是自然的还是人为的，都是其理。朱子有一段语录："问：枯槁之物亦有性，是如何？曰：是他合下有此理。故曰：天下无性外之物。因行阶云：阶砖便有砖之理。因坐云：竹椅便有竹椅之理。"（《朱子语类》卷四）又有一段说："问：理是人、物同得于天者，如物之无情者亦有理否？曰：固是有理。如舟只可行之于水，车只可行之于陆。"又有一段说:"问:枯槁有理否?曰:才有物,便有理。天不曾生个笔,人把兔毫来做笔,才有笔,便有理。"笔之理即此笔之性。宇宙中其他种类事物都是如此:各类事物各有其自己的理,只要有此类事物的成员,此类之理便在此类成员之中,便是此类成员之性。正是此理,使此类事物成为此类事物。所以照程朱学派的说法,不是一切种类的物都有心,即有情;但是一切物都有自己特殊的性,即有理。

由于这个缘故,在具体的物存在之前,已经有理。朱熹在《答刘叔文》的信中写道:"若在理上看,则虽未有物而已有物之理。然亦但有其理而已,未尝实有是物也。"(《朱文公文集》卷四十六)例如,在人发明舟、车之前,已有舟、车之理。因此,所谓发明舟、车,不过是人类发现舟、车之理,并依照此理造成舟、车而已。甚至在形成物质的宇宙之前,一切的理都存在着。朱子有一段语录说:"徐问:天地未判时,下面许多都已有否?曰:只是都有此理。"(《朱子语类》卷一)又说:"未有天地之先,毕竟也只是理。"理总是都在那里,就是说,理都是永恒的。

太极

每类事物都有理,理使这类事物成为它应该成为的事物。理为此物之极,就是说,理是其终极的标准。("极"字本义是屋梁,在屋之正中最高处。新儒家用"极"字表示事物最高理想的原型。)至于宇宙的全体，一定也有一个终极的标准。它是最高的，包括一切的。它包括万物之理的总和，又是万物之理的最高概括。因此它叫做"太极"。如朱熹所说："事事物物，皆有个极，是道理极致。……总天地万物之理，便是太极。"(《朱子语类》卷九十四)他又说："无极，只是极致，更无去处了，至高至妙，至精至神，是没去处。濂溪恐人道太极有形，故曰无极而太极。是无之中有个至极之理。"由此可见，太极在朱熹系统中的地位，相当于柏拉图系统中"善"的理念、亚里士多德系统中的"上帝"。

可是，朱熹系统中还有一点，使他的太极比柏拉图"善"的理念，比亚里士多德的"上帝"，更为神秘。这一点就是，照朱熹的说法，太极不仅是宇宙全体的理的概括，而且同时内在于万物的每个种类的每个个体之中。每个特殊事物之中，都有事物的特殊种类之理；但是同时整个太极也在每个特殊事物之中。朱熹说："在天地言，则天地中有太极；在万物言，则万物中各有太极。"(《朱子语类》卷一)

但是，如果万物各有一太极，那不是太极分裂了吗？朱熹说："本只是一太极，而万物各有禀受，又自各全具一太极尔。如月在天，只一而已。及散在江湖，则随处而见，不可谓月已分也。"(《朱子语类》卷九十四)

我们知道，在柏拉图哲学中，要解释可思世界与可感世界的关系，解释"一"与"多"的关系，就发生困难。朱熹也有这个困难，他用"月印万川"的譬喻来解决，这个譬喻是佛家常用的。至于事物的某个种类之理，与这个种类内各个事物关系如何，这种关系是否也可能涉及理的分裂，这个问题当时没有提出来。假使提出来了，我想朱熹还是会用"月印万川"的譬喻来解决。

气

如果只是有"理",那就只能有"形而上"的世界。要造成我们这个具体的物质世界,必须有"气",并在气上面加上"理"的模式才有可能。朱熹说:"天地之间,有理有气。理也者,形而上之道也,生物之本也;气也者,形而下之器也,生物之具也。是以人、物之生,必禀此理,然后有性;必禀此气,然后有形。"(《答黄道夫书》,见《朱文公文集》卷五十八)他又说:"疑此气是依傍这理行。及此气之聚,则理亦在焉。盖气则能凝结造作;理却无情意,无计度,无造作。……若理则只是个净洁空阔的世界,无形迹,他却不会造作。气则能酝酿凝聚生物也。但有此气,则理便在其中。"(《朱子语类》卷一)我们在这里可以看出,朱熹是说出了张载可能要说而没有说的话。任何个体事物都是气之凝聚,但是它不仅是一个个体事物,它同时还是某类事物的一个个体事物。既然如此,它就不只是气之凝聚,而且是依照整个此类事物之理而进行的凝聚。为什么只要有气的凝聚,理也必然便在其中,就是这个缘故。

关于理相对地先于气的问题,是朱熹和他的弟子们讨论得很多的问题。有一次他说:"未有这事,先有这理。如未有君臣,已先有君臣之理;未有父子,已先有父子之理。"(《朱子语类》卷九十五)一个理,先于它的实例,朱熹这段话已经说得十分清楚了。但是一般的理,是不是也先于一般的气呢?朱熹说:"理未尝离乎气。然理形而上者,气形而下者。自形而上下言,岂无先后?"(《朱子语类》卷一)

另一个地方有这样一段:"问:有是理便有是气,似不可分先后。曰:要之也先有理。只不可说今日有是理,明日却有是气。也需有先后。"(《朱子语类》卷一)从这几段话可以看出,朱熹心中要说的,就是"天下未有无理之气,亦未有无气之理",没有无气的时候。由于理是永恒的,所以把理说成是有始的,就是谬误的。因此,若问先有理还是先有气,这个问题实际上没有意义。然而,说气有始,不过是事实的谬误;说理有始,则是逻辑的谬误。在这个意义上,说理与气之间有先有后,并不是不正确的。

另一个问题是:理与气之中,哪一个是柏拉图与亚里士多德所说的"第一推动者"?理不可能是第一推动者,因为"理却无情意,无计度,无造作"。但是理虽不动,在它的"净洁空阔的世界"中,却有动之理,静之理。动之理并不动,静之理并不静,但是气一"禀受"了动之理,它便动;气一"禀受"了静之理,它便静。气之动者谓之阳,气之静者谓之阴。这样,照朱熹的说法,中国的宇宙发生论所讲的宇宙的两种根本成分,就产生出来了。他说:"阳动阴静。非太极动静,只是理有动静。理不可见,因阴阳而后知。理搭在阴阳上,如人跨马相似。"(《朱子语类》卷九十四)这样,太极就像亚里士多德哲学中的"上帝",是不动的,却同时是一切的推动者。

阴阳相交而生五行,由五行产生我们所知道的物质宇宙。朱熹在他的宇宙发生论学说中,极为赞同周敦颐、邵雍的学说。

心、性

由以上可以看出,照朱熹的说法,有一个个体事物,便有某理在其中，理使此物成为此物，构成此物之性。一个人，也和其他事物一样，是具体世界中具体的特殊产物。因此我们所说的人性，也就不过是各个人所禀受的人之理。朱熹赞同程颐的"性即理也"的说法，并屡做解释。这里所说的理，不是普遍形式的理，只是个人禀受的理。这样，就可以解释程颢那句颇有点矛盾的话："才说性，便已不是性。"程颢的意思只是说，才说理，便已是个体化了的理，而不是普遍形式的理。

一个人，为了获得具体的存在，必须体现气。理，对于一切人都是一样的；气，使人各不相同。朱熹说："有是理而后有是气，有是气则必有是理。但禀气之清者，为圣为贤，如宝珠在清冷水中。禀气之浊者，为愚为不肖，如珠在浊水中。"（《朱子语类》卷四）所以任何个人，除了他禀受于理者，还有禀受于气者，这就是朱熹所说的"气禀"。

这也就是朱熹的关于恶的起源的学说。柏拉图在很早以前就指出，每个个人，为了具有具体性，必须是质料的体现，他也就因此受到牵连，必然不能合乎理想。例如，一个具体的圆圈，只能是相对的而不是绝对的圆。这是具体世界的捉弄，人也无法例外。朱熹说："却看你禀得气如何。然此理却只是善。既是此理，如何得恶？所谓恶者，却是气也。孟子之论，尽是说性善；至有不善，说是陷溺。是说其补无不善，后来方有不善耳。若如此，却似论性不论气，有些不备。却得程氏说出气质来接一接，便接得有首尾，一齐圆备了。"（《朱子全书》卷四十三）

所谓"气质之性"，是指在个人气禀中发现的实际禀受之性。一经发现，如柏拉图所说，它就力求合乎理想，但是总不相合，不能达到理想。可是，固有的普遍形式的理，朱熹则称为"天地之性"，以资区别。张载早已做出这种区别，程颐、朱熹继续坚持这种区别。在他们看来，利用这种区别，就完全解决了性善、性恶之争的老问题。

在朱熹的系统中，性与心不同。朱子有段语录说："问：灵处是心抑是性？曰：灵处只是心，不是性。性只是理。"（《朱子语类》卷五）又说："问：知觉是心之灵固如此，抑气之为耶？曰：不专是气，是先有知觉之理。理未知觉，气聚成形，理与气合，便成知觉。譬如这烛火，是因得这脂膏，便有许多光焰。"

所以心和其他个体事物一样，都是理与气合的体现。心与性的区别在于：心是具体的，性是抽象的。心能有活动，如思想和感觉，性则不能。但是只要我们心中发生这样的活动，我们就可以推知在我们性中有相应的理。朱熹说："论性，要须先识得性是个什么样物事。程子'性即理也'，此说最好。今且以理言之，毕竟却无形影，只是这一个道理。在人，仁、义、礼、智，性也，然四者有何形状，亦只是有如此道理。有如此道理，便做得许多事出来，所以能恻隐、羞恶、辞让、是非也。譬如论药性，性寒、性热之类，药上亦无讨这形状处，只是服了后，却做得冷、做得热的，便是性。"（《朱子语类》卷四）

在第七章中我们看到，孟子主张，在人性中有四种不变的德性，它们表现为"四端"。上面引的朱熹这段话，给予孟子学说以形上学的根据，而孟子的学说本身基本上是心理学的。照朱熹的说法，仁、义、礼、智，都是理，属于性，而"四端"则是心的活动；我们只有通过具体的，才能知道抽象的；我们只有通过心，才能知道性。我们将在下一章看到，陆王学派主张心即性。这是程朱与陆王两派争论的主要问题之一。

政治哲学

如果说，世界上每种事物都有它自己的理，那么，作为一种具有具体存在的组织，国家也一定有国家之理。一个国家，如果依照国家之理进行统治，它必然安定而繁荣；它若不依照国家之理，就必然瓦解，陷入混乱。在朱熹看来，国家之理就是先王所讲所行的治道。它并不是某种主观的东西，它永恒地在那里，不管有没有人讲它、行它。关于这一点，朱熹与其友人陈亮（1143—1194）有过激烈的争论，陈亮持不同的观点。朱熹同他辩论时写道："千五百年之间……尧舜、三王、周公、孔子所传之道，未尝一日得行于天地之间也。若论道之常存，却又初非人所能预。只是此个，自是亘古亘今常在不灭之物。虽千五百年被人作坏，终殄灭他不得耳。"（《答陈同甫书》，见《朱文公文集》卷三十六）他还写道："盖道未尝息，而人自息之。"

事实上，不仅是圣王依照此道以治国，凡是在政治上有所作为的人，都在一定程度上依照此道而行，不过有时不自觉、不完全罢了。朱熹写道："常窃以为亘古亘今，只是一理，顺之者成，逆之者败。固非古之圣贤所能独然，而后世之所谓英雄豪杰者，亦未有能舍此理而得有所建立成就者也。但古之圣贤，从本根上便有唯精唯一功夫，所以能执其中，彻头彻尾，无不尽善。后来所谓英雄，则未尝有此功夫，但在利欲场中，头出头没。其资美者，乃能有所暗合，而随其分数之多少以有所立；然其或中或否，不能尽善，则一而已。"（《答陈同甫书》，见《朱文公文集》卷三十六）

为了说明朱熹的学说，让我们举建筑房屋为例子。建一栋房子，必然依照建筑原理。这些原理永恒地存在，即使物质世界中实际上一栋房子也没有建过，它们也存在。大建筑师就是精通这些原理，并使他的设计符合这些原理的人。比方说，他建的房子必须坚固、耐久。可是，不只是大建筑师，凡是想建筑房子的人，都一定依照同一个原理，如果他们的房子到底建成了的话。当然，这些非职业的建筑师依照这些原理时，可能只是出于直觉或实践经验，并不了解它们，甚至根本不知道它们。其结果，就是他们所建的房子并不完全符合建筑原理，所以不可能是最好的房子。圣王的治国,与所谓英雄的治国,也有这样的不同。

我们在第七章已经讲过,孟子认为有两种治道:王、霸。朱熹与陈亮的辩论,是王、霸之辩的继续。朱熹和其他新儒家认为,汉唐以来的治道都是霸道,因为它们的统治者,都是为他们自己的利益,而不是人民的利益进行统治。因此,这里又是朱熹继承孟子,但是像前面一样,朱熹给予孟子的学说以形上学的根据,而孟子的学说本身基本上是政治的。

精神修养的方法

绝大多数的中国思想家,都有这种柏拉图式的思想,就是"除非哲学家成为王,或者王成为哲学家",否则我们就不可能有理想的国家。柏拉图在其《理想国》中,用很长的篇幅讨论,将要做王的哲学家应受的教育。朱熹在上面所引的《答陈同甫书》中,也说"古之圣贤,从本根上便有唯精唯一功夫"。但是做这种功夫的方法是什么?朱熹早已告诉我们,人人,其实是物物,都有一个完整的太极。太极就是万物之理的全体,所以这些理也就在我们内部,只是由于我们的气禀所累,这些理未能明白地显示出来。太极在我们内部,就像珍珠在浊水之中。我们必须做的事,就是使珍珠重现光彩。所用的方法,朱熹的和程颐的一样,分两方面:一是"致知",一是"用敬"。

这个方法的基础在《大学》一书中,新儒家以为《大学》是"初学入德之门"。第十六章中讲过，《大学》所讲的修养方法，开始于"致知"和"格物"。照程朱的看法，"格物"的目的，是"致"我们对于永恒的理的"知"。

为什么这个方法不从"穷理"开始，而从"格物"开始？朱熹说："《大学》说格物，却不说穷理。盖说穷理，则似悬空无捉摸处。只说格物，则只就那形而下之器上，便寻那形而上之道。"（《朱子全书》卷四十六）换言之，理是抽象的，物是具体的。要知道抽象的理，必须通过具体的物。我们的目的，是要知道存在于外界和我们本性中的理。理，我们知道得越多；则为气禀所蔽的性，我们也就看得越清楚。

朱熹还说："盖人心之灵，莫不有知；而天下之物，莫不有理。唯于理有未穷，故其知有不尽也。是以大学始教，必使学者即凡天下之物，莫不因其已知之理而益穷之，以求至乎其极。至于用力之久，而一旦豁然贯通焉，则众物之表里精粗无不到，而吾心之全体大用无不明矣。"（《大学章句·补格物传》）在这里我们再一次看到顿悟的学说。

这本身似乎已经够了，为什么还要辅之以"用敬"呢？回答是：若不用敬，则格物就很可能不过是一智能练习，而不能达到预期的顿悟的目的。在格物的时候，我们必须心中记着：我们正在做的，是为了见性，是为了擦净珍珠，重放光彩。只有经常想着要悟，才能一朝大悟。这就是用敬的功用。

朱熹的修养方法，很像柏拉图的修养方法。他的人性中有万物之理的学说，很像柏拉图的宿慧说。照柏拉图所说，"我们在出生以前就有关于一切本质的知识"（《斐德若》）。因为有这种宿慧，所以"顺着正确次序，逐一观照各个美的事物"的人，能够"突然看见一种奇妙无比的美的本质"（《会饮》），这也是顿悟的一种形式。

第二十六章

新儒家:心学

第二十四章已经说过，陆王学派，也称"心学"，由程颢开创，由陆九渊、王守仁完成。陆九渊（1139—1193），人称象山先生，今江西省人。他与朱熹是朋友，但是他们的哲学思想在各方面都有分歧。他们围绕着重大哲学问题，进行了口头的、书面的争论，引起了当时人们的极大兴趣。

陆九渊的"心"的概念

据说陆九渊、王守仁二人都亲自经验过顿悟,然后对于他们思想的真理价值,坚信不疑。陆九渊有一天"读古书至'宇宙'二字,解者曰:'四方上下曰宇,往古来今曰宙。'忽大省曰:'宇宙内事,乃己分内事;己分内事,乃宇宙内事。'"(《象山全集》卷三十三)又尝曰:"宇宙便是吾心,吾心即是宇宙。"

朱熹赞同程颐说的"性即理",陆九渊的回答却是"心即理"(见《象山全集》卷十二)。两句话只有一字之差,可是其中存在着两个学派的根本分歧。我们在前一章看到,在朱熹的系统中,认为心是理的具体化,也是气的具体化,所以心与抽象的理不是一回事。于是朱熹就只能说性即理,而不能说心即理。但是在陆九渊的系统中,刚好相反,认为心即理,他以为在心、性之间做出区别,纯粹是文字上的区别。关于这样文字上的区别,他说:"今之学者读书,只是解字,更不求血脉。且如情、性、心、才,都是一般物事,言偶不同耳。"(《象山全集》卷三十五)

可是我们在前一章已经看出,朱熹区别心与性,完全不是文字上的区别;从他的观点看来,实在的确存在着这样的区别。不过,朱熹所见的实在，与陆九渊所见的实在，迥不相同。在朱熹看来，实在有两个世界，一个是抽象的，一个是具体的。在陆九渊看来，实在只有一个世界，它就是心（个人的心）或"心"（宇宙的心）。

但是陆九渊的说法，只给予我们一个要略，说明心学的世界系统大概是什么。只有在王守仁的语录和著作中，才能看到对这个系统更详尽的阐述。

王守仁的"宇宙"的概念

王守仁（1472—1528），今浙江省人，通常称他为"阳明先生"。他不只是杰出的哲学家，而且是有名的实际政治家。他早年热忱地信奉程朱。为了实行朱熹的教导，有一次他下决心穷竹子的理。他专心致志地"格"竹子这个"物"，格了七天七夜，什么也没有发现，人也累病了。他在极度失望中不得不终于放弃这种尝试。后来，他被朝廷贬谪到中国西南山区的原始生活环境里，有一夜他突然大悟。顿悟的结果，使他对《大学》的中心思想有了新的领会，根据这种领会他重新解释了这部书。就这样，他把心学的学说完成了、系统化了。

王守仁的语录，由他一位弟子笔记并选编为《传习录》，其中有一段说：

先生游南镇，一友指岩中花树问曰："天下无心外之物，如此

王陽明先生真像

遡稽古初孔曰性近禮亦有言人
生而靜善惡未生是曰本性心分
本虛與物相印習染既殊是非斯
定餘姚性學千秋定論良知之說
孟氏所宗存理遏欲未發為中洗
心藏密忠與民同任情自發有感
遂通湛然虛明廓然大公知行合
一性道事功

焦秉貞集筆

>>> 有一夜王阳明突然大悟，结果使他对《大学》的中心思想有了新的领会，根据这种领会他重新解释了这部书。就这样，他把心学的雏形确定了。图为清代焦秉贞《王阳明先生真像》。

花树，在深山中，自开自落，于我心亦何相关？"

先生云："尔未看此花时，此花与尔心同归于寂。尔来看此花时，则此花颜色，一时明白起来。便知此花，不在尔的心外。"

……………

先生曰："尔看这个天地中间，什么是天地的心？"

对曰："尝闻人是天地的心。"

曰："人又什么叫做心？"

对曰："只是一个灵明。"

"……可知充天塞地，中间只有这个灵明。人只为形体自间隔了。我的灵明，便是天地鬼神的主宰。……天地鬼神万物，离却我的灵明，便没有天地鬼神万物了。我的灵明，离却天地鬼神万物，亦没有我的灵明。如此便是一气流通的，如何与他间隔得？"

（《传习录》下，见《王文成公全书》卷三）

由这几段话，我们可以知道，王守仁的宇宙概念是什么意思。在他的这个概念中，宇宙是一个精神的整体，其中只有一个世界，就是我们自己经验到的这个具体的、实际的世界。这样，当然就没有，朱熹如此着重强调的、抽象的理世界的地位。

王守仁也主张心即理，他说："心即理也。天下又有心外之事，心外之理乎？"（《传习录》上，见《王文成公全书》卷一）又说："心之体，性也。性即理也。故有孝亲之心，即有孝之理；无孝亲之心，即无孝之理矣。有忠君之心，即有忠之理；无忠君之心，即无忠之理矣。理岂外于吾心耶？"（《答顾东桥书》，《传习录》中，见《王文成公全书》卷二）从这些话，可以更清楚地看出朱熹与王阳明的不同，以及两人所代表的学派的不同。根据朱熹的系统，那就只能说，因有孝之理，故有孝亲之心；因有忠之理，故有忠君之心。可是不能反过来说。但是王守仁所说的，恰恰是反过来说。根据朱熹的系统，一切理都是永恒地在那里，无论有没有心，理照样在那里。根据王守仁的系统，则如果没有心，也就没有理。如此，则心是宇宙的立法者，也是一切理的立法者。

"明德"

王守仁用这样的宇宙概念，给予《大学》以形上学的根据。我们从第十六章已经知道，《大学》有所谓"三纲领""八条目"。三纲领是："在明明德，在亲民，在至于至善。"王守仁将"大学"定义为"大人之学"。关于"明明德"，他写道："大人者，以天地万物为一体者也。其视天下犹一家，中国犹一人焉。若夫间形骸而分尔我者，小人矣。大人之能以天地万物为一体也，非意之也，其心之仁，本若是其与天地万物而为一也。岂唯大人，虽小人之心，亦莫不然。彼顾自小之耳。是故见孺子之入井，而必有怵惕恻隐之心焉。是其仁与孺子而为一体也。孺子犹同类者也，见鸟兽之哀鸣觳觫而必有不忍之心焉，是其仁之与鸟兽而为一体也。……是其一体之仁也，虽小人之心，亦必有之。是乃根于天命之性，而自然灵昭不昧者也。是故谓之明德。……是故苟无私欲之蔽，则虽小人之心，而其一体之仁，犹大人也。一有私欲之蔽，则虽大人之心，而其分隔隘陋，犹小人矣。故夫为大人之学者，亦唯去其私欲之蔽，以自明其明德，复其天地万物一体之本然而已耳；非能于本体之外，而有所增益之也。"（《大学问》，见《王文成公全书》卷二十六）

关于"亲民"，他写道："明明德者，立其天地万物一体之体也；

亲民者，达其天地万物一体之用也。故明明德必在于亲民，而亲民乃所以明其明德也。亲吾之父以及人之父，以及天下人之父，而后吾之仁实与吾之父、人之父、与天下人之父而为一体矣，实与之为一体而后孝之明德始明矣。……君臣也，夫妇也，朋友也，以至于山川、神鬼、鸟兽、草木也，莫不实有以亲之，以达吾一体之仁。然后吾之明德始无不明，而真能以天地万物为一体矣。"（《大学问》，见《王文成公全书》卷二十六）

关于"止于至善"，他写道："至善者，明德、亲民之极则也。天命之性，粹然至善，其灵昭不昧者，此其至善之发现，是乃明德之本体，而即所谓良知者也。至善之发见，是而是焉，非而非焉，轻重厚薄，随感随应，变动不居，而亦莫不有天然之中。是乃民彝物则之极，而不容少有拟议增损于其间也。少有拟议增损于其间，则是私意小智，而非至善之谓矣。"（《大学问》，见《王文成公全书》卷二十六）

良知

如此，"三纲领"就归结为"一纲领"："明明德"。明德，不过是吾心之本性。一切人，无论善恶，在根本上都有此心，此心相同，私欲并不能完全蒙蔽此心，在我们对事物做出直接的、本能的反应时，此心就总是自己把自己显示出来。"见孺子之入井，而必有怵惕恻隐之心焉"，就是说明这一点的好例。我们对事物的最初反应，使我们自然而自发地知道是为是，非为非。这种"知"，是我们本性的表现，王守仁称之为"良知"。我们需要做的一切，不过是遵从这种"知"的指示，毫不犹豫地前进。因为如果我们要寻找借口，不去立即遵行这些指示，那就是对于良知有所增损，因而也就丧失至善了。这种寻找借口的行为，就是由私意而生的小智。我们已经在第二十三、第二十四章中看到，周敦颐、程颢都提出过同样的学说，但是王守仁在这里所说的，则给予这个学说以更有形上学意义的基础。

据说，杨简（1141—1226）初见陆九渊，问："如何是本心？"不妨顺便提一下，"本心"本来是禅宗术语，但是也成为新儒家陆王学派使用的术语了。陆九渊引《孟子》的"四端"为答。杨简说他儿时已读此段，但还是不知道如何是本心。杨简此时任富阳主簿，谈话中间还要办公。他断了一场卖扇子的官司后，又面向陆九渊，再问这个问题。陆九渊说："适闻断扇讼，是者知其为是，非者知其为非，此即本心。"杨简说："止如斯耶？"陆九渊大声说："更何有也！"杨简顿悟，乃拜陆九渊为师。（见《慈湖遗书》卷十八）

另有一个故事说，有个王守仁的门人，夜间在房内捉得一贼。他对贼讲一番良知的道理，贼大笑，问他："请告诉我，我的良知在哪里？"当时是热天，他叫贼脱光了上身的衣服，又说："还太热了，为什么不把裤子也脱掉？"贼犹豫了，说："这，好像不大好吧。"他向贼大喝："这就是你的良知！"

这个故事没有说，通过谈话，这个贼是否发生了顿悟。但是它和前一个故事，都用的是禅宗教人觉悟的标准方法。两个故事说明人人都有良知，良知是他本心的表现，通过良知他直接知道是为是，非为非。就本性而言，人人都是圣人。为什么王守仁的门徒惯于说"满街都是圣人"，就是这个缘故。

这句话的意思是，人人有做圣人的潜能。他可能成为实际的圣人，只要他遵从他的良知的指示而行。换句话说，他需要做的，是将他的良知付诸实践，或者用王守仁的术语说，就是"致良知"。因此，"致良知"就成了王学的中心观念，王守仁在晚年就只讲这三个字。

"正事"（格物）

《大学》还讲了"八条目"，是自我精神修养的八个步骤。头两步是"致知""格物"。照王守仁的说法，"致知"就是"致良知"。自我的修养，不过是遵从自己的良知而行罢了。

对于"格物"的解释，王守仁与程颐、朱熹都不相同。王守仁说："格者，正也""物者，事也"（《大学问》，见《王文成公全书》卷二十六）。他以为，致良知不能用佛家沉思默虑的方法。致良知，必须通过处理普通事务的日常经验。他说："心之所发便是意。……意之所在便是物。如意在于事亲，即事亲便是一物；意在于事君，即事君便是一物。"（《传习录》上，见《王文成公全书》卷一）物有是有非，是非一经确定，良知便直接知之。我们的良知知某物为是，我们就必须真诚地去做它；良知知某物为非，我们就必须真诚地不做它。如此正事，就同时致良知。除了正事，别无"致良知"之法。《大学》为什么说"致知在格物"，理由就在此。

"八条目"的下两步是"诚意""正心"。按王守仁的说法，"诚意"就是"正事""致良知"，皆以至诚行之。如果我们寻找借口，不遵从良知的指示，我们的意就不诚。这种不诚，与程颢、王守仁所说的

"自私用智"是一回事。意诚,则心正;正心,也无非是诚意。

其余四步是"修身""齐家""治国""平天下"。照王守仁的说法,"修身"同样是"致良知"。因为不致良知,怎么能修身呢?在修身之中,除了致良知,还有什么可做呢?致良知,就必须亲民;在亲民之中,除了"齐家""治国""平天下",还有什么可做呢?如此,"八条目"可以最终归结为"一条目",就是"致良知"。

什么是良知?它不过是我们心的内在光明,宇宙本有的统一,也就是《大学》所说的"明德"。所以"致良知"也就是"明明德"。这样,全部的《大学》就归结为一句话:"致良知。"

再引用王守仁的一段话:"人心是天渊,无所不赅。原是一个天,只为私欲障碍,则天之本体失了。……如今念念致良知,将此障碍窒塞,一齐去尽,则本体已复,便是天渊了。……一节之知,即全体之知;全体之知,即一节之知。总是一个本体。"(《传习录》下,见《王文成公全书》卷三)

用敬

由此可见,王守仁的系统,是遵循周敦颐、程颢、陆九渊等人的系统路线,但是表述得更有系统,更为精密。他将《大学》的纲目安排进他的系统中,安排得如此之好,既足以自信,又足以服人。

这个系统及其精神修养方法都是简易的、直接的,这些性质本身就

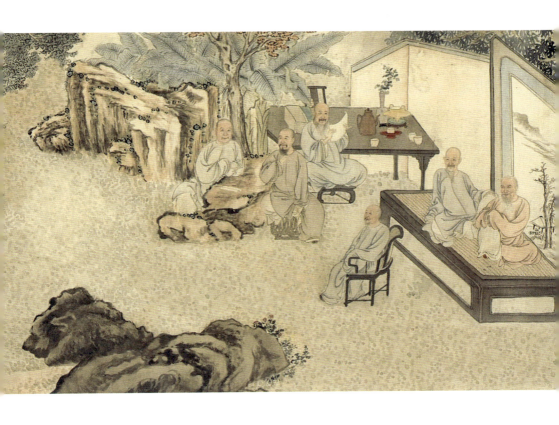

>>> "八条目"的下两步是"诚意""正心"。意诚,则心正;正心,也无非是诚意。其余四步是"修身""齐家""治国""平天下"。照王守仁的说法,"修身"同样是"致良知"。因为不致良知,怎么能修身呢?在修身之中,除了致良知,还有什么可做呢?致良知,就必须亲民;在亲民之中,除了"齐家""治国""平天下",还有什么可做呢?如此,"八条目"可以最终归结为"一条目",就是"致良知"。什么是良知?它不过是我们心的内在光明,宇宙本有的统一,也就是《大学》所说的"明德"。所以"致良知"也就是"明明德"。这样,全部的《大学》就归结为一句话:"致良知。"图为清代叶芳林《九日行庵文宴图》。

具有强烈的感染力。我们最需要的是首先了解，每人各有本心，本心与宇宙合为一体。这个了解，陆九渊称之为"先立乎其大者"，这句话是借用孟子的。陆九渊说："近有议吾者云：'除了"先立乎其大者"一句，全无伎俩。'吾闻之曰：'诚然。'"（《象山全集》卷三十四）

第二十四章已经指出，照新儒家的说法，修养须用敬，但是敬什么呢？照陆王学派所说，必须"先立乎其大者"，然后以敬存之。陆王学派批评程朱学派没有"先立乎其大者"，支离破碎地从格物出发。在这种情况下，即使用敬，也不会在精神修养上有任何效果。陆王学派把这种做法比作烧火做饭，锅内无米。

可是，对于这一点，程朱学派可能这样回答：若不从格物做起，怎么能够先有所立呢？立什么呢？如果排除了格物，那么"先立乎其大者"只有一法，就是只靠顿悟。程朱学派认为，此法是禅，不是儒。

在第二十四章，我们已经看到，程颢也说"学者须先识仁"，仁与万物同体，识得此理，然后以诚敬存之。用不着另做别的事；只需要自己信得过自己，一往直前。陆九渊的口吻也很相似，他说："激厉奋迅，决破罗网，焚烧荆棘，荡夷污泽。"（《象山全集》卷三十四）这样做的时候，即使是孔子的权威，也无需尊敬。陆九渊说："学苟知本，六经皆我注脚。"我们清楚地看出，在这方面，陆王学派是禅宗的继续。

对佛家的批评

可是，陆王学派和程朱学派都激烈地批评佛学。同是批评，两派仍有不同。朱熹说："释氏说空，不是便不是。但空里面需有道理始得。若只说道我是个空，而不知有个实的道理，却做甚用。譬如一渊清水，清泠彻底，看来一如无水相似，他便道此渊只是空的。不曾将手去探是冷温，不知道有水在里面。释氏之见正如此。"（《朱子语类》卷一百二十六）又说："儒者以理为不生不灭，释氏以神、识为不生不灭。"在朱熹看来，佛家说具体世界是空的，并不是没有根据的，因为具体世界的事物的确是变化的、暂时的。但是还有理，理是永恒的、不变的。在这个意义上，宇宙并不空。佛家不知道，理是真实的，因为理是抽象的；正像有些人看不见渊中的水，因为水是无色的。

王守仁也批评佛家，但是是从完全不同的观点来批评。他说："仙家说到虚，圣人岂能虚上加得一毫实？佛家说到无，圣人岂能无上加得一毫有？但仙家说虚，从养生上来；佛家说无，从出离生死苦海上来。却于本体上加却这些子意思在，便不是他虚无的本色了，便于本体有障碍。圣人只是还他良知的本色，更不着些子意思在。……天地万物，俱在我良知的发用流行中，何尝又有一物超于良知之外，能作得障碍？"（《传习录》下，见《王文成公全书》卷三）他又说："佛氏不著相，其实著了相。吾儒著相，其实不著相。……（佛）都是为了君臣、父子、夫妇著了相，便需逃避。如吾儒有个父子，还他以仁；有个君臣，还他以义；有个夫妇，还他以别。何曾著父子、君臣、夫妇的相？"

若顺着这种论证推下去，我们可以说，新儒家比道家、佛家更为一贯地坚持道家、佛家的基本观念。他们比道家还要道家，比佛家还要佛家。

第二十七章

西方哲学的传入

每个哲学系统都可能被人误解和滥用，新儒家的两派也是这样。照朱熹的说法为了了解永恒的理，原则上必须从"格物"开始，但是这个原则朱熹自己就没有严格执行。在他的语录中，我们看到他的确对自然现象和社会现象进行了某些观察，但是他的绝大部分时间还是致力于经典的研究和注释。他不仅相信有永恒的理，而且相信古代圣贤的言论就是这些永恒的理。所以他的系统中有权威主义和保守主义成分，这些成分随着程朱学派的传统继续发展而日益显著。程朱学派成为国家的官方学说以后，更是大大助长了这种倾向。

对于新儒家的反动

陆王学派就是反对这种保守主义的革命,在王守仁时期,这种革命运动达到最高潮。陆王学派用简易的方法,诉诸每个人直觉的知识,即良知,也就是各人"本心"内在的光明。陆王学派,虽然始终没有像程朱学派那样为国家官方承认,却和程朱学派一样地有影响。

但是王守仁的哲学也被人误解和滥用。照王守仁的说法,良知所直接指导的是我们意志或思想的伦理方面。它只能告诉我们应该做什么,但是不能告诉我们怎么做。要知道在一定情况下怎么做我们应该做的事,王守仁说还必须根据实际情况研究实际做法。可是后来他的门徒发展到似乎相信,良知本身能够告诉我们一切,包括怎么做。这当然是荒谬的,陆王学派的人也确实吃尽了这种谬论的苦头。

在前一章的结尾,我们已经看到,王守仁用禅宗的辩论方法批评佛家。这样的一种辩论方法,恰恰是最容易被人滥用的。有一个讽刺故事,说是有个书生游览一个佛寺,受到执事僧人的冷遇。有一个大官也来游览,却受到最大的尊敬。大官走了以后,书生就问僧人为什么待遇不同。僧人说:"敬是不敬,不敬是敬。"书生就照僧人脸上狠狠打了一耳光。僧人愤怒地抗议道:"你为什么打我?"书生说:"打是

>>> 清代的学者们发动了"回到汉代"的运动,意思就是回到汉代学者为先秦经典所作的注释,他们将这种研究称为"汉学"。图为南北朝杨子华《校经图》。

不打,不打是打。"王守仁的时代过后,这个故事流传开来,无疑是批评王学和禅宗的。

王守仁生活在明朝(1368—1643),这是一个汉人的皇朝,取代了元朝(1280—1367)的蒙古人皇朝。明朝被推翻,代之以清朝(1644—1911),在中国历史上,这是第二次非汉人统治全国,这一次是满人。可是对于中国文化,满人比蒙古人百倍同情。清朝的前二百年,整个地说,是中国内部和平和繁荣的时期。在这个时期,在某些方面,中国的文化有了重大进展;但是在其他方面,这个时期滋长了文化的和社会的保守主义。官方方面,程朱学派的地位甚至比前朝更为巩固。非官方方面,对程朱学派和陆王学派在清朝都发生了重大的反动。反对程朱陆王的领袖人物,都谴责他们在禅宗和道家影响下,错误地解释了孔子的思想,因而已经丧失了儒家固有的实践方面。有人攻击说:"朱子道,陆子禅。"在某种意义上,这种谴责并不是完全不公正的,这从前两章就可以看出来。

可是从哲学的观点看来,这种谴责完全是不相干的。正如第二十四章指出的,新儒家是儒家、佛家、道家(通过禅宗)、道教的综合。从中国哲学史的观点看来,这样的综合代表着发展,因此是好事,不是坏事。

但是在清朝,儒家的正统地位空前加强,谁若说新儒家不是纯粹儒家,就等于说新儒家是假的、是错的。的确,在新儒家的反对者看来,新儒家之害甚于佛、道,因为它表面上符合原来的儒家,更容易欺骗人,从而把人们引上邪路。

由于这个缘故,清代的学者们发动了"回到汉代"的运动,意思就是回到汉代学者为先秦经典所作的注释。他们相信,汉代学者生活的时代距孔子不远,又在佛教传入中国之前,因此汉儒对经典的解释一定比较纯粹,比较接近孔子的原意。于是,他们研究了浩繁的汉儒注释,都是新儒家所摒弃的,他们将这种研究称为"汉学"。这个名称是与新儒家对立的，他们称新儒家为"宋学"，因为新儒家的主要学派兴于宋代。从18世纪到20世纪初，清儒中的汉学与宋学之争，是中国思想史上最大的论争之一。从我们现在的观点看，它实际上是对古代文献进行哲学解释与进行文字解释的论争。文字解释，着重在它相信的文献原有的意思；哲学解释，着重在它相信的文献应有的意思。

由于汉学家着重于古代文献的文字解释，他们在校勘、考证、语文学等领域做出了惊人的成绩。他们的历史、语文学和其他研究，的确是清代文化最大的独特的成就。

在哲学上，汉学家的贡献微不足道；但是在文化上，他们确实大大打开了当时人们的眼界，看到了中国古代文献的广阔成就。在明代，绝大多数读书人，在新儒家的影响下，只需要应付科举考试的知识，全部精力都耗在"四书"上。其结果，对另外的文献，他们简直毫无所知。到了清儒致力于古代文献文字整理工作，他们就不可能仅仅限于儒家经典了。当然，他们首先从事的还是儒家经典，但是这方面的工作做完以后，他们就开始研究正统儒家以外各家的古代文献，如《墨子》《荀子》《韩非子》，这些书都是长期被人忽视的。他们的工作是改正掺入原文的许多讹误，解释词语的古代用法。正是由于他们的劳动，这些文献现在才比以前，例如明代，好读得多了。他们的工作，在复兴对于这些哲学家进行哲学研究的兴趣方面，的确大有帮助。这种哲学研究，是近几十年在西方哲学传入的刺激下进行的。我们现在就要转入这个主题。

孔教运动

在这里不必详细考察中国人最初接触西方文化时所采取的态度。这里只说,到明朝后期,即16世纪末到17世纪初,许多中国学者已经对当时耶教传教士传入的数学、天文学深有印象。如果欧洲人把中国及周围地区称为"远东",那么,中国人在与欧洲人接触的初期就把欧洲称为"远西",即"泰西"。在此以前,中国人已经把印度称为"西天",当然只有把印度以西的国家称为"泰西"了。这个称呼现在已经不用了,但是直到19世纪末还是常用的。

我在第十六章说过,在传统上,中国人与外人即"夷狄"的区别,其意义着重在文化上,不在种族上。中国人民族主义意识的发展,历来是重在文化上,不重在政治上。中国人作为古老文明的继承者,在地理上与其他任何同等的文明古国相距遥远,他们很难理解,与他们自己的生活方式不同的人,怎么会是有文化的人。因此,不论什么时候,他们一接触到不同的文化,总是倾向于蔑视它、拒绝它。他们不是把它们当作不同的东西,而径直认为它们是低劣的、错误的东西。就像我们在第十八章看到的,佛教的传入刺激了道教的建立,它是在信仰方面作为民族主义的反应而出现的。同样地,西方文化的传入,在其中起主要作用的是基督教会,也激起了相似的反应。

刚才提到,在16世纪、17世纪,传教士给予中国人的印象,在其宗教方面,远不如在其数学、天文学方面。但是后来,特别是在19世纪,随着欧洲军事、工业、商业优势的增长,中国在清朝统治下政治力量却相应地衰落,中国人这才日益感觉到基督教的动力作用了。19世纪爆发了几场教会与中国人的严重冲突事件之后,为了对抗西方越来越大的冲击，就在19世纪末，著名的政治家、改革家康有为（1858—1927）发起了本国的孔教运动。这个事件绝不是偶然的——即使从中国思想内部发展的观点看——因为已经有汉学家铺平了道路。

在第十七、十八章讲过，汉代占统治地位的有两派儒家：古文学派、今文学派。随着清代对汉儒著作研究的复兴，古今文学派的旧纠纷也复活了。我们已经知道，董仲舒为首的今文学派，相信孔子建立了一个理想的新朝代；后来走得更远，竟然认为孔子是到人间完成使命的神人，是人类中间真正的神。康有为是清代汉学今文学派的领袖，他在今文学派中找到了充分的材料，足以把儒家建成符合宗教本义的有组织的宗教。

我们研究董仲舒的时候，已经读过他关于孔子的奇谈怪论。康有为的说法比董仲舒更有过之。我们已经看到，在《春秋》中，更在汉儒的注释中，以及在《礼记》中，有所谓"三世说"，即世界的进步经过三个时期或阶段。康有为复活了此说，加以解释说："孔子生当据乱之世。今者大地既通，欧美大变，盖进至升平之世矣。异日大地大小远近如一，国土既尽，种类不分，风化齐同，则如一而太平矣。孔子已预知之。"这些话是他1902年在《论语注》卷二中写的。

康有为是著名的"戊戌变法"领袖。变法只持续了百日，结果是他自己逃亡海外，他的几位同事被杀，清政府的政治反动变本加厉。按他的意见，他所主张的并不是采用西方新文化，而是实行中国古代孔子的真正教义。他写了许多儒家经典的注释，注入他自己的新思想。除了这些，他还在1884年写了一部《大同书》，其中描绘了一个具体的乌托邦，根据孔教的设计，将在人类进步的第三阶段实现。这部书虽然大胆、革命，足以使最能空想的著作家瞠目结舌，可是康有为自己却远远不是空想家。他断言他的纲领，不到人类文明的最高和最后阶段，决不可以付诸实施。至于当前实施的政治纲领，他坚决主张，只能是君主立宪。所以在他的一生中，他最初被保守派痛恨，因为他太激进了；后来又被激进派痛恨，因为他太保守了。

>>> 康有为是著名的"戊戌变法"领袖。变法只持续了百日,结果是他自己逃亡海外,他的几位同事被杀,清政府的政治反动变本加厉。按他的意见,他所主张的并不是采用西方新文化,而是实行中国古代孔子的真正教义。图为当代王西京《远去的足音》。

但是20世纪不是宗教的世纪,随着基督教传入中国,也一起传入了或附带传入了现代科学,它是与宗教相对立的。因而基督教本身的影响在中国受到了限制,而孔教运动也就夭折。可是,推翻清朝建立民国之后,1915年起草民国的第一部宪法时,有一个康有为的信徒要求在宪法上规定民国以儒教为国教。对于这一点展开了激烈的争论,最后达成妥协,在宪法上规定"中华民国"采用儒教,不是作为国家的宗教,只是作为道德训练的基本原则。这部宪法从未实施,从此再也没有听说按康有为那种意思以儒教为宗教的话了。

值得注意的是,直到戊戌年即1898年,康有为和他的同志们对于西方哲学,如果不是毫无所知,也是知之极少。谭嗣同(1865—1898)在变法运动失败的壮烈殉难,作为思想家他比康有为本人深邃多了。他写了一部《仁学》,将现代化学、物理学的一些概念引入了新儒家。他在这部书的开端,列举了一些书,说明要读《仁学》必须先读这些书。在这个书目中,有关西方思想的书,他只提到《新约》"及算学、格致、社会学之书"。事实很明显,当时的人简直不知道西方的哲学,他们所有的西方文化知识,除了机器和战舰,就基本上限于自然科学和基督教义了。

西方思想的传入

在20世纪初,关于西方思想的最大权威是严复(1853—1920)。他早年被清政府派到英国学海军,在那里也读了一些当时流行的人文学

>>> 在20世纪初,关于西方思想的最大权威是严复。他早年被清政府派到英国学海军,在那里也读了一些当时流行的人文学科的书。回国以后,译出了赫胥黎的《天演论》等著作。此后他就非常出名,他的译本广泛流传。图为当代王裕亮、杨幼梅《译坛先驱——严复、林纾、辜鸿铭》。

科的书。回国以后，译出了以下著作：赫胥黎《天演论》、亚当·斯密《原富》、斯宾塞《群学肄言》，约翰·穆勒《群己权界论》《名学》（前半部）、甄克思《社会通诠》、孟德斯鸠《法意》，以及耶方斯《名学浅说》（编译）。严复是在中日甲午战争（1894—1895）之后，开始翻译这些著作的。此后他就非常出名，他的译本广泛流传。

严复译的书为什么风行全国，有三个原因。第一是甲午战争中国败于日本，又接连遭到西方的侵略，丧权辱国，这些事件震破了中国人相信自己的古老文明的优越感，使之产生了解西方思想的愿望。在此以前，中国人幻想，西方人不过在自然科学、机器、枪炮、战舰方面高明一点，拿不出什么精神的东西来。第二个原因是严复在其译文中写了许多按语，将原文的一些概念与中国哲学的概念做比较，以便读者更好地了解。这种做法，很像"格义"，即类比解释，我们在第二十章讲到过。第三个原因是，在严复的译文中，斯宾塞、穆勒等人的现代英文却变成了最典雅的古文，读起来就像是读《墨子》《荀子》一样。中国人有个传统是敬重好文章，严复那时候的人更有这样的迷信，就是任何思想，只要能用古文表达出来，这个事实的本身就像中国经典的本身一样地有价值。

但是严译的书目，表明严复介绍西方的哲学很少。其中真正与哲学有关的只有耶方斯《名学浅说》与穆勒《名学》，前者只是原著摘要，后者还没有译完。严复推崇斯宾塞的《天人会通论》，说："欧洲自有生民以来无此作也。"（《天演伦》导言一，按语）可见他的西方哲学知识是很有限的。

与严复同时有另外一位学者，在哲学方面理解比较透彻，见解比较深刻，可是他放弃哲学研究之后，才闻名于世。他就是王国维（1877—1927）。他是当代最大的历史学家、考古学家和著作家之一。他在三十岁以前，已经研究了叔本华和康德，在这方面与严复不同，严复研究的几乎只是英国思想家。但是到了三十岁，王国维放弃了哲学研究，其原因具见于他的《自序》。他在这篇文章中说：

> 余疲于哲学有日矣。哲学上之说，大都可爱者不可信，可信者不可爱。余知真理，而余又爱其谬误伟大之形而上学、高严之伦理学与纯粹之美学，此吾人所酷嗜也。然求其可信者，则宁在知识论上之实证论、伦理学上之快乐论与美学上之经验论。知其可信而不能爱，觉其可爱而不能信，此近二三年中最大之烦闷，而近日之嗜好所以渐由哲学而移于文学，而欲于其中求直接之慰藉者也。
>
> （《静安文集续编》自序二）

王国维还说，如斯宾塞在英国、冯特在德国，这些人都不过是二流的哲学家，他们的哲学都不过是调和科学或调和前人系统的产物。当时他所知道的其他哲学家都不过是哲学史家。他说，他若继续研究下去，可能成为一个很成功的哲学史家。他说："然为哲学家则不能，为哲学史（家）则又不喜，此亦疲于哲学之一原因也。"（《静安文集续编》自序二）

我大段地引王国维的话，因为从这些引文来看，我认为他对西方哲学深有所见。用中国的成语来说，他深知其中甘苦。但是整个说来，在20世纪初，真懂西方哲学的人是极少的。我自己在上海读中国公学的时候，有一门初等逻辑课程，当时在上海没有人能教这个课程。最后找到了一位教师，他要我们各买一本耶方斯《逻辑读本》的原本，用它做教科书。他用英文教师教学生读英文课本的办法，教我们读这本书。讲到论判断的一课时，他叫起我拼写 judgment 这个词，为的是考考我是不是在 g 与 m 中间插进一个 e。

过了不久，另一位老师来教我们，他倒是有意识地努力把这门课上成真正的逻辑课。耶方斯的书后面有许多练习，这位老师也不要求我们做，可是我自己仍然在自动地做。碰到有道习题我不懂，我就在课后请求这位老师讲解。他同我讨论了半个小时，还是不能解决，他最后说："让我再想想，下次来了告诉你。"他再也没有来，我为此深感抱歉，

>>> 与严复同时有另外一位学者,在哲学方面理解比较透彻,见解比较深刻,可是他放弃哲学研究之后,才闻名于世。他就是王国维。他是当代最大的历史学家、考古学家和著作家之一,同时他对西方哲学也深有所见。图为《清华国学四导师》。

我实在不是有意难为他。

北京大学当时是中国唯一的国立大学,计划设三个哲学门:中国哲学门、西洋哲学门、印度哲学门。门,相当于后来的系。但是当时实际设立的,只有一个哲学门,即中国哲学门。在1915年宣布成立西洋哲学门,聘了一位教授,是在德国学哲学的,当然可以教这方面的课程。我于是在这一年到北京,考进了这个门,但是使我沮丧的是,这位教授刚刚要教我们却去世了。因此我只有进中国哲学门学习。

中国哲学门有许多教授。这些学者有的是古文学派,有的是今文学派;有的信程朱,有的信陆王。其中有一位信奉陆王,教我们的中国哲学史,是两年的课程,每周四小时。他从尧舜讲起,讲到第一学期末,还只讲到周公,就是说,离孔子还有五百年。我们问他,按这个进度,这门课什么时候才能讲完。他回答说:"唔,研究哲学,无所谓完不完。若要它完,我一句话就能完;不要它完,就永远不会完。"

西方哲学的传入

1919年邀请约翰·杜威和伯特兰·罗素来北京大学和其他地方讲学。他们是到中国来的第一批西方哲学家,中国人从他们的讲演中第一次听到西方哲学的可靠说明。但是他们所讲的大都是他们自己的哲学,这就给听众一种印象:传统的哲学系统已经一概废弃了。由于西方哲学史知识太少,大多数听众都未能理解他们学说的意义。要理解一个哲学,必须首先了解它所赞成的、所反对的各种传统，否则就不可能理解它。所以这两位哲学家，接受者虽繁，理解者盖寡。可是，他们对中国的访问，毕竟使当时的学生大都打开了新的知识眼界。就这方面说，他们的逗留实在有很大的文化教育价值。

在第二十一章我曾说，"中国的佛学"与"在中国的佛学"，是有区别的；又说佛学对中国哲学的贡献，是宇宙的心的概念。西方哲学的传入，也有类似的情况。例如，杜威和罗素访问之后，也有许多其他的哲学系统，此一时或彼一时，在中国风行。可是，至今它们的全部几乎都不过是在中国的西方哲学。还没有一个变成中国精神发展的组成部分，像禅宗那样。

就我所能看出的而论，西方哲学对中国哲学的永久性贡献，是逻辑分析方法。在第二十一章我曾说，佛家和道家都用负的方法。逻辑分析方法正和这种负的方法相反，所以可以叫做正的方法。负的方法，试图消除区别，告诉我们它的对象不是什么；正的方法，则试图做出区别，告诉我们它的对象是什么。对于中国人来说，传入佛家的这种方法，并无关紧要，因为道家早已有负的方法，当然佛家的这种负的方法确实加强了它。可是，正的方法的传入，就真正是极其重要的大事了。它给予中国人一个新的思想方法，使其整个思想为之一变。但是在下一章我们就会看到，它没有取代负的方法，只是补充了负的方法。

重要的是这个方法，不是西方哲学的现成结论。中国有个故事，说的是有个人遇见一位神仙，神仙问他需要什么东西。他说他需要金子。神仙用手指头点了几块石头，石头立即变成金子。神仙叫他拿去，但是他不拿。神仙问："你还要什么呢？"他答道："我要你的手指头。"逻辑分析法就是西方哲学家的手指头，中国人要的是手指头。

正由于这个缘故，所以西方的哲学研究虽有那么多不同的门类，而第一个吸引中国人注意力的是逻辑。甚至在严复翻译穆勒《名学》以前，明代的李之藻（1565—1630）早已同耶教神父合译了一部中世纪讲亚里

鲁迅、胡[...]刘半农、周作人、玄同、尹默、沈钧[...]学大师，[...]等，称是一代大师的群立会。可以说，在中国近现代历史上，从来没有任何一[...]

本刊物的影响大，可与《新青年》堪比。《新青年》宣传民主与科学，提倡新文学，提倡白话文反对文言文。后期开始宣传马克思主义以及马克思主义哲学。

《新青年》是中国近现代史上著名的思想理论刊物，原名《青年杂志》，1915年9月，陈独秀在上海创办，二卷一号起改名《新青年》。《新青年》倡导"人权"与"科学"，反对封建礼教如时进思想，凝聚当时中国一大批最优秀的知识分子，如陈独秀……

>>> 由于逻辑是西方哲学中引起中国人注意的第一个方面，所以很自然的是，在中国古代各家中，名家也是近些年来第一个得到详细研究的一家。胡适《先秦名学史》一书，自1922年初版以来，一直是此项研究的重要贡献之一。图为当代刘大鸣《新青年》。

士多德逻辑的教科书。他译的书，名叫《名理探》。在第十九章已经说过，"名理"就是"辨名析理"。严复将逻辑译为"名学"。在第八章已经说过，名家哲学的本质，以公孙龙为代表，也正是"辨名析理"。但是在第八章我已经指出，名家哲学与逻辑并不完全相同。可是有相似之处，所以中国人当初一听说西方的逻辑，就马上注意到这个相似之处，将它与中国自己的名家联系起来。

到现在为止，西方哲学传入后最丰富的成果，是复兴了对中国哲学包括佛学的研究。这句话并没有什么矛盾的地方。一个人遇到不熟悉的新观念，就一定转向熟悉的观念寻求例证、比较和互相印证，这是最自然不过的。当他转向熟悉的观念，由于已经用逻辑分析法武装起来，他就一定要分析这些观念，这也是最自然不过的。本章一开始就讲到，对于儒家以外的古代各家的研究，清代汉学家已经铺了道路。汉学家对古代文献的解释，主要是考据的、语文学的，不是哲学的。但是这确实是十分需要的，有了这一步，然后才能应用逻辑分析方法，分析中国古代思想中各家的哲学观念。

由于逻辑是西方哲学中引起中国人注意的第一个方面，所以很自然的是，在中国古代各家中，名家也是近些年来第一个得到详细研究的一家。胡适博士《先秦名学史》一书，自1922年初版以来，一直是此项研究的重要贡献之一。其他学者如梁启超（1873—1930），也对于名家及别家的研究有很多贡献。

用逻辑分析方法解释和分析古代的观念，形成了时代精神的特征，直到1937年中日战争爆发。甚至基督教会也未能避开这种精神的影响。为什么在中国的许多教会把中国的哲学原著和研究中国哲学的书译成了西方文字，却很少把西方的哲学原著和研究西方哲学的书译成中国文字，大概就是这个缘故。因此在哲学领域，他们好像是在做一种可以称之为倒转形式的传教工作。倒转的传教工作是可能有的，正如倒转的租借互换（lend-lease）是可能有的。

第二十八章

中国哲学在现代世界

讲完了中国哲学全部的演变和发展之后，读者可能要问这样的问题：当代的中国哲学，特别是战争时期的中国哲学，是什么样子呢？中国哲学对于未来世界的哲学，将有什么贡献呢？事实上，我经常被人询问这些问题，而且感到有点为难，因为提问的人要问某种哲学，而他对这种哲学所代表的、所反对的各种传统并不熟悉，那是很难向他解释清楚的。现在就好了，读者对于中国哲学的各种传统已经有所了解，我打算继续讲前一章所讲的故事，来回答这些问题。

哲学家和哲学史家

这么办的时候,我想只限于我自己的故事,这完全不是因为我认为这是唯一值得一讲的故事,而是因为这是我最了解的故事,也许可以作为一种例证。我想,这样做比只写出一连串的名字和什么"论",不加任何充分的解释,结果毫无印象地走过场,要好得多。只说某个哲学家是什么"论者",再不多说了,就会造成误解而不是了解。

我自己的大《中国哲学史》,下卷于1934年出版,在中日战争爆发之前三年;其上卷由布德博士译成英文于1937年10月在北平出版,战争已经开始了三个月;这部书正是我在前一章结尾提到的那种精神的表现。我在这部著作里利用了汉学家研究古代哲学家著作的成果,同时应用逻辑分析方法弄清楚这些哲学家的观念。从历史学家的观点看,应用这种方法有其限度,因为古代哲学家的观念,其原有形式,不可能像现代解释者所表述的那样清楚。哲学史的作用是告诉我们,哲学家的这些字句在过去实际上是意指什么,而不是我们现在认为应当意指什么。在《中国哲学史》中,我尽量使逻辑分析方法的应用保持在适当限度里。

可是从纯哲学家的观点看,弄清楚过去哲学家的观念,把他们的理论推到逻辑的结论,以便看出这些理论正确还是谬误,这确实比仅仅寻出他们自己认为这些观念和理论的意思是什么，要有趣得多，重要得多。这样做就有一个从旧到新的发展过程，这个发展是上述时代精神的另一个阶段。可是这样的工作，就再也不是一个历史学家的陈述性工作，而是一个哲学家的创造性工作了。我与王国维有同感，就是说，我不愿只做一个哲学史家。所以写完了我的《中国哲学史》以后，我立即准备做新的工作。但是正在这个关头，战争就于1937年夏天爆发了。

战时的哲学著作

在战前，北京大学哲学系（我在此毕业）、清华大学哲学系（我在此任教），被认为是国内最强的。它们各有自己的传统和重点。北大哲学系的传统和重点是历史研究，其哲学倾向是观念论，用西方哲学的名词说是康德派、黑格尔派，用中国哲学的名词说是陆王。相反，清华哲学系的传统和重点是用逻辑分析方法研究哲学问题，其哲学倾向是实在论，用西方哲学的名词说是柏拉图派（因为新实在论哲学是柏拉图式的），用中国哲学的名词说是程朱。

北大、清华都设在北平（前名北京），战争爆发后迁往西南，在那里与第三所大学，天津的南开大学，组成西南联合大学，度过了整个战争时期。两个哲学系联合起来，阵容是罕见的、惊人的，拥有九位教授，代表着中西哲学的一切重要学派。最初，联大曾设在湖南省长沙，我们哲学系和文法学院其他各系设在湖南省衡山，即著名的南岳。

>>> 北大、清华都设在北平（前名北京），战争爆发后迁往西南，在那里与第三所大学，天津的南开大学，组成西南联合大学，度过了整个战争时期。在此期间冯友兰写了《新理学》《新事论》《新原人》《新原道》《新知言》等著作。图为冯友兰在西南联大。

我们在衡山只住了大约四个月，1938年春迁往昆明，最西南的边陲。在衡山只有短短的几个月，精神上却深受激励。其时，正处于我们历史上最大的民族灾难时期；其地，则是怀让磨砖做镜（见本书第二十二章）、朱熹会友论学之处。我们正遭受着与晋人南渡、宋人南渡相似的命运。可是我们生活在一个神奇的环境：这么多的哲学家、著作家和学者都住在一栋楼里。遭逢世变，投止名山，荟萃斯文：如此天地人三合，使这一段生活格外的激动人心，令人神往。

　　在这短短的几个月，我自己和我的同事汤用彤教授、金岳霖教授，把在此以前开始写的著作写完了。汤先生的书是《中国佛教史》第一部分、金先生的书是《论道》、我的书是《新理学》。金先生和我有许多看法相同，但是我的书是程朱理学的发展，而他的书则是独立研究形上学问题的成果。后来在昆明我又写了其他一系列的书：《新事论》，又名《中国到自由之路》；《新原人》；《新原道》，又名《中国哲学之精神》（已由牛津大学的休士先生译成英文在伦敦出版）；《新知言》。（各书均由上海商务印书馆出版。）往下我试将各书要点略述一二，作为举例，以见当代中国哲学的一个趋势；这样做的时候，也许可以从侧面透露出，中国哲学对未来的哲学会有什么贡献。

　　哲学的推理，更精确地说，形上学的推理，其出发点是经验中有某种事物。这某种事物，也许是一种感觉、一种感情，或别的什么。从"有某种事物"这句话演绎出《新理学》的全部观念或概念，它们或是程朱的，或是道家的。这些观念或概念，全部被这样地看作仅仅是"有某种事物"这句话的逻辑蕴涵。不难看出，"理"和"气"的观念是怎样从"有某种事物"演绎出来的，其他的观念也都是这样处理的。例如，"动"的观念，我不是作为宇宙形成论的观念，即宇宙的某种实际的最初的运动观念，来处理的；而是作为形上学的观念，蕴涵于"存在"的观念自身之内的观念，来处理的。存在是一流行，是一动。如果考虑宇宙静的方面，我们会用道家的说法：在有物之前，必先有"有"。如果考虑宇宙动的方面，我们会用儒家的说法：在物存在之前，必先有"动"，这不过是存在的、流行的另一个说法。在我称为图画式的思想中，实际上就是在想象中，人们把"有""动"想象为"上帝"、万物之"父"。这一种想象的思想，使人有宗教和宇宙形成论，而不是哲学和形上学。

按照这样的路线进行推论，我已经在《新理学》中能够演绎出全部的中国哲学的形上学观念，把它们结合成为一个清楚而有系统的整体。这部书被人赞同地接受了，因为对它的评论都似乎感到，中国哲学的结构历来都没有陈述得这样清楚。有人认为它标志着中国哲学的复兴。中国哲学的复兴，则被人当作中华民族复兴的象征。

程朱理学中，如我们在前一章看到的，是有一定的权威主义、保守主义成分，但是在《新理学》中把这些都避开了。按我的意见，形上学只能知道有"理"，而不知道每个"理"的内容。发现每个"理"的内容，那是科学的事，科学要用科学的实验的方法。"理"自身是绝对的、永恒的，但是我们所知道的"理"，作为科学的定律和理论，则是相对的、可变的。

"理"的实现，要有物质基础。各种类型的社会都是实现社会结构的各种"理"，实现每个"理"所需要的物质基础，就是一定类型的社会的经济基础。所以在历史领域，我相信经济的解释。在《新事论》中，我应用这种解释于中国的文化和历史。我也应用于本书的第二章。

我认为，王国维在哲学中的苦恼，是由于他未能认识到，每门知识各有其自己的应用范围。人们不需要相信对实际做很多肯定的任何形上学学说。它若做这样的肯定，它就是坏的形上学，也同样是坏的科学。这并不意味着，好的形上学是不可信的。这只意味着，好的形上学是明明白白的，不需要说相信它，就像不需要说相信数学一样。形上学与数学、逻辑的区别，在于后二者不需要以"有某种事物"为出发点。"有某种事物"是对实际的一个肯定，也是形上学需要做的唯一的肯定。

哲学的性质

我在《新理学》中用的方法完全是分析的方法。可是写了这部书以后,我开始认识到负的方法也重要,这在本书第二十一章已经讲了。现在,如果有人要我下哲学的定义,我就会用悖论的方式回答:哲学,特别是形上学,是一门这样的知识,在其发展中,最终成为"不知之知"。如果的确如此,就非用负的方法不可。哲学,特别是形上学,它的用处不是增加实际的知识,而是提高精神的境界。这几点虽然只是我个人意见,但是我们在前面已经看到,倒是代表了中国哲学传统的若干方面。正是这些方面,我认为有可能对未来世界的哲学,有所贡献。往下我将就这些方面略加发挥。

哲学,和其他各门知识一样,必须以经验为出发点。但是哲学,特别是形上学,又与其他各门知识不同,不同之处在于:哲学的发展使它最终达到超越经验的"某物"。在这个"某物"中,存在着从逻辑上说不可感只可思的东西。例如,方桌可感,而"方"不可感。这不是因为我们的感官发展不完全,而是因为"方"是一"理",从逻辑上说,"理"只可思而不可感。

在这个"某物"中,也有既不可感,而且严格说来,亦不可思者。在第一章中,我说,哲学是对于人生有系统的反思的思想。由于它的反思的性质,它最终必须思想从逻辑上说不可能成为思想的对象的"某物"。例如,宇宙,由于它是一切存在的全体,从逻辑上说,不可能成为思想的对象。我们在第十九章已经知道,"天"字有时候在这种全体的意义上使用,如郭象说:"天者,万物之总名也。"由于宇宙是一切存在的全体,所以一个人思及宇宙时,他是在反思地思,因为这个思和思的人也一定都包括在这个全体之内。但是当他思及这个全体,这个全体就在他的思之内而不包括这个思的本身。因为它是思的对象,所以与思相对而立。所以他思及的全体,实际上并不是一切存的全体。可是他仍需思及全体,才能认识到全体不可思。人需要思,才能知道不可思者;正如有时候人需要声音,才能知道静默。人必须思及不可思者,可是刚一要这么做,它就立即溜掉了。这正是哲学最迷人而又最恼人的地方。

从逻辑上说不可感者,超越经验;既不可感又不可思者,超越理智。关于超越经验和理智者,人不可能说得很多。所以哲学,至少是形上学,在它的性质上,一定是简单的,否则它又变成了简直是坏的科学。它虽然只有些简单的观念,也足够完成它的任务。

人生的境界

哲学的任务是什么?我在第一章曾提出,按照中国哲学的传统,它的任务不是增加关于实际的、积极的知识,而是提高人的精神境界。在这里更清楚地解释一下这个话的意思,似乎是恰当的。

我在《新原人》一书中曾说,人与其他动物的不同,在于人做某事时,他了解他在做什么,并且自觉他在做。正是这种觉解,使他正在做的对于他有了意义。他做各种事,有各种意义;各种意义合成一个整体,就构成他的人生境界。如此构成各人的人生境界,这是我的说法。不同的人可能做相同的事,但是各人的觉解程度不同,所做的事对于他们也

>>> 哲学的任务是什么?按照中国哲学的传统,它的任务不是增加关于实际的积极的知识,而是提高人的精神境界。可以把各种不同的人生境界划分为四个概括的等级:自然境界、功利境界、道德境界、天地境界。图为明代尤求《兰亭雅集图》。

就各有不同的意义。每个人各有自己的人生境界,与其他任何个人的都不完全相同。若是不管这些个人的差异,我们可以把各种不同的人生境界划分为四个概括的等级。从最低的说起,它们是:自然境界、功利境界、道德境界、天地境界。

一个人做事,可能只是顺着他的本能或其社会的风俗习惯。就像小孩和原始人那样,他做他所做的事,而并无觉解,或不甚觉解。这样,他所做的事,对于他就没有意义,或很少意义。他的人生境界,就是我所说的自然境界。

一个人可能意识到他自己,为自己而做各种事。这并不意味着他必然是不道德的人。他可以做些事,其后果有利于他人,其动机则是利己的。所以他所做的各种事,对于他有功利的意义。他的人生境界,就是我所说的功利境界。

还有的人,可能了解到社会的存在,他是社会的一员。这个社会是一个整体,他是这个整体的一部分。有这种觉解,他就为社会的利益做各种事,或如儒家所说,他做事是为了"正其义不谋其利"。他真正是有道德的人,他所做的都是符合严格的道德意义的道德行为。他所做的各种事,都有道德的意义。所以他的人生境界,是我所说的道德境界。

最后,一个人可能了解到超乎社会整体之上,还有一个更大的整体,即宇宙。他不仅是社会的一员,同时还是宇宙的一员。他是社会组织的公民,同时还是孟子所说的"天民"。有这种觉解,他就为宇宙的利益而做各种事。他了解他所做的事的意义,自觉他正在做他所做的事。这种觉解为他构成了最高的人生境界,就是我所说的天地境界。

这四种人生境界之中,自然境界、功利境界的人,是人现在就是的人;道德境界、天地境界的人,是人应该成为的人。前两者是自然的产物,后两者是精神的创造。自然境界最低,其次是功利境界,然后是道德境界,最后是天地境界。它们之所以如此,是由于自然境界,几乎不需要觉解;功利境界、道德境界,需要较多的觉解;天地境界则需要最多的觉解。道德境界有道德价值，天地境界有超道德价值。

照中国哲学的传统，哲学的任务是帮助人达到道德境界和天地境界，特别是达到天地境界。天地境界又可以叫做哲学境界，因为只有通过哲学，获得对宇宙的某些了解，才能达到天地境界。但是道德境界，也是哲学的产物。道德行为，并不单纯是遵循道德律的行为；有道德的人，也不单纯是养成某些道德习惯的人。他行动和生活，都必须觉解其中的道德原理，哲学的任务正是给予他这种觉解。

生活于道德境界的人是贤人，生活于天地境界的人是圣人。哲学教人以怎样成为圣人的方法。我在第一章中指出，成为圣人就是达到人作为人的最高成就。这是哲学的崇高任务。

在《理想国》中，柏拉图说，哲学家必须从感觉世界的"洞穴"上升到理智世界。哲学家到了理智世界，也就是到了天地境界。可是天地境界的人，其最高成就，是自己与宇宙同一，而在这个同一中，他也就超越了理智。

前几章已经告诉我们，中国哲学总是倾向于强调为了成为圣人，并不需要做不同于平常的事。他不可能表演奇迹，也不需要表演奇迹。他做的都只是平常人所做的事，但是由于有高度的觉解，他所做的事对于他就有不同的意义。换句话说，他是在觉悟状态做他所做的事，别人是在无明状态做他们所做的事。禅宗有人说，"觉"字乃万妙之源。由觉产生的意义，构成了他的最高的人生境界。

所以中国的圣人是既入世而又出世的，中国的哲学也是既入世而又出世的。随着未来科学的进步，我相信，宗教及其教条和迷信，必将让位于科学；可是人的对于超越人世的渴望，必将由未来的哲学来满足。未来的哲学很可能是既入世而又出世的。在这方面，中国哲学可能有所贡献。

>>> 哲学的任务是帮助人达到道德境界和天地境界,特别是达到天地境界。生活于道德境界的人是贤人,生活于天地境界的人是圣人。中国的圣人是既入世而又出世的,中国的哲学也是既入世而又出世的。人的对于超越人世的渴望,必将由未来的哲学来满足。未来的哲学很可能是既入世而又出世的。图为明代沈周《竹林茅屋图》。

形上学的方法论

在《新知言》一书中,我认为形上学有两种方法:正的方法和负的方法。正的方法的实质,是说形上学的对象是什么;负的方法的实质,则是不说它。这样做,负的方法也就启示了它的性质和某些方面,这些方面是正的描写和分析无法说出的。

前面第二章我表示赞同诺思罗普教授说的:西方哲学以他所谓"假设的概念"为出发点,中国哲学以他所谓"直觉的概念"为出发点。其结果,正的方法很自然地在西方哲学中占统治地位,负的方法很自然地在中国哲学中占统治地位。道家尤其是如此,它的起点和终点都是混沌的全体。在《老子》《庄子》里,并没有说"道"实际上是什么,却只说了它不是什么。但是若知道了它不是什么,也就明白了一些它是什么。

我们已经看到,佛家又加强了道家的负的方法。道家与佛家结合,产生了禅宗,禅宗的哲学我宁愿叫做静默的哲学。谁若了解和认识了静默的意义,谁就对于形上学的对象有所得。

在西方,康德可以说曾经应用过形上学的负的方法。在他的《纯粹理性批判》中,他发现了不可知者,即本体。在康德和其他西方哲学家看来,不可知就是不可知,因而就不能对于它说什么,所以最好是完全放弃形上学,只讲知识论。但是在习惯于负的方法的人们看来,正因为不可知是不可知,所以不应该对于它说什么,这是理所当然的。形上学的任务不在于,对于不可知者说些什么;而仅仅在于,对于不可知是不可知这个事实,说些什么。谁若知道了不可知是不可知,谁也就总算对于它有所知。关于这一点,康德做了许多工作。

哲学上一切伟大的形上学系统,无论它在方法论上是正的还是负的,无一不给自己戴上"神秘主义"的大帽子。负的方法在实质上是神秘主义的方法。但是甚至在柏拉图、亚里士多德、斯宾诺莎那里，正的方法是用得极好了，可是他们的系统的顶点也都有神秘的性质。哲学家或在《理想国》里看出"善"的"理念"并且自身与之同一，或在《形上学》里看出"思想思想"的"上帝"并且自身与之同一，或在《伦理学》里看出自己"从永恒的观点看万物"并且享受"上帝理智的爱"。在这些时候，除了静默，他们还能做什么呢？用"非一""非多""非非一""非非多"这样的词形容他们的状态，岂不更好吗？

由此看来，正的方法与负的方法并不是矛盾的，倒是相辅相成的。一个完全的形上学系统，应当始于正的方法，而终于负的方法。如果它不终于负的方法，它就不能达到哲学的最后顶点。但是如果它不始于正的方法，它就缺少作为哲学的实质的清晰思想。神秘主义不是清晰思想的对立面，更不在清晰思想之下，毋宁说它在清晰思想之外。它不是反对理性的，它是超越理性的。

在中国哲学史中，正的方法从未得到充分发展；事实上，对它太忽视了。因此，中国哲学历来缺乏清晰的思想，这也是中国哲学以单纯为特色的原因之一。由于缺乏清晰的思想，其单纯性也就是非常素朴的。单纯性本身是值得发扬的，但是它的素朴性必须通过清晰的思想的作用加以克服。清晰的思想不是哲学的目的，但是它是每个哲学家需要的不可缺少的训练。它确实是中国哲学家所需要的。另一方面，在西方哲学史中从未见到充分发展的负的方法。只有两者相结合，才能产生未来的哲学。

禅宗有个故事说："俱胝和尚，凡有诘问，唯举一指。后有童子，因外人问：'和尚说何法要？'童子亦竖起一指。胝闻，遂以刃断其指，童子号哭而去。胝复召子，童子回首，胝却竖其指，童子忽然领悟。"（《曹山语录》）

不管这个故事是真是假，它暗示这样的真理：在使用负的方法之前，

>>> 在使用负的方法之前,哲学家或学哲学的学生必须通过正的方法;在达到哲学的单纯性之前,他必须通过哲学的复杂性。人必须先说很多话,然后保持静默。图为明代王綦《江边遥望》。

哲学家或学哲学的学生必须通过正的方法；在达到哲学的单纯性之前，他必须通过哲学的复杂性。

人必须先说很多话，然后保持静默。